半面创新

创新的可计算学说

周宏桥 ◎ 著

北京大学出版社
PEKING UNIVERSITY PRESS

图书在版编目（CIP）数据

半面创新：创新的可计算学说 / 周宏桥著. —北京：北京大学出版社，2021.1
ISBN 978-7-301-31781-5

Ⅰ.①半… Ⅱ.①周… Ⅲ.①企业创新 Ⅳ.①F273.1

中国版本图书馆CIP数据核字(2020)第201773号

书　　　名	半面创新：创新的可计算学说 BANMIAN CHUANGXIN：CHUANGXIN DE KEJISUAN XUESHUO
著作责任者	周宏桥 著
责任编辑	周 莹
标准书号	ISBN 978-7-301-31781-5
出版发行	北京大学出版社
地　　　址	北京市海淀区成府路205号　100871
网　　　址	http://www.pup.cn
微信公众号	北京大学经管书苑（pupembook）
电子邮箱	编辑部：em@pup.cn　总编室：zpup@pup.cn
新浪微博	@北京大学出版社
电　　　话	邮购部010-62752015　发行部010-62750672　编辑部010-62752926
印　刷　者	涿州市星河印刷有限公司
经　销　者	新华书店
	730毫米×1020毫米　16开本　24.5印张　384千字 2021年1月第1版　2025年8月第4次印刷
定　　　价	118.00元

未经许可，不得以任何方式复制或抄袭本书之部分或全部内容。
版权所有，侵权必究
举报电话：010-62752024　电子邮箱：fd@pup.cn
图书如有印装质量问题，请与出版部联系，电话：010-62756370

献给我的父母：
  你们的身教令我敦诗悦理
  你们的放任让我得觅志趣

献给我的家人：
  你们的宽容使我醉心所喜
  你们的守望是我灵感所依

专家推荐 & 学员点评

感恩 2008—2020 十三年间五版迭代各界友朋鼎力支持

学界专家

复旦大学管理学院 | 陆雄文	北京大学光华管理学院 | 刘俏
清华大学全球创新学院 | 史元春	中国人民大学商学院 | 毛基业
北京大学国家发展研究院 | 马浩	北京大学光华管理学院 | 路江涌
南京大学商学院 | 张文红	同济大学经济与管理学院 | 李奕滨
上海交通大学安泰经管学院 | 任建标	厦门大学管理学院 | 林涛
华南理工大学工商管理学院 | 李志宏	中山大学岭南学院 | 蔡荣鑫
新瑞学院 | 何志毅	比利时联合商学院（UBI）| 夏群
西安交通大学经济与金融学院 | 李琪	清华大学软件学院 | 王建民
北京大学软件与微电子学院 | 陈钟	北京大学教育学院 | 陈晓宇

业界专家

中国上市公司协会会长 | 宋志平	美国高通中国区董事长 | 孟樸
搜狗 CEO | 王小川	微软中国前总裁 | 高群耀
金山软件创始人 | 求伯君	奇虎 360 创始人 | 周鸿祎
启迪创投合伙人 | 薛军	混沌大学创始人 | 李善友

学员代表（点评见第 349—355 页）

长江商学院：电影人吴京 / 音乐人胡海泉 / 樊登读书会郭俊杰 / 猪八戒网刘川郁

上海交大：广西大学胡湛波 / 交大医学院周光文 / 蓝海智能张磊 /《哈佛商业评论》钮键军

复旦大学：联发科技汪海 / 盛奕数字科技孔祥明　　北京邮电大学：智慧管道李建辉

清华大学：奇步互动高玉民 / 德恒律所郭勤贵　　新华都商学院：唯你科技连伟舟

北京大学：思念食品王亚飞 / 智库王会甫 / 山西全安郭春平　　UBI：康泰生物郑海发

学界业界推荐

复旦大学管理学院院长、教授，全国工商管理专业学位研究生教指委副主任 | 陆雄文博士

宏桥在我院给 EMBA 上"创新：思维与方法"课程已有多年，他讲课的"剧本"就是这本《半面创新》，是宏桥集十年之功磨成。

宏桥出身于软件工程师，职涯前半部分都在编制或领导开发人类智慧的集成——软件系统。几年前他开启了人生新的职涯，即基于自己第一个职涯的经验以及对许多行业创新成败经验教训的研究、思索，提炼发展出他自己的一套理论体系。书中对大量创新案例进行庖丁解牛般的剖析、整理和归集，得出了许多精辟的结论，但宏桥不仅仅止步于此。他以软件架构师的职业素养，建立起一个由可信案例和数据归纳支持的，有严格可靠的演绎所支撑的完整的、复杂的、精密的系统去回答"创新创造何以可能"之人类大问。

《半面创新》结构严谨，用了大量的示意图来展现宏桥的归纳演绎和架构计算，对于缺乏软件编程知识或系统管理思想的读者来说，阅读与理解本书会有一定的挑战，但宏桥通晓古今中外，文史哲素养丰厚，因此这本书文笔流畅，用词精准，表达优雅，观点新颖，我一口气读来，常有会心及拍案之感，也希望读者沉下心来沿着宏桥指引的路径走完这一寻求创造创新如何落地致胜之道的旅程。

（摘自 V4 推荐序）

北京大学光华管理学院院长、长江学者特聘教授，全国工商管理专业学位研究生教指委副主任 | 刘俏博士

认识宏桥是因为他为我院 EMBA 上课。前期策划过程中，他和我在光华咖啡厅聊了很久，除了聊课程，我们相当比例的时间花在讨论读书、电影和诗歌上。那次聊完，我发现宏桥的诗词功底非常好。理工背景，软件工程师，产品经理，多次创业，成年后大部分时间在海外，行为举止甚至思维习惯却依然保留中国传统"士人"之风。宏桥是 80 年代后期的北大学生，这个园子在他身上刻下了深深的印子。北大校园歌曲唱道，"未名湖是个海洋，诗人们都藏在水底，灵魂们都是一条鱼，也会从水面跃起"。我想，宏桥其实就是藏在未名湖底的诗人；而

学界业界推荐

这本书，是他那按捺不住跳出水面的灵魂……

创新已变成这个时代最热门的词汇。然而关于创新的宏观层面的描述过多，情怀和意义的讨论压倒了对创新本质的理性分析和对创新逻辑的深刻思考。在微观层面上，这种探索尤为些微，也更显珍贵。《半面创新》的最大价值也在于此——这是一个有丰富创新创业实战经验的思考者历时十多年的心血之作。

精心设计的结构，自成一体的逻辑框架，旁征博引，读起来却不费力。作为文人的宏桥的良苦用心表露无遗。我想，一个读者如果能够静心随着宏桥着眼微观却有着缜密结构和宏大诗意的叙述去思考，去重新认识创新的本质和逻辑，就会发现这本书的价值所在。真正有思想的著述，处处机锋，历久弥新，在迭代中带来阅读的快意和思考的重量。宏桥此书正是这样一本著作。

（摘自 V4 推荐序）

清华全球创新学院院长、长江学者特聘教授、清华大学计算机系教授丨史元春博士

宏桥关于人类创新创造的深度思考凝聚于《半面创新》，以复杂问题建模的形式建立分析和仿真的半面体系架构，通过创新实践分析系统状态的转换序列和演进规则，揭示创新创造的内在规律。

中国人民大学商学院院长、长江学者特聘教授丨毛基业博士

无人不想创新，但如何创新？答者寥寥。作者采用全新的视角，基于其软件架构与工程训练和横跨东西方两种文化的背景，以一个方程的形式，辅以旁征博引，系统而清晰地勾绘出一个独特的创新之道。

北京大学国家发展研究院讲席教授、BiMBA 商学院学术委员会主任丨马浩博士

宏桥兄：此版甚是 Impressive，a tour de force（法语：杰作）account indeed！我实在想不出更好的溢美之词，只得匆匆抓挠几句，聊以应景：华章熠熠十年剑，周郎肺腑万千言。三级时空创供需，四大导向催爆款。儒道释法正反合，点线面体链极端。跨界想象多诗意，半面创新自翩跹。

北京大学光华管理学院教授、国家自然科学杰出青年基金获得者、长江学者青年学者丨路江涌博士

近几年，宏桥兄的著作一路拜读下来，深深为宏桥像产品经理迭代产品一样

打磨创新思想体系的精神所感动，也为宏桥融合了科技与人文、东方与西方的"半面创新体系"所折服。新版更以"正反合"思想一以贯之，并以图形直观地表达了系统且精深的思想架构，诠释了"半面创新体系"的哲学性、理论性和实用性。相信读者能和我一样，从反复阅读宏桥著作中体会到一位产品经理的匠心精神和管理思想者的家国情怀。

新瑞学院院长、前新华都商学院院长、北京大学教授｜何志毅博士

读宏桥《半面创新》赠七绝：科学探底见人文，极品人文美善真。半面创新通二脉，入书不顾月升沉。

南京大学商学院教授、EMBA 中心主任｜张文红博士

周宏桥老师的《半面创新》是一本让人一看就不能放下的书。书的内容理论联系实际，东方融合西方。就如同周老师在 EMBA 课堂上的风格一样，既有理论深度，又有实践指导意义。

同济大学经济与管理学院 EMBA 中心主任｜李奕滨博士

中国商学院不乏满腹经纶的专家学者，也不乏经验丰富的实践者，唯缺知行合一的跨界创新者。周宏桥老师是这一领域开宗立派之人。本书兼具哲学的高度、行业的深度、学贯中西的广度和厚度，读完如醍醐灌顶！无怪乎周老师的课是商学院最受欢迎的课。

上海交通大学安泰经济与管理学院院长助理、EMBA 中心主任｜任建标博士

这是一本需读四遍的创新书籍：第一遍快读以领会"半面创新"的脉络，第二遍慢读以掌握各类创新的实操，第三遍耕读（边做笔记边读）以稔熟技术驱动的商业创新方法，第四遍贯读将创新与国学诗词文化融汇一体。

厦门大学管理学院教授、前副院长、EMBA 中心主任｜林涛博士

周教授原创的半面创新理论有高度、接地气、实操性强，变创新为一种可以带来可靠成果的实践活动，极大地开拓了厦大 EMBA、后 EMBA 企业家学员们的视野，帮助他们变革创新机制，重塑创新文化，实现可持续创新，取得了显著成效。

华南理工大学工商管理学院教授、副院长、EMBA/MBA 教指委主任｜李志宏博士

拜读此书感触良多。在企业发展由成本驱动转型升级到创新驱动的时代背景

下，宏桥兄以博大精深的传统智慧基因来解构商业创新的制胜之道，为中国商界精英找到了根植于中华文明土壤的创新驱动密码。

中山大学岭南学院 EMBA 中心主任丨蔡荣鑫博士

拜读宏桥兄十年磨一剑的大作，终于知道他的课程为何在岭南学院 EMBA 中大受欢迎。这样写创新，本身就是一种创新，或许只有像宏桥兄这样家学渊博、了解中西哲学、先工程后商业、既研且教的非"象牙塔"内研究者才能做到。

比利时联合商学院（UBI）中国教育中心院长丨夏群博士

宏桥不仅是创新实践者与探索者，也是一位诗人和创作家。《半面创新》绝对是经典之作，凝结了他的多年智慧和经验精华，创构了史无前例、让人为之一振的创新体系，引领人们在世界上创造无限价值。

清华大学软件学院院长、教授丨王建民博士

创新是实践的学问。宏桥的体系源于实践、超越实践，堪称实践百科。

北京大学软件与微电子学院院长、教授丨陈钟博士

宏桥实践抽象的这套方法论对创新创业帮助极大。

北京大学教育学院院长、教授丨陈晓宇博士

教育应开启人生理想、培养怀疑精神和创新能力，宏桥给出了理想与现实差距间的腾挪之道。

中国上市公司协会会长、中国企业改革与发展研究会会长丨宋志平博士

人生只有两大问题，第一问题是找到问题，第二问题是将其解决。宏桥将中华古典诗法创造性转化为创新算法，将待解论域抽象为数据结构，通过虚拟机架构对"算法+数据结构=创新"进行推演以及大脑思维过程精确控制，以计算范式解决"创新创造何以可能"之人类问题，首创了创新的计算主义学说——半面创新。

美国高通中国区董事长丨孟樸

宏桥素以才华横溢著称于业界。基于其二十多年的创新实践和博览群书，宏桥将创新内涵成功落实为一个可操作的整体体系。本书将开启中国创新的新篇章。

金山软件创始人｜求伯君

宏桥实践悟道的这套"兵法"体系是投向中国的"重磅炸弹"，从今以后的中国，无兵法，不产品。

奇虎 360 创始人｜周鸿祎

创新落地于产品，好产品是一切公司发展的基础，希望你读了这本书能创新出优秀产品。

混沌大学创始人，原酷 6 网创始人／中欧国际工商学院创业中心主任｜李善友

如何概括宏桥这本立意高远的书？我引用历史大家黄仁宇的三段论：上看其想象力抽象提纯的创新体系，下看其二十多年创新实践及案例剖析，外看其文史哲人文功底的纵横捭阖。

搜狗 CEO｜王小川

宏桥基于自己在中美两国二十多年做技术与产品创新的"垂直"经验，以及在中国各顶级企业参与创新产品评审与培训咨询并与当事人的广泛"水平"交流，提炼并原创了这套思想体系，极具智慧地借用中国传统文化解决了做产品、做创新这种科学与艺术相结合的复杂性问题，给出了系统化的一揽子解决方案，完成了"创新一把手、全局总操盘"的作品定位。

我期待，中华民族的伟大复兴之路，不仅仅体现在 GDP 上；我更期待，像这种开宗立派、赋予中国传统智慧在新时代以新实践、新内涵、新意义的作品能走向世界，成为大国复兴之路的一部分，成为全球主流智慧、主流文明的一部分。

（摘自 V3 推荐序）

清华企业家协会秘书长，启迪创投合伙人｜薛军

创新是当下中国最热门的话题，而当前市场上的创新书籍大致分为两类，一类是学者的专著，另一类是企业家的体会或传记。前者多理论而少实践；后者多实践而缺少总结提升，同时，这两类书都缺少历史视角和哲学高度。大哲怀特海曾言，"我们这个世界的悲剧就在于有想象力的人缺乏实践经验，而有实践经验的人又缺乏想象力"。宏桥的著作就是其基于一线创新实践、理论想象力和历史哲学三者融汇的提炼与创造，纵横捭阖、条分缕析，使创新重归人类基于兴趣的追求之本能。

学界业界推荐

宏桥写作创新视角独特：他是工程师出身，亲身参与了世界上最优秀的创新企业微软和中国本土最具技术创新力的企业科泰世纪的操作系统的开发。同时，尽管宏桥是北大计算机系高材生，然而出自学者世家自幼便打上文史诗艺的底色。最后，宏桥的理想主义色彩很浓，这是大凡做创新之人的最突出标志。

（摘自 V2 推荐序）

微软中国前总裁 | 高群耀博士

我在微软中国任职总裁期间，宏桥是总部 MSN 产品组的技术开发主管，第一次注意到宏桥是在我任内启动的"Microsoft Architect 2000"项目，宏桥作为总部专家来华为中国培养高端架构师人才。

宏桥回国前夕，我们在雷德蒙德吃饭，在席间和我讲技术创新与产品创新时，已有了一些大的体系框架。回国后这几年，我们也通过几次电话，彼此都很忙，也没再见面，直到 2009 年的再次见面就见到这本大作了，让我惊喜的是宏桥扎根实践前沿高度抽象出来的这套思想体系，立论卓尔不凡，体系简洁完备，中国人终于有了自己原创的技术与产品创新体系。

（摘自 V1 推荐序）

西安交通大学经济与金融学院教授，国家教育部高等学校电子商务专业教指委副主任 | 李琪博士

和宏桥结识是在 2002 年我以访问学者赴美的西雅图站，一个周六，宏桥在其房子后花园为我专门举办了一个北大在微软总部的四五十人的校友聚会，使得我与各产品组都能交流，不虚此行。再次见面则是他回国后的 2008 年，在西安交大承办的全国高校电子商务联合实验室年会他受邀做主题演讲"如何创新创造伟大产品"，引起巨大的轰动，我鼓励宏桥把演讲扩展成书。

一切知识来自实践，当然需要通过一次或多次的归纳与演绎，才能将实践知识结构化，从而形成整体体系和概念框架。在本书中，你可以看到宏桥是如何捕捉信息、寻找关联、积累认知、条分缕析，同时又回到实践检验而整体穿透，最终完成系统化抽象，形成概念性整体认知的。本书既有学术界"知"的思想性、系统性，又有产业界"行"的实操性、简单性，同时把现代高新科技与中国传统文化天衣无缝地融为一体，不得不赞叹作者文理贯通、工巧能事、中西结合、运用自如的道行大焉！

（摘自 V1 推荐序）

"Hello，World！"
——用计算思维范式切入人类真善美
以期开创"创新的计算主义流派"

打印出"Hello，World"是所有计算机编程语言的第一句，宣告梦想着改变世界的我们来了！而我相信一个读书人的最高梦想，是"你站在桥上看风景，看风景的人在楼上看你"，即将所观之景写成打上个人烙印的传世作品，成为后人眼中的一道风景。

何以传世？何曰个人烙印？

我的看法：无原创，不传世！即用一个前无古人的原创思想与体系，回答一个跨越地域、超越时代的人类问题，逻辑自洽、言成一统以期开宗立派……当然，还应以自铸机杼的语言风格或艺术形式呈现，将内容与形式统一于简洁、优雅的和谐之美的宇宙人生至境。

我将人类创新创造分为"开宗、立派、好产品"三大量级：首先是开宗，即开创领域；其次是在领域之下开新流派；最后为在流派之下做好产品。例如，摩托罗拉以发明手机而开宗，另据1G模拟信号流派，诺基亚GSM 2G流派，高通CDMA 3G流派，联发科山寨流派，再后是苹果iOS、谷歌安卓的网络生态流派。故人生进路，既可选择将一款安卓手机做好以达到好产品层级并获取实在收益，也可如微软—诺基亚，屡败屡战欲以Windows Phone开创流派，亦不失为一种悲壮的审美。

但是，开宗立派是范式革命！宇宙人生本质的热力学定律认为非平衡态才能产生更复杂的结构。如何破局学术共同体的线性平衡态？何若跳出三界。以我心中的百年最佳作品《人间词话》的作者王国维先生为例，陈寅恪先生在其遗书序中举三目概其治学之道：一曰取地下之实物与纸上之遗文互相释证，二曰取异族之故书与吾国之旧籍互相补正，三曰取外来之观念与固有之材料互相参证。故举一反三，我另辟蹊径，以最底层思维之变切入人类真善美之追求。

奠基科学的两大思维范式是归纳和演绎，我觉其似乎与生俱来，以我教女儿数字的英文读法为例，在她一岁多刚会说话时，我先教一到十都正常；然后教"十一是 eleven"，女儿跟着念"e-leven"；我再教"十二是……"，女儿抢答："2-leven"。我惊为天人！显然女儿把"十一"理解为"1-leven"，于是她应是归纳建模："十几"就是"几-leven"，再对"十二"的问题演绎推理为"2-leven"……我激动地抱着女儿又亲又夸。

还有其他思维吗？1946 年计算机诞生，30 年后，计算仿真模拟逐步成为人类第三大思维范式，它是介于演绎与归纳之间的崭新的科学方法，其实质在于它不是对客观现象进行实验，而是对自然过程进行模拟仿真，其目的在于获得某些新发现、新灵感，再通过演绎论证与实验验证来进一步确证……这些年的诺贝尔科学奖得主大抵是对三大范式的综合使用。

半面创新的学说创构就是基于第三大范式——计算思维。概言之，就是运用计算机科学的基本概念去求解问题、设计系统和理解人类行为，通过约简、嵌入、转化、调度、并发、自动化、抽象、关注点分离、架构、递归、迭代等方法来迎战复杂问题或设计巨系统；其一般做法是先提出理论假设，再搜集数据，然后通过模拟仿真进行理论验证；其结果评价除了准确、效率和容错，还有简洁、优雅的和谐之美。

半面创新的学说创构。一切学说皆假说。我先提出康德式问题"创新创造何以可能"。我的理论假设是："如果将人类社会的进化视为思想/观念、制度/模式、技术/产品等一切人造物新陈演替的连续过程，那么从其初始创生态（0）到全面完成态（1）的这一过程可用计算来模拟仿真。我的解法是：将这个演替过程的任一单元切面称为"半面"构件（0.X），这一切割可能在原子单元层面，也可能在子系统单元层面，而子系统继续切割最终可切至原子构件层面，于是，**复杂多样的创新可以通过原子"半面"构件的计算与架构而拼装为整体全面，这种思想及其虚拟机实现与原语形式推演命名为"半面创新"**。

可类比微积分，科研仿若微分的切割，创新则像积分的求和。科研需要切割到不可再分的原子，创新的耦合可基于原子或子系统，"半面"术语用于抽象这两类切割，其运算则借用操作系统术语"原语"，指由若干条指令组成去实现特定功能的程序段，在执行中不可被中断。

"半面创新虚拟机"是"半面创新"思想的体系化实现，其参照了当今主流计算机系统——冯·诺依曼（John von Neumann）体系，它以"计算原语"和"架构原语"作为"如何创新"的算法；将"在哪创新"的问题域与环境约束抽象为"数据结构原语"，创新者通过"控制原语"推演"算法＋数据结构＝创新"，并在环境中试错、经由反馈修改而拟合出"全面"之美的世界。

于是，创新就成为一台计算机，或曰创新可计算，而半面创新是对创新的虚拟机计算推演，或曰半面创新是用"运算器"中的"算法"对"存储器"中问题域与环境约束抽象的"数据结构"，在大脑"控制器"的作用下进行计算与架构的逻辑计算机。

其实，作为浸沉信息技术近三十年的"极客"，更进一步，我认为生命也可视为一台计算机，它是通过生物分子算法对外部环境的输入信息及体内的变化信息（变异可视为随机计算）进行存储与计算的过程，这样人类思维认知、智能活动、创新创造的本质就是计算。再进一步，整个宇宙也可视为一台计算机。当然，"宇宙人生皆计算"不作为半面学说的前提。

半面艺术形式的创构。除了求真求善，我还将计算范式用于审美创造，如这首颇具争议的给母校北大计算机系的卅年庆诗，我将编程的四大原子构件语句——赋值、判断、迭代、反射入诗，写人生初赋去修正（debug[①]）这个不甚美丽的世界，即闻道宇宙人生本质是自由意志调用自身的递归函数

[①] 计算机首次故障是臭虫（bug）所致，debug 成为修正故障的术语。

（if-then），于是生命历程就是追随自我心灵初赋的迭代（do-while）之旅。

《组诗·青春赋值 Debug World》其一：

《七律·"Hello World"》

那年星慧耀天衣，落赋燕园计算机。

闻道递归 if-then 判，随心迭代 do-while 依。

未名问影青名未？博雅寻真尔雅期。

莫负扉词"Hello-World"，乾坤重构 de-bug 时。

基于多年诗词创作的审美直觉，我想为理性的思想体系创构感性的艺术形式，这种形式既能传神地表达创新创造的本质，又能把创新类型与要素及其关系整合于一身，以一种主观精神再现客观实在。这种形式在第三版时筛出了与宇宙人生简洁、优雅的和谐本质契合的"半"字和"面"字（将"面"字的一撇变为一竖，做对称处理），故曰"**半面是创新的解耦，创新是半面的耦合**"。

其一，形式上，"半"呈阳态，乾刚铁划，似尼采所言的酒神精神狄俄尼索斯，激情似剑；"面"具阴像，包容四方，如日神精神阿波罗，理性柔暖；两字之间"象形"出阴阳交合、相反相成的创生本质，即《易经·系辞下》中"昔者圣人之作易也，将顺性命之理，是以立天之道曰阴与阳；立地之道曰柔与刚；立人之道曰仁与义"，所谓万物肇始于天道的阴阳交合，成形于地而刚柔各异，于是再由天道本体论而推演人生价值论，宇宙与人生天人合一。

其二，内容上，"半"字模型是创新切入的全景视角，"面"字模型是思考创造的整体框架，并兼及学术与艺术创造。创新是创造的实用态，创造是创新的审美态。当然，本模型也将避免把哈耶克所言的"理性的自负"设计进去。

宇宙人生，何若开宗立派。我将冯友兰先生在哲学领域的"照着说"与"接着说"之别扩展至一切领域。前者面向传统，照着前人著述来诠释，"我注六经"，这是哲学史家；后者面向现实实践，面向时代问题，创造新学说，或对传统问题在新时代有新发展,"六经注我",别开新面,这是哲学家。我认为,虽后者才有可能彪炳史册,但若无前者经年之窥象,焉有后者顿悟之运斤?

但为什么人类历史上多为前者而罕见后者?在我看来,运斤之才情是一种审美直觉。凡开宗立派级的创新创造皆具简洁、优雅的和谐之美,其鉴别需调用柏格森意义上的"创造性直觉",或波普尔意义上的非理性;甚至数学,彭加勒概之为用直觉发明、用逻辑验证;甚至物理,如海森堡关于精密科学之美的内涵、爱因斯坦关于思维元素是视觉型或肌肉型,等等。故最佳实践,唐人刘知几"史有三长,才、学、识"得之,即将"照着说"的严谨科研之后天学养与"接着说"的审美性灵之天赋才情统合于智识与自由意志之高格,由斯而达审美之境,因为美即自由!

创新领域的开宗者是奥地利经济学家熊彼特(Schumpeter, J.A.),1912年在《经济发展理论》中首倡。各国立派者,美国如哈佛大学克里斯坦森(Christensen, C.M.),1997年以《创新者的窘境》开颠覆式创新流派,我2006年曾和他以其理论推演中国汽车业未来横扫美国之场景,不想斯人已逝;日本如野中郁次郎,1995年以《知识创造公司》开知识管理流派;中国,不算体制外或中外合办的DBA,我多时在12所"985工程"大学的商学院给EMBA讲授创新,熟悉且以为才学兼大者不下五六人,何若天下方家将孔子创立之教师志业,由体制"教授"而出彀至开宗立派之"先生"甚至入"诸子"。中华民族最伟大的读书人,孔孟老庄朱、屈陶李杜苏,不管自愿或被迫,其巅峰创造无一不在独立自由时,如此方能获得"逍遥乎天地之间"的绝对自由作为个体生命的终极价值。

意在斯乎何敢让!我不揣浅陋,欲以"半面创新"立言,开创"创新的计算主义流派"。就像计算机能处理一切事物,半面创新的设计目标是处理人类一切创新,包括商业、学术与艺术,它通过对任意领域的输入问题在存储器中进行数据结构的抽象转化而使之通用化,于是**创新是对世界的计算,计算是对世界的创新,计算技术升华为人类真善美三大追求的计算主义**。一般地理解,创新与可计算是对立的,创新似乎天马行空,计算仿若推演可控,其实计算有随机计算以仿真偶然,故创新与可计算也各是"半面"之相反相成。其他支撑产品,如《创经:人类创新主脉与结构之演进逻辑》(中信出版社,待出版)是用半面创新去架构人类创新之历史哲学,《跨界引爆创新:唐诗+互联网=企业创新》(电子工业出版社,2014)是用半面创新去架构"科技+人文=创新"等。

开派初心:期望半面创新既能诠释过往创新,更能预判未来创新。具体地,在观念层,"凌云健笔意纵横",期冀创构思想并赋予自由的诗性精神与狂狷的人文气质;在结构层,"意匠惨淡经营中",力求简洁优雅之架构设计与格致精微之细节处理的和谐统一;在实现层,将思想学术写出"文似看山不喜平"和"晚节渐于诗律细"的艺术级水准。

书至半程,传来父亲过世的消息。由于疫情回不了国,视频中看着教书育人一辈子而在睡梦中安详长眠的父亲,虽是福报喜丧,却也百感交集。我生于书香门第,长于大学校园,很小发蒙,父母在图书馆的两张借书证被我自小征用,敦悦诗书至今;在1978年读小学三年级的时候,我参观了计算机系的纸带穿孔机,四年级跟着父亲学习BASIC语言,并在乔布斯的Apple II 上用盖茨的MS BASIC编程,感恩父母从小言传身教。只是我才情迟钝,尽管在求真的IT、求善的经管、求美的文艺三个领域耕耘多年,还是用了13年5个版本20几个印次的迭代,才逐渐将三者融通如图0-1所示,其中内篇是学说创构,约4万字;外篇是由学说推演至商业创新,约13万字;两个补篇是作为学说适用范畴的补充,分别推演至学术与艺术,各约4 000字,也作为后书之伏笔。

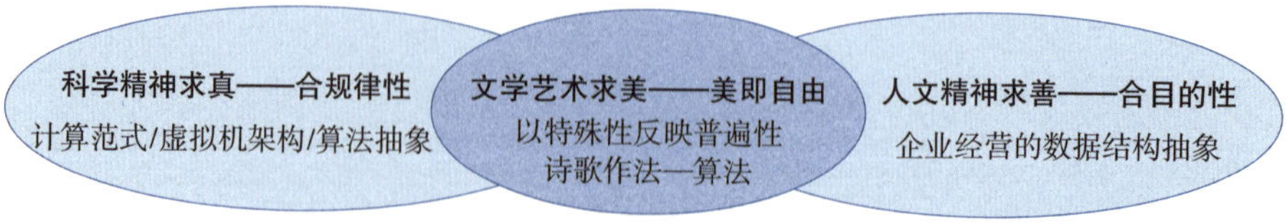

科学精神求真——合规律性	文学艺术求美——美即自由	人文精神求善——合目的性
计算范式/虚拟机架构/算法抽象	以特殊性反映普遍性 诗歌作法—算法	企业经营的数据结构抽象

图 0-1 真善美之融通

致谢:感谢为5个版本撰文推荐的各位学者、企业家与EMBA/DBA学员。全书以案例实证为主,来源既包括自己技术与文艺方面的直接实践,亦有其他渠道的间接经验,如:学位课后的学生作业,或培训课前的调查问卷,以及在上百家企业参访或评审时与企业家的访谈，间或配以与访者一觞一咏的诗词曲赋，在此一并致谢。还要感谢读者、学员及朋友多次通过邮件、微信交流阅读心得并提出改版建议，特别感谢好友陈榕辉关于增加落地工具的建议，前复旦大学管理学院、现湖畔大学梁晓雅教授的阅读与反馈。

在本书即将付梓之时，作为一个创新创造的原教旨主义者，我仍心生焦虑。文学评论大家布鲁姆有曰"影响的焦虑"——作品是否有人问津及问津后是否有知音能窥其独到。其实我之焦虑并非上述的在世焦虑，在我看来，作品中打上自由意志特立独行的烙印本身就是对尘俗之矜持；我之焦虑也不全是"千秋万岁名"的传世焦虑，创新创造过程本身已是高峰体验之迷狂，传世与否只有时间能判。我之焦虑乃是历史焦虑，是自己之所思所言是否早已被前辈学者做过，只因自己学识浅"半"而未窥其"全"，只好不断"半面创新"而趋全面至人的审美自由之境。

Hello，World！观毕断言仍须"debug"，回屋敲字，移轩仰望，"明月装饰了你的窗子"，希望本书亦能装饰你创构一个更美的世界之梦。

周宏桥

2020 年 8 月 25 日

留下个人邮箱，欢迎各位方家指正：

hongqiao @ gmail.com

目 录

导论 人类问题与我的思辨 / 3
——"创新创造何以可能"之"半面创新"可计算解

内篇│半面学说之创构

第一部分 认识论——半面创新思想 / 3

创新创造的多样性和复杂性是采用一组最小集合的原子构件通过组合操作拼装实现,并通过环境选择而修成正果。宇宙、生命、人类语言、编程语言、软件与计算学科皆然,如此可达最小性、简单性与多样性、复杂性的对立统一。

第1章 小元素架构大世界:最小原子构件的自由组合 / 5

第二部分 方法论——创新推演虚拟机 / 9

半面创新思想的体系化实现称为"半面创新虚拟机",就是用"运算器"中的"算法"对"存储器"中由问题域与环境约束抽象而成的"数据结构",在大脑"控制器"的作用下进行计算与架构的逻辑计算机,以此确保理论完备性与实践简单性的统一。

第2章 思想的体系化实现:半面创新虚拟机 / 11

第3章 "输入":各领域待解的原生态问题 / 14

第4章 "存储器"之问题抽象:四大数据结构原语 / 18

第5章 "运算器"之算法抽象:四大计算原语与四大架构原语 / 24

第6章 "控制器"之大脑抽象:四大控制原语 / 38

第7章 "输出":创新结果、产品本质与开宗立派的审美理想 / 52

第三部分　实践论——半面创新工具　/ 65

简单性是实践第一性，人类三大实践——求善如商业创新、求真如学术创造、求美如艺术创构等皆然。本部分的半面创新工具将抽象出人类共同的思维与行为模式、一切创新创造共同的实体与关系模式，以及半面创新的简化工具族。

第 8 章　第一工具"上中下"：人类的行为过程模型　/ 67

第 9 章　第二工具"左中右"：创新的实体关系模型　/ 69

第 10 章　第三工具"正反合"：简版算法与四大状态　/ 71

第 11 章　第四工具"天地人"：经营的最小完备性集合"宏范图式"　/ 73

第四部分　本体论与价值论——"半面"作为存在何在何往　/ 77

半面创新是对宇宙人生创新创造的计算仿真。本章以"半面"作为宇宙存在的本体或天道，再以之推演人生价值。半面创新是意志以创新创造从无序趋向有序，从不完美趋向完美，从存在趋向本质，最后成全自由与审美的演化函数。

第 12 章　"半面创新"是意志以创新创造成全自由与审美的演化函数　/ 79

外篇 ｜ 商业创新之推演

第五部分　"天地人"——环境约束"一命二运三风水"　/ 93

生物进化的结果依赖于环境的自然选择，而创新创造的结果则是人类环境的社会选择。"一命"是个体或组织的认知价值与禀赋约束，以及由此衍生的路径依赖；"二运"是时势与时代精神约束；"三风水"是自然地理与社会人文环境约束。

第 13 章　"一命"：初心格局创始人，组织基因价值观　/ 97

第 14 章　"二运"：时来天地皆同力，运去英雄不自由　/ 107

第 15 章　"三风水"：何用别寻方外去，人间亦自有丹丘　/ 117

目 录

第六部分　"上中下"——人类的行为过程模型"观念—结构—实现" / 129

观念是行为的先导，行动是思想的诠释，一切创新创造始于观念创新。结构层的战略与模式一体两面，以历史、科学、艺术和哲学四大视角概述。实现层关注效率，企业的本质是资源与能力配置与使用的机制，故涉及配置与使用两大效率。

第 16 章　"形而上"：思想解放与观念创新　/ 132

第 17 章　"枢而中"：战略与商业模式创新　/ 145

第 18 章　"形而下"：资源与能力的配置效率与使用效率　/ 166

第七部分　"左中右"——创新的实体关系模型"技术推动—产品驱动—需求拉动" / 183

创新创造落地于产品，技术、需求、产品本身是演进的三大动力。技术推动探讨技术创新的来源、约束、本质与路径；需求拉动探讨宏观市场、微观需求及以客户为中心的研发；产品驱动则含产品、服务、体验与设计三部分的创新。

第 19 章　"左"之技术推动：科学革命与技术创新　/ 187

第 20 章　"右"之需求拉动：市场趋势与需求洞察　/ 206

第 21 章　"中"之产品驱动：产品创新、服务创新、体验与设计创新　/ 219

第八部分　"前中后"——运营的三端流程"输入—处理—输出" / 249

企业日常活动中的创新，包括从"前端输入参数"的内容、原材料、采购与供应链的创新，到"中端处理参数"的生产制造、实施运营、工艺流程、业务系统的创新，再到产品生产出来之后的营销、销售、售后、客服等"后端输出结果"的创新。

第 22 章　前端输入：供应链体系创新　/ 255

第 23 章　中端处理：生产与运营创新　/ 261

第 24 章　后端输出：营销与销售创新　/ 270

第九部分　复合创新及创新属性　/ 285

三大复合创新,包括跨行借鉴创新、产融结合创新及任意领域的跨界创新。属性链归总每个创新的属性及特征,包括原创式与模仿式、颠覆式与渐进式、封闭式与开放式、降本式与增值式、市场式与政府式、正向式、逆向式与全球整合式。

第 25 章　行差链:行业势差,他山攻玉　/ 287

第 26 章　产融链:产业为本,金融为器　/ 294

第 27 章　跨界链:纵横捭阖,再造格局　/ 305

第 28 章　属性链:属性特征,独善兼济　/ 313

补篇一｜学术创造之推演

第十部分　半面创新推演学术求真　/ 327

作为一个试图囊括人类一切创新创造的通用体系,半面创新学说将自己的适用范畴延伸至求真的学术创造。本部分用半面工具以极简笔法做案例示证,概述中华传统文明的四大主导学术产品"儒墨道法"的创新创造的来龙去脉及其相互关系。

第 29 章　学术创造示例,求真之路　/ 329

补篇二｜艺术创造之推演

第十一部分　半面创新推演艺术求美　/ 339

作为一个试图囊括人类一切创新创造的通用体系,半面创新学说将自己的适用范畴延伸至求美的艺术创造。本部分用半面工具以极简笔法做案例示证,概述中华传统文明的第一艺术——诗歌之创新创造的来龙去脉,以及诗歌产品创作的整体架构。

第 30 章　艺术创造示例,求美之途　/ 341

《世界，世之界？》

小时候，记得耶
  总是活在自己的世界。

长大了，难忘却
  总想活在自己的世界。

生短梦长最忧怯
  今生过得过且
  只是活在前人留存的世界
    今人熙攘的世界。
  而从未活在……自己创构的世界，
  甚至从未想过……自己能创构世界！

惟其凭所自为，惟其依所自悦，
方能我之为我，方能界超被界。

导 论

人类问题与我的思辨
——"创新创造何以可能"之"半面创新"可计算解

《七律组诗·五十自期》其三：《两线干戈研与创，一生仰止杜和康》

2018 年 10 月 6 日，二改于 2020 年 1 月 10 日

青苍碧海掣长鲸，旷暮孤峰唱晚鹰。

诗酒辅仁慷恻隐，星空弘道启灵明。

天街踱遇大成圣？蓬舍酤斟批判翁？

寄慨杜康横剑槊，吟研蕴创两峥嵘。

人类三大实践，技术之求善、学术之求真、艺术之求美，我都一一践行过，其中技术以计算机体系结构的奠基人冯·诺依曼（1903—1957）为宗师，师其架构体系之宏阔格局及研磨细节之格致精微；学术以批判哲学开创者康德（1724—1804）为楷模，法其提出人类大问、做出哥白尼式创新之体大用弘与论证之缜密思精；艺术以集大成诗圣杜甫（712—770）为偶像，效其宇宙人生无所不诗，独辟蹊径开拓新审美且持续自我否定而再造新美。

上诗是高山仰止上述三人中的后两者，杜甫和康德。本书会不断提及并致敬这三位前辈偶像，虽不能至，心向往之……

下一个人类问题：创新创造何以可能？

向康德致敬，我接着问下一个人类问题，"创新创造何以可能"，即能否创构一个简洁优雅的体系将人类三大实践——求善的商业创新、求真的学术创造、求美的艺术创造统合于一？

其实基于实践视角，人类生存的两大最根本的问题是，"为什么活"

> **康德三大问题**
>
> 人的认知何以可能？人的意志何以可能？人的情感何以可能？
>
> 人类知、意、情三大问题对应三本经典:《纯粹理性批判》《实践理性批判》《判断力批判》，分别意在求真、求善、求美，一言以蔽之，人是什么。

及"怎么活"。我人生尚未完成，但也且行过半，不妨以我的理解作答。

关于第一个问题"为什么活"，答曰：自由。然而卢梭警告过，"人是生而自由的，但却无往不在枷锁之中"[1]。枷锁何在？我想就是人类社会，就是我们生活的这个世界。这是一个什么样的世界？阿根廷诗人博尔赫斯在《棋》[2]中如是描述：

> 王柔弱，相持重，后则暴戾凶残，
> 车直来直往，卒子狡诈而机警，
> 缘着那黑白交织的阡陌道路，
> 寻找战机，进行着殊死的抗争。
>
> 棋子们并不知道其实是棋手
> 伸舒手臂主宰着自己的命运，
> 棋子们并不知道严苛的规则
> 在约束着自己的意志和退进。
>
> 黑夜与白天组成另一张棋盘，
> 牢牢地将棋手囚禁在了中间。

上帝操纵棋手，棋手摆布棋子。
上帝背后，又有哪位神祇设下
尘埃、时光、梦境和苦痛的羁绊？

人生如棋，芸芸众生无非是黑白天地上被摆布的棋子，而人类构建之社会，或概念化曰体制，正是枷锁本身。以 IMDb 全球观众评为史上最伟大的电影作品《肖申克的救赎》为例，我解读其隐喻即描述人类个体被体制化的心路历程："First you hate them, then you get used to them. Enough time passed, you depend on them. That's institutionalized."取其意而赋诗如右。

《入彀》

你……
恨憎初入之，
再后习于斯，
夕斯过尽又朝斯，
在兹最念兹，
痛兮涕兮长太息：
"吾圄彀中矣"！

为何天下英雄俱入彀？主因是"Fear can hold you prison"（怯弱囚禁人之灵魂）。在人类对于自由与安全的抉择中，人性中的恐惧使得你将自由的灵魂交付于大众、托管于体制，以换取一份身处其间而坐拥共同意识的安全感，然而拥有就是被拥有，于是此生始而平静，继而平淡，终而平庸地泯然于众，长成"被"体制之思维，作为"被"体制之配件……

以编程语言模拟宇宙人生。C/C++ 是我编程的主要语言，它规定需给每个变量指明类型。例如，我常命名"int* iFreeWill"，其类型是指向整数的指针；又如"float* ZHQ"，是指向浮点数的指针。如果做赋值运算，ZHQ=iFreeWill，意思是赋予"ZHQ"以独立精神、自由思想"iFreeWill"，但会报错"cannot convert from int* to float*"，须用强制类型转换，即改为"ZHQ=(float)*iFreeWill"，亦即"ZHQ"须上下沉浮、历经磨难，方达自由彼岸。

可是还有一种类型，英文为"void"，原意"虚空"，不妨译为"无类型的类型"，即任何类型的指针都可以直接给它赋值而无须转换，例如定义 void* p，可以赋值 p="ZHQ"，也可以赋值 p="阿猫阿狗"，所以这个小 p 就是"逆来顺受"，让它是啥就是啥。反之，如果赋值 ZHQ"=p"，则报错"cannot convert from void* to float*"，亦即小 p 你可以没有自由意志，但你不能把自己的无意志强加给有自由意志之人。

所以编程语言规定，如果你不是东西，或曰如果你可以是任何东西，那么你要声明自己是"void"。其设计哲学，在我看来，是这个世界上的每个个体变量都应是"有类型"个性的，或曰每个个体都有自由意志，但"void"恰好体现了对世界的一种抽象，它可以是你要它是的任何东西，即"乡愿，德之贼也"（《论语·阳货》）。我将"void"译为"痿活"，一种自我麻木的状态，活着、痿着，一种平庸之恶。

关于第二个问题"怎么活"，我的回答是：创新创造。创新创造正是摆脱"痿活"之途而通往自由之"大学之道"，它始于彰明自由意志、生命本质的"明明德"，始于"迢迢星瀚仰澄明，皎皎诗心韵笔耕"[①]的初心狂狷，历经以梦为马的诗创精神和大道笃行的实践逻辑，其间间或"桂海蛟腾邕水阔，冰天蝶变秀山青"的小小愉悦，更多的是"红尘踏尽红尘尽，苦海淘空苦海空"的上下求索，最终面朝大海、仰望星空，从经验世界入价值世界，经必然王国至自由王国，历"书剑卅年千万里"而达"蓬瀛离岸道初衷"的未央彼岸，止于至善、至真、至美的终极超越。

中华民族历史上最伟大的读书人，孔孟老庄朱，屈陶李杜苏……不管自愿或被迫，最终在创新创造之时无一不是自由学者、独立诗家之身，如此方摈弃体制思维和共同意识，获得超越一切束缚而"逍遥乎天地之间"的绝对自由作为个体生命的终极意义。

如今人生过半，我写下两句总结，作为对"为什么活"与"怎么活"这两大根本问题的回答：

> 生命以自由为目标，
> 自由以创造为归宿。

创造与创新的区别

创造是将新思想、新创意、新事物、新要素、新模式、新工艺等呈现或发明出来，而创新是将创造的结果商业化。本书以商业创新为主，补篇拓展至学术和艺术创造。

[①] 引自作者《七律二首 高中毕业卅年抒怀·其二》，2016年11月1日。

于是回到"创新创造何以可能?"这一问题。自由意志是生命的本质,创新创造是生命的最高智慧,而图灵奖得主小弗雷德里克·布鲁克斯认定的"软件系统可能是人类创造中最错综复杂的事物"[3],到当今"软件定义一切(Software-defined Everything,SDX)"的时代已成人类定论,即软件是目前宇宙进化与人类发展到此时此刻的最高智慧,人类文明运行在软件之上。

我将"创新创造何以可能"的问题归约为"大型软件系统何以可能"的架构设计与计算仿真问题,亦即创新创造是约束条件下的复杂问题,且创新创造与人类智商目前所创造的最复杂系统——软件系统同构,于是我通过架构大型软件系统(虚拟机)的方式来计算仿真人类的创新创造。这就是"半面创新"对于人类问题"创新创造何以可能"的可计算解。

约束条件诸如自身的观念与禀赋的约束、系统的资源与能力的约束、时代环境约束及空间环境约束等,作图0-2,其背景用博尔赫斯的棋盘作喻。

> **架　构**
>
> 按照IEEE.12-1990软件工程标准,所谓架构是以组件、组件之间的关系、组件与环境之间的关系为内容的某一系统的基本组织结构,以及指导上述内容设计与演化的原理。

系统的组织结构由系统与环境的关系、子系统及子系统之间的关系,以及系统—子系统—要素的关系组成。

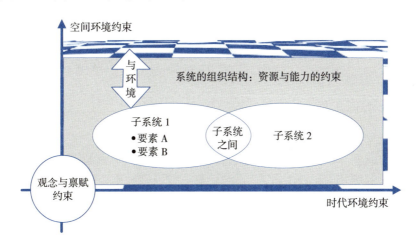

图0-2　"创新创造何以可能"归约为大型软件系统的架构设计与计算仿真

半面创新假设与思想。 如果将人类社会的进化视为思想/观念、制度/模式、技术/产品等一切人造物新陈演替的连续过程，那么从其初始创生态（0）到全面完成态（1）的这一过程可用计算来模拟仿真，这个演替过程的任一单元切面称为"半面"构件（0.X），如图0-3所示，这一切割可在原子单元构件层面，也可能在子系统单元构件层面，而子系统继续切割最终可切到原子构件层面，于是，复杂多样的创新可以通过原子"半面"构件的计算与架构而组合为整体全面，这种思想及其虚拟机实现与原语形式推演命名为"半面创新"。

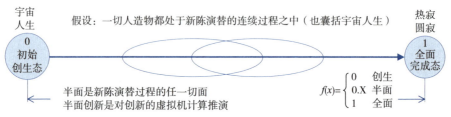

图0-3 "半面"与"半面创新"

"半面创新虚拟机"是"半面创新"思想的体系化实现，它以"计算原语"和"架构原语"作为"如何创新"的算法；将"在哪创新"的问题域与环境约束抽象为"数据结构原语"；创新者通过"控制原语"推演"算法+数据结构=创新"，并在环境中试错、经由反馈修改而拟合出"全面"之美的理想世界（见图0-4）。

原 语

计算机操作系统术语，primitive，指由若干条指令组成的程序段，用来实现某个特定功能，在执行过程中不可被中断。这是概念中的最小原子构件。

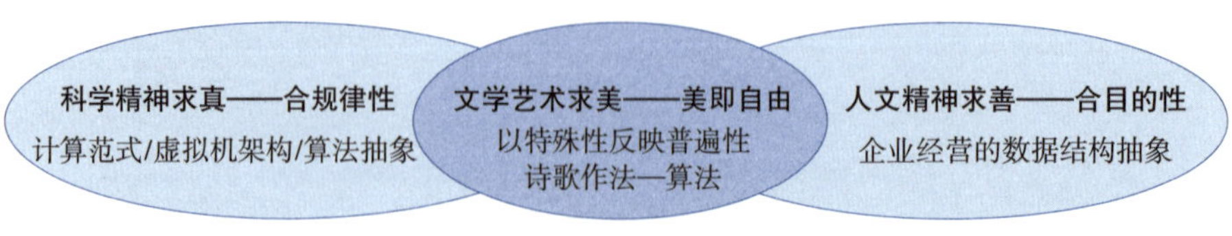

科学精神求真——合规律性
计算范式/虚拟机架构/算法抽象

文学艺术求美——美即自由
以特殊性反映普遍性
诗歌作法—算法

人文精神求善——合目的性
企业经营的数据结构抽象

图0-4 真善美之融通

由是，**创新是一台计算机，或曰创新可计算，而半面创新是对创新的虚拟机计算推演**。在 1936 年之前，人类文明从未思考过什么是可计算，直到阿兰·图灵（Alan Tuning）提出了可计算理论，紧接着，冯·诺依曼设计了概念机体系，最终导致人类最伟大的创新之一——计算机的诞生。我以上述两句话遥祭计算学科的这两位先驱。

大道至简，衍化至繁。后文渐次展开半面创新的假说创建，以及在人类三大实践——求善之商业创新、求真之学术创造、求美之艺术创造的计算推演。

本章参考文献

[1]〔法〕卢梭. 社会契约论［M］. 何兆武，译. 北京：商务印书馆，2003：4.

[2]〔阿根廷〕豪尔赫·路易期·博尔赫斯. 诗人［M］. 林之木，译. 上海：上海译文出版社，2016：61.

[3]〔美〕弗雷德里克·布鲁克斯. 人月神话［M］. 汪颖，译. 北京：清华大学出版社，2002：177.

内篇 **半面学说之创构**

第一部分 认识论——半面创新思想
第二部分 方法论——创新推演虚拟机
第三部分 实践论——半面创新工具
第四部分 本体论与价值论——"半面"作为存在何在何往

第一部分
认识论——半面创新思想

创新创造的多样性和复杂性是采用一组最小集合的原子构件通过组合操作拼装实现，并通过环境选择而修成正果。宇宙、生命、人类语言、编程语言、软件与计算学科皆然，如此可达最小性、简单性与多样性、复杂性的对立统一。

第1章
小元素架构大世界：最小原子构件的自由组合

半面创新思想：我相信，创新创造的多样性和复杂性是采用一组最小集合的原子构件通过组合操作拼装实现，并在环境中通过试错、反馈修改而修成正果。

半面创新思想用编程语言概述，即

```
do {
    创新之果 =（原子构件 + 组合操作）（问题域）；
    debug（创新之果）；
} while 修成正果；
```

不妨从 IT 学科的初始设计出发进行推演，即软件与计算机是如何定义并架构出了多元的现实世界？然后再由此推广到适合各行各业的一般的创新创造方法。

架构或仿真世界的过程，一般而言，是先由若干大师发明了编程语言，如尼古拉斯·沃思的 Pascal 语言，丹尼斯·里奇的 C 语言，比雅尼·斯特劳斯特鲁普的 C++，詹姆斯·高斯林的 Java 等，而编程语言仅提供最小的原子构件，如赋值、条件判断、循环迭代等基础语句。工程师运用原子构件"编程"，即按一定的逻辑进行设计、架构、排列、组合，即可仿真或创造出多姿多彩的世界。这就是原子构件的最小性、简单性与大千世界的多样性、

半面创新 创新的可计算学说

复杂性的对立统一。

编程语言一般有三十多条语句,最小原子构件是三句,即赋值、条件判断(if-then)和循环迭代(do-while),Java新增了反射(reflection),从而能动态地感知环境并自我调整。自序所引《组诗·青春赋值Debug World》之《七律·"Hello World"》,是将宇宙人生以上述四大原子构件进行仿真,将自由意志赋初值去修正这个尚未达到至真、至善、至美的世界。

操作系统与各类平台亦然。最初微软DOS通过int 21、视窗通过Win 32应用编程接口(Application Programming Interface,API),各类互联网平台如App Store、安卓系统、Facebook、微信小程序等公开自己的API/SDK[①]等原子构件或组合操作接口,工程师则在此之上架构自己的生态世界,创造出各式各样的新物种。

这个思想就是冯·诺依曼最初的设计理想[1]:

- 将操作分为"基本操作"和"复杂操作"两类,前者只有少量的、固定的几种,后者则灵活多样。
- 将"基本操作"通过适当组合且与一定的反馈方法结合起来,就能构成"复杂操作"。
- 用计算机求解一个复杂问题,需要先对这个问题编出"程序",即为解决这个问题而构造"复杂操作"集合,而它必须用各个"基本操作"的组合来表示,而实现给定的"复杂操作"的"基本操作"的组合不一定唯一,效率也可能有别。

从系统论视角而言,世界就是"系统—子系统—要素"的三层架构,其中:"要素"为"基本操作";"子系统"为"复杂操作";"系统"则是待解问题域,通过架构或仿真来模拟逼近。

---

① 即Software Development Kit,软件开发包。

第一部分 认识论——半面创新思想

语言是世界的边界，计算机语言如此，人类语言也是如此。虽然汉字有八万多个，但拆解成"原子构件"只有六个：点、横、竖、撇、捺、折，这六个"原子构件"就是"基本操作"，而偏旁部首是由"基本操作"构造出来的"复杂操作"，于是整个汉语世界就通过"组合"偏旁部首被构造出来，"反馈"机制则是通过几千年读写实践筛选出了6 000多个常用字。英文亦然，26个字母的"原子构件"为"基本操作"，通过字根的"复杂操作"，最后构造出了整个英语世界。

这种软件定义世界的思想，源于古希腊哲学家德谟克利特的原子论，即世界万物是由不可再分的原子组成的。近代道尔顿基于该理论率先创立了原子说。此后，门捷列夫总结出包含100多种化学元素的元素周期表，这些元素正是整个物质世界的原子构件，原子构件这些"基本操作"通过化合、混合、复合、综合、叠加、重组等"复杂操作"形成分子，再由分子构成缤纷万物。

同理，有机生命亦然。基因是生命的"原子构件"，它组合成器官、组织等"复杂操作"的子系统，最后多彩的生命系统得以在组合与反馈中涌现。反馈相当于进化论中环境的自然选择，即由基因组合而生成的生命这款"产品"通过现实环境的反馈机制实现优胜劣汰。

如同生命进化的"自然选择"，创新创造亦然。创新出的产品或产品属性之所以在市场上获得成功，是因为反馈机制即商业环境的"社会选择"。

总之，计算学科、人类语言、宇宙万物、智能生命，其底层逻辑是同源的，都是由一组最小集合的原子构件通过组合拼装以实现复杂性，如此方能达到最小性、简单性与多样性、复杂性的对立统一，见表1-1中的总结。

表1-1 大道至简："半面创新"思想与宇宙人生

	宇宙	生命	英语	汉语	计算机编程语言	半面接口语言
要素——原子构件（最小集合）	110+化学元素	基因	26个字母	6个：点、横、竖、撇、捺、折	4个：赋值、条件判断、循环迭代、反射	4个：起、承、转、合
子系统——复杂操作（组合与拼装）	分子	器官组织	字根	偏旁部首	子程序或函数	4个：建、跨、否、重

（续表）

	宇宙	生命	英语	汉语	计算机编程语言	半面接口语言
系统——待解问题或待构系统（多样性/复杂性）	所有物质	所有生命	所有单词	所有汉字	软件定义一切	一切创新创造

简言之，半面创新思想就是由最小原子构件的自由组合，并在环境中通过试错、反馈修改得以实现。

本章参考文献

[1]〔美〕冯·诺依曼.计算机与人脑[M].北京：北京大学出版社，2010：4—5.

第二部分
方法论——创新推演虚拟机

半面创新思想的体系化实现称为"半面创新虚拟机",就是用"运算器"中的"算法"对"存储器"中由问题域与环境约束抽象而成的"数据结构",在大脑"控制器"的作用下进行计算与架构的逻辑计算机,以此确保理论完备性与实践简单性的统一。

第 2 章
思想的体系化实现：半面创新虚拟机

半面创新思想的体系化实现称为"半面创新虚拟机"（virtual machine），设计目标是确保理论的形式化、完备性与实践的简单性的统一，同时应对不确定性与未来挑战和未思虑场景的鲁棒性，具体包括以下三方面：

一是"形而上"的形式化（formalizing）。只有跨越了非形式化到形式化的鸿沟，运用自动计算及数学方法才有可能，如此方可保证一致性（consistency），即理论与其规格说明的一致性、观察事实与理论的一致性、接口设计内部的一致性，而所谓正确性就是系统—子系统—要素的行为与理论模型声明的一致性。

二是"枢而中"的完备性（completeness），以保证理论的通用性。其一是时空完备性，含义有二：既能诠释过往，也能预测未来；既能处理不同的生命周期阶段所面临的不同问题，也能应对因时代演进、技术进步带来的新问题。其二是人间有序性，即随着问题规模的增长，复杂性也呈非线性增长，故设置控制器以保持问题域与解空间的协同性。

三是"形而下"的实践简单性（simplicity）。简单易用是实践的第一要素，而完备性是简单性的大敌。半面创新通过特征化（characterizing）与可视化（visualizing）来化繁为简，并提供一整套简洁的工具以提升创新创造的个体效率以及团队协同创新的整体效率。毕竟，简单是复杂的最高境界。

总体架构设计是通过类比当今主导世界的冯·诺依曼计算机体系而做出的，它包括五大部件（如图 2-1 所示）：输入设备如键盘、鼠标等向计算机输入数据和信息，并存于存储器中；存储器用于保存输入设备送来的原始数据、计算的中间结果或长期保存的数据;运算器负责执行各种算术与逻辑运算;控制器作为指挥中心,通过向其他设备发出控制信号来控制计算机;输出设备如显示器、打印机等将计算的结果呈现出来。

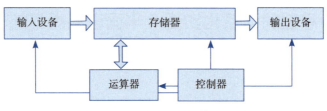

图 2-1 冯·诺依曼计算机体系

"半面创新虚拟机"体系则如图 2-2 所示,其五大部件及其内涵如下:

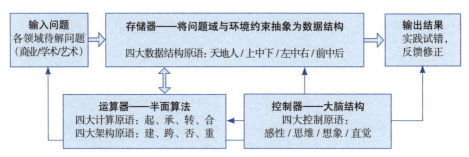

图 2-2 "半面创新虚拟机"

"输入设备"是领域的待解问题,将在第 3 章阐述。"存储器"是将问题域与环境约束抽象为数据结构,第 4 章将其解析为四大数据结构原语。"运算器"是半面创新算法,第 5 章详释该算法涉及的四大计算原语与四大架构原语。"控制器"即大脑结构,第 6 章将其分解为四大控制原语。"输出设备"是将计算与架构出来的创新结果在环境中进行实践试错,获取反馈并反省修正,第 7 章展开。

基于简单性视角,创新要旨为两大议题,"在哪创新"与"如何创新"。借尼古拉斯·沃斯(Niklaus Wirth)名著《算法+数据结构=程序》之书名,"在哪创新"是对问题域的抽象,是"数据结构";"如何创新"是解空间的"算法"。于是**"半面创新虚拟机"就是用"运算器"中的"算法"对"存储器"中由问题域与环境约束抽象而成的"数据结构"在大脑"控制器"的作用下**

进行计算与架构的逻辑计算机。

体系简洁若此！须向架构大师冯·诺依曼与可计算理论先驱阿兰·图灵，这两位计算机学科的两大奠基人致敬，两人名字中恰有"依"与"灵"（与学科基础二进制的"1"和"0"谐音），冥冥之中有天意：

《七律·致敬计算世界两大先驱》

2020 年 1 月 16 日

千家注杜孰接赋？哲必称康莫敢还？

探趣起兴羊挂角，逐云切梦象截澜。

冯诺"1"曼神龙履，阿兰图"0"火凤盘，

定海心针它作渡，开天巨刃自存言。

英国哲学家怀特海指出，"思想领先于观察。它可以不决定细节，但它提出了类型"，因为"偶然出现的新颖观察是一件难得的事情，但通常被浪费了。因为如果没有体系适合它，它的意义就丢失了"[1]。例如，如果你秉持地心说的思想，则观察到的"事实"是太阳每天东升西落，绕地球一圈；如果你接受日心说的思想，则看到的"事实"是地球绕太阳公转的同时还在自转，而原先看到的太阳东升西落只不过是地球每天自转一周的结果，并非太阳真的绕地球旋转所致。

所以，不妨让半面创新思想与虚拟机体系常驻大脑内存，当体系与概念存在于心时，遇到相关的经验它们才能被激活，并赋予经验以普遍的意义。

本章参考文献

[1]〔英〕A. N. 怀特海. 教育与科学理性的功能[M]. 河南：大象出版社，2010：163—165.

第 3 章

"输入":各领域待解的原生态问题

正如通用计算机几乎能处理任何领域的任何问题,作为设计目标,"半面创新虚拟机"当然希望能解决人类创新的一切问题。"通用机"设计何以可能?关键在于"输入"的各领域原生态问题,必须在存储器中对问题域与环境约束进行结构抽象,形成标准化的数据结构接口。

人类活动主要在知、意、情三大领域,即求真、求美、求善。

关于企业创新实践中的原生态问题,除了来自给商学院 EMBA/DBA 的学位教学,还有源于非学位的培训课,后者主要面向 500 强民营企业、外资企业、中央企业或被风投投资的创新型企业的中高层管理者。前些年课前我会对学员进行问卷调查,如"从您当前或历史经验看,您觉得企业创新最重要的三大挑战是什么?""本课程中您最希望听到哪些内容?"我从上万份问卷中统计出<u>企业关于创新的关键问题:</u>

- 在约束条件下能否按图索骥地一步一步地做出创新?具体包括:如何在有限时间、有限资源的限制下,按照一个可执行的创新方法论,一步一步地做出创新;如何选择创新的方向;需要在什么时候考虑哪些创新要素;具体从哪些维度着手做创新;如何系统化地找到创新切入点或突破点;如何在创新设计阶段就将运营与推广结合起来考虑;如何抓住用户的真实需求或核心价值点并将其与产品创新相结合;产品规划、设计、定位如何创新;设计时通常考虑的关键细节是什么;是否有分析创新成功可能性的方法;创新是否有可复制的规律等。
- 如何将创新想法与产品设计和实施有效结合?具体包括:如何面对创

新过程中的挫折和问题；自己认为是创新的内容并非客户所需，或创新的产品没能取得预想的市场效果，或一个创新点等到真正做出来的时候已经不是创新了，遇到这些情况该怎么办；哪些东西会让你做错事，即为什么创新常常失败，主要失败在哪里；如何学习到先进的创新管理机制及构建团队创新氛围的方法；新产品试点后反应良好，但与公司人员配备、运作方式不匹配，如何解决；如何降低创新风险；如何构建与管理小型创新团队；成功创新案例的经验总结与失败创新案例的教训分析等。

- **针对现有业务与创新业务，如何实现"双轮驱动"并平衡矛盾？** 企业在开拓创新业务时，由于创新投入较高、调动的资源支持较多，一旦没有达到预期，之前为调动资源所树立的愿景就会引爆创新团队与现有业务团队的矛盾，导致创新项目彻底"泡汤"，因为当前业务是企业收入的主要来源。为避免可能的矛盾冲突，需要考虑以下问题：如何将创造全新产品与现有产品的日常运营有机结合并实现平衡；如何在早期就可以预判创新结果；如何彻底解决这两个团队的矛盾；如何管理创新才能有序地、持续地创新；在成熟的产品体系中，如何发掘与时代同步的创新要点；现有产品如何持续创新等。

如何对日常经验进行抽象，即如何洞察经验的内在结构与本质规律？不妨看《庄子·养生主》中庖丁为文惠君解牛的故事，"手之所触，肩之所倚，足之所履，膝之所踦，砉然响然，奏刀騞然，莫不中音。合于桑林之舞，乃中经首之会"。

庖丁释其成功之道：为什么有的厨工每年换刀，因其用刀割肉；有的每月换刀，因其用刀砍骨；而自己用刀19年，宰牛数千头，而刀刃若新。因其"所好者道也，进乎技矣"，即庖丁探究的是事物的规律，而非仅仅追求屠宰技术。

那么，什么是事物的规律？庖丁解释道：

- "始臣之解牛之时，所见无非牛者"，即刚屠宰时，因为对牛体的结构不了解，目之所视是整牛、整个系统的复杂问题。
- "三年之后，未尝见全牛也"，即三年后看见了牛的内部肌理筋骨，即看出了问题的内在结构，将复杂巨系统分解为子系统，就不见整牛了。
- "方今之时，臣以神遇而不以目视，官知止而神欲行。依乎天理，批大郤，导大窾，因其固然。技经肯綮之未尝，而况大軱乎！"即现在宰牛用意念而非眼睛去感知牛体，顺其自然之肌理结构，劈开筋骨间的空隙，沿着骨节间的空穴用刀，刀从不碰经络相连或附在骨上的肌肉和肌肉聚结的地方。

庖丁解牛形象地描述了对于复杂问题的自上向下进行层级抽象与模块化处理的分而治之的方法。抽象是人类认知世界的主导方式，因为人类自身对于复杂性的控制能力不足，无法把握太多的细节，于是通过对复杂问题分类和分层进行分解抽象。图 3-1 示范了 IT 行业中大型产品架构设计的"下刀切割"。

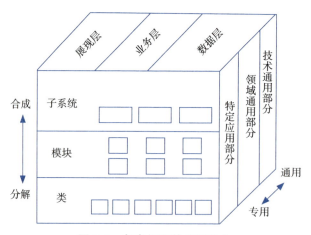

图 3-1　复杂问题的分而治之

具体地，一般将复杂问题采用基于关注点分离的 SoC（Separation of Concerns）原则进行分解，然后分别研究子问题或问题的不同侧面，将复杂问题转化为已解决问题或容易处理的问题，最后再综合各方面的结果合成为整体解决方案。

SoC 原则的要旨为"高内聚、低耦合"，即将复杂系统拆分、约简为各不相同且重叠度较少的子系统，每个子系统只表示一个特定目标或特定概念及其关联组成部分。"高内聚"意指子系统内各要素间的连接度尽可能地高，即逻辑缜密；而"低耦合"指子系统间的关联度、依赖度尽可能地低，即接口简洁。

下一章即将企业经营与创新的核心问题进行抽象，其实一切创新创造皆落地于产品，产品被定义为满足需求的一切人造物，这样一来学术"产品"和艺术"产品"与企业产品同构。

第4章

"存储器"之问题抽象：四大数据结构原语

春秋时期，"齐国公司""董事长"齐桓公任命管仲为"CEO"，定下富国强兵、徐图霸业的"企业愿景"，以及"两步走"战略，一是国强民富、企业成功，二是称霸中国成为"行业领袖"。

管仲推荐了与自己治国理念相同的五位"副总裁"，隰朋、宁戚、王子城父、宾胥无、东郭牙，改组了核心领导班子及"齐国公司"的治理结构（一命：观念与组织创新）。

业务层面，管仲把齐国分为21个县乡，主营两大业务，其中15个继续以农为本（守正：现有业务运营）；6个利用齐国濒海之利（三风水：知地善用），生产创新产品食盐（"官山海"），兼产陶器、纺织等工商新产品（出奇：创新业务开拓），行销各国。

"农业＋工商业"的业务奇正组合，以及支撑的二元体制机制的创新使齐国迅速崛起为春秋首霸，管仲再打出"尊王攘夷"的口号（二运：审时任势），最后"九合诸戎，一匡天下"。

管仲案例高度囊括了企业面临的经营与环境约束。虚拟机"存储器"对之进行结构化抽象，结果为四大数据结构原语，即"天地人""上中下""左中右""前中后"。

第一，环境约束原语"天地人"。不妨套用传统口诀"一命二运三风水"，亦即"人和""天时"与"地利"，或简称"天地人"，如图4-1所示。其中，"一命"是主导创始人或统帅的观念与禀赋约束，"二运"是时代约束；"三风水"是地利约束。而创始人所创立的企业系统，则是资源与能力的约束。

企业经营的所有业务从数学上可抽象为两类：一类是现有业务的运营，或曰"守正"；一类是创新业务的开拓，或曰"出奇"。细节会在第五部分展开。

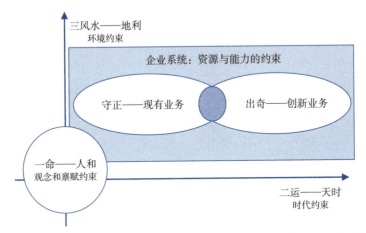

图 4-1　环境约束的结构化抽象——"天地人"或"一命二运三风水"

经营层面按关注点分离的原则，切割为三组原语共九大基础创新，如图 4-2 所示。

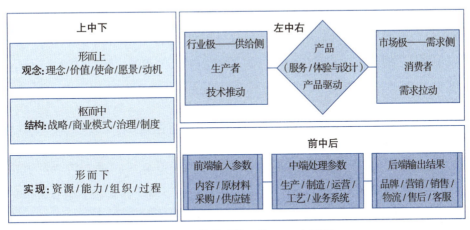

图 4-2　经营的"接口"：三大原语

第二，经营原语"上中下"——人类的行为过程模型。在本书第 8 章该模型被设为第一工具，具体内容会在第六部分叙述。其中："形而上"是观念，一切创新始于思想解放与观念创新；"枢而中"是结构，包括战略、商业模式、公司治理等；"形而下"则是器物层面的资源、能力、组织与过程等。

第三，经营原语"左中右"——创新的实体关系模型。在本书第9章该模型被设为第二工具，具体内容将在第七部分展开。其中，"左"是行业极的生产者，采用技术推动；"右"是市场极的消费者，采用需求拉动；一切创新创造则落地于"中"间的产品，即由产品驱动，而一切产品均包含服务、体验与设计。

第四，经营原语"前中后"——企业运营的三端流程。这部分内容会在第八部分展开。三端流程分别为：作为"前端输入参数"的内容、原材料采购、供应链等创新；作为"中端处理参数"的生产、制造、运营、工艺、业务系统等创新；作为"后端输出结果"的品牌、营销、销售、物流、售后、客服等创新。

"半面"视图——以感性的艺术形式把握创新创造的无限绝对

基于多年诗词创作的直觉，我想为方法论体系创构一种美的感性艺术形式。这种形式既能把创新创造的各要素及其关系整合于一身，又能传神地表达创新创造的本质特征，如此则是内容与形式相统一的艺术美。经过三个版本的迭代，形成了由"半"字和"面"字（将第二笔画的"撇"改为"竖"，进行对称处理）创构的"半面"视图。

（一）艺术形式要整合创新创造的要素与关系逻辑

通过否定之否定来思考创新切入的视角，就是图4-3（a）的"半"字，其中"第一链"就是图4-2的行业链九大创新，是对当前业务状态下企业价值链的抽象，是已建构好的"格局"，此外还有其他的创新视角吗？

- 第二链是对本行业的否构。"不识庐山真面目，只缘身在此山中"，一个行业的老生常谈可能是另一行业的惊人洞见，借鉴势差，他石功玉，命名为"行差链"。
- 第三链是对前两者的否构，前两者都着眼于行业和实体经济，求反则是虚拟经济的金融维度,命名为"产融链"。当然,产业为本,金融为器。

- 第四链是对前述三者的否构,即"跨界链"。其一是"仍在五行内"的在场跨界,将不同文明文化、学科领域、各行各业各自为营的概念、技术、产品等相互关联。其二是"跳出三界外",进行在场的现实与不在场的想象之间的跨界。
- 第五链是再对前述四者的否构。前述四者均是立足于系统或子系统视角,要素层面呢?把创新创造的各类属性汇总——原创还是模仿,渐进式还是颠覆式,封闭式还是开放式,降低成本还是提升价值,市场驱动还是政府影响,正向、逆向还是全球整合等——命名为"属性链",它是每一类创新都具有的要素属性。

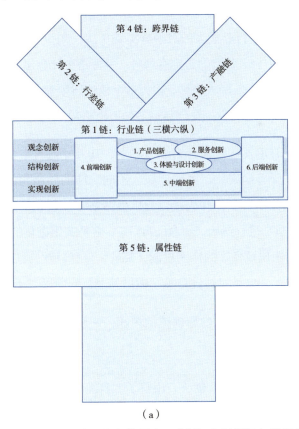

(a)

图 4-3(a) "半面创新"具象:"半"为创新切入的视角

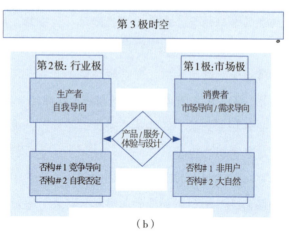

图 4-3（b） "半面创新"具象："面"为思考创造的框架

图 4-3（b）是"面"字的具象创造，它是对"左中右"——创新的实体关系模型的否定之否定。行业（第 2 极）是生产者的集合，对行业的"自我"否定则是竞争；当然，行业最大的对手其实是自己，或曰"自否定"。市场（第 1 极）是消费者的集合，对它的否定有两种：一种是在社会层面，称为非用户；一种是在社会的对立面，即大自然，因为这个模型还须囊括学术与艺术创造。于是这二极世界共同创构为一个创新创造的时空格局。

然而，创造的生发常常来自第 3 极时空，其对此前时空格局的否定，一是在任意维度——不同文化、不同领域、不同阶层的异质化的人的交流、协作而触发新创意，代表一种开放接口的价值网络；二是在于此前都是理性的建构，而哈耶克指出理性具有"致命的自负"，它是文化进化的产物而非向导，人类不可能以理性预设良好的体制机制，其进化具有自发的秩序，所以"面"字上部的一"横"，也是对理性自负"横加其上"的警惕与干涉。

（二）艺术形式要反映创新创造的内涵——阴阳交合、相反相成的无限可能

首先，"半""面"各自的美，反映了大自然的简单与对称和谐。其次，两字之间象形出阴阳交合、相反相成的创生本质，即"半"呈阳态而"面"具阴相。最后，合在一起的"半面创新"则表征了创新创造的多样性与复杂

性是由原子"半面"构件通过组合拼装而达到"全面"的。细节将在第 12 章从哲学层面阐述。

如此一来,构成大型软件系统的三层架构确立了。这三层分别为:表示层,即半面模型,它们是创新创造者的操作界面;中间层,即业务逻辑层,即下一章将展开的创新算法"起、承、转、合、跨、否、重";数据层,即创新的结果集合。

人类创新创造领域归总:求真、求善、求美

最后强调一下,四大数据结构原语及"半"字与"面"字模型虽是从企业经营中抽象出来的,但同样可用于学术和艺术创造。我在《创经:人类创新主脉与结构之演进逻辑》一书中,将人类创新创造的各大领域加以总结,并以半面模型分类归总,如图 4-4 所示。本书外篇将重点阐述图中的商业创新部分,补篇一示范学术创造,补篇二示范艺术创造。

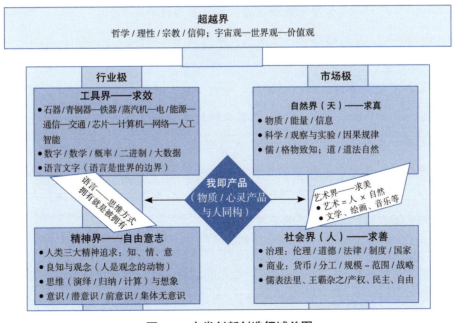

图 4-4 人类创新创造领域总图

第 5 章
"运算器"之算法抽象：四大计算原语与四大架构原语

九九重阳，登高怀远。767 年，寓居于夔州（今重庆奉节）的杜甫，秋登瞿峡山巅，极目万里江山，抒怀百年惆怅，写下被明朝胡应麟誉为"古今七言律第一"的《登高》：

> 风急天高猿啸哀，渚清沙白鸟飞回。
> 无边落木萧萧下，不尽长江滚滚来。
> 万里悲秋常作客，百年多病独登台。
> 艰难苦恨繁霜鬓，潦倒新停浊酒杯。

不妨以此例看诗歌的创构过程：首联"起"景，登高闻见，直入正题。颔联继往"承"前，扩大首联，在原来的维度上继续打磨，当然也有创变，两联之布局为一仰一俯，一山一水，听觉视觉，动静结合。颈联跌宕流"转"，别开新维度，从前两联的空间转入时间，从前两联的写景转入抒情。尾联收结"合"拢，直抒胸臆，久客他乡备尝离苦，人衰意冷，欲借酒浇愁却因病停杯而更添新愁，言有尽而意无穷。

这个"起承转合"就是诗歌"产品"的创新创造的架构与体系设计方法。中国是最爱诗的国度，中华民族是最爱诗的民族，千年诗史沉淀为集体无意识。我将"起承转合"赋以计算思维与哲学内涵，并推至一切创新创造，将其从民族无意识的自然态，升华为创新自觉态。

第一步是原子操作建构格局。半面算法的原子构件集合定义为四大计算原语：起、承、转、合，于是这四大原语就"建构"出一个自我封闭的"格局"，如图 5-1 所示。

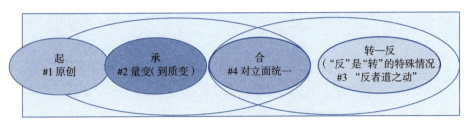

图 5-1　半面创新的四大计算原语

"起"是原创。它是指从无意识的自然态转为有意识的自觉态，如"起承转合"的广义化与哲学化；但更多的是无中生有，产生于想象力和直觉力，详见第 6 章。

"承"是量变。它是对现有技术或产品的持续改进，依照现在的提法就是工匠精神或微创新。

2019 年 1 月，我采访了创作小米插电板并震撼行业的青米创始人林海峰，他说整个产品最困难的是实现"美轮美奂"。而如果无法通过正面实现，则不妨采用排除法，通过否定一个又一个的毛病而让美自我呈现，于是采用"追求极致以逼近美"的总原则，力求最小、最薄、最窄，每毫米地去"抠"，力求工艺极限，甚至很多地方是消费者完全感知不到的。因为青米对标的是苹果公司而非市面上的插电板，苹果产品之美在于细节，这种细节人们未必能表述出来，但当把苹果产品与其他产品放在一起，这种细节会自我呈现出来。

量变可能引发质变。如 IT 行业的摩尔定律——每 18—24 个月芯片集成度会增加一倍，大约累计到两个数量级的跃迁（即 15 年左右）会引爆质变，分别是 1980 年的 PC 革命、1995 年的互联网革命、2010 年的云计算与移动互联网革命。

"转"即转变。任意角度上的改变，均可在系统、子系统与要素三个层面上发生；而在所有的"转"变中，180度的"反"转给人的创新感最大，故老子曰"反者道之动"。

"**合**"**是综合**。或曰集成创新，可整合各自的优势，可优劣搭配，甚至任意拟合，当然需要试错；而在所有的综合中，"对立面统一"给人的创新感最大，曰"相反相成"。

例如宏观视角。人类自原始社会以来历经农业文明、工业文明、信息文明。原始社会"起"于人类的茹毛饮血。农业文明"承"于驯化了植物与动物，开始了男耕女织，"牛郎织女们"你挑水来我织布。以"织女"的服装产品为例，其所织出的衣服是量身定做的个性化产品，但生产周期长，生产成本高。工业文明之"转"则是流水线生产衣服，生产周期短，生产成本低，却是同质化产品，亦即工业文明的"转"正好对应农业文明的"反"。信息文明求"合"，通过互联网定制，兼具农业文明的个性化优势及工业文明的低成本、高效率优势，所以大规模、低成本的定制化和个性化是信息文明时代价值创造的主导范式。

其实生物进化亦然，生命创生"起"后，或是基因渐变，对应为"承"；或是基因突变，对应为"转"或"反"（癌变）；或是基因重组，对应为"合"。

又如微观视角。不妨看今日头条，这是自BAT（百度、阿里、腾讯）"称霸"后这十多年来唯一脱颖而出的纯互联网"霸主"。为什么？2018年10月我与其合伙人、长江商学院EMBA第27期学员张利东当面交流时，他特别提到2012年他仍任职《京华时报》时看到的时代之变，报纸的广告收入从每月三四十万元急降至三万元左右。

仍用半面算法推导，图5-2展示了网络新闻产品的演进。瀛海威的"起"暂且略过；"承"以新浪为代表，采取推送模式，即编辑推荐什么，消费者就阅读什么；百度求"反"，实行拉动模式，即消费者主动搜索所需要的信息，但需预先知道相关信息；下一代在"合"的部位一定成功，即根据消费者的拉动，生产者再推送，这就是基于算法与大数据的模式或曰AI驱动的模式，也就是"今日头条"的模式。

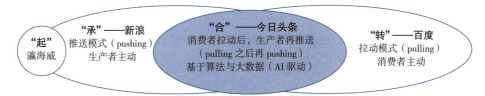

图 5-2 网络新闻产品演进的"起承转合"

IT 是我的专业,在课堂上我常会对其各子行业及其产品的演进用半面算法做推导预测。

2019 年 10 月,我给长江商学院的 EMBA 授课时正好讲到腾讯的案例,如是推导:腾讯的"基因"是熟人社区,所以对之求"反"一定成功,陌生人社交正是腾讯"打"不到的阴影部位,如陌陌(中国的一款开放式社交平台,可以基于地理位置建立社交关系);同时预测在求"合"处是一个成功位置。话音刚落,同学们"大弦嘈嘈如急雨":最熟悉的陌生人、陌生的熟人等;王倩同学"小弦切切如私语":应是我们"脉脉(中国最大的职场社交网,王倩是其联合创始人兼副总裁)。当然,还有豆瓣、抖音等。

总之,"合"(C 态)与正(A 态)和反(B 态)的关系是既 A 又 B,非 A 非 B。继续推演,二次递归,是将腾讯、陌陌、脉脉视为一个整体,提炼出它们的共性,如都是 B2C(Business to Consumer),再对其反者道之动,故 B2B(Business to Business)是一个成功位置,如钉钉(见图 5-3),则按照算法,B2C 与 B2B 的"合"态是一个成功位置;或者对这两者的某一维度的共性进行三次递归求反,将又是一个成功位置。

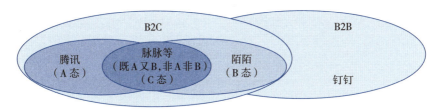

图 5-3 计算原语的二次递归推演示例

第二步是针对已知"格局"的复杂操作。一旦通过起、承、转、合"建构"出一个格局，接下来要考虑的是如何破局。半面算法的复杂操作定义为四大架构原语：**建构、跨构、否构与重构**。如图 5-4 所示，我以 C/C++ 语言的 "struct" 结构体构词，建构、跨构、否构、重构分别对应 construct、crossconstruct、deconstruct 和 reconstruct，这样使得形式与内容相统一。

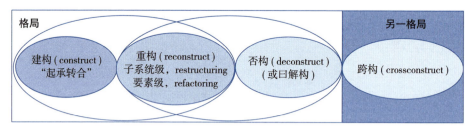

图 5-4　半面组合操作的四大架构原语

个人格局、系统格局不好下科学定义，我将之描述为一种热力学平衡态，即在不受外界环境的作用下，个人或系统的宏观性质不随时间而变化的状态。根据热力学原理，只有在系统内物理性质极不均匀的非平衡态下，系统才能走向有序，而在系统各处性质均匀的平衡态以及离平衡态不远的线性区的近平衡态，都不可能从一种有序走向更为高级的有序。

最后，将四大计算原语与四大架构原语整合为一体，如图 5-5 所示，用诗的语言合称为"起承转合跨否重"，在图中也标注了七大操作的序号。

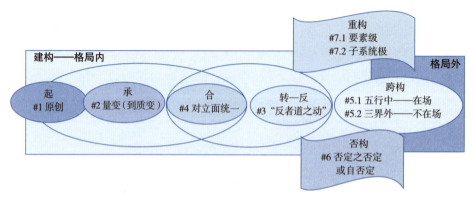

图 5-5　半面创新完备算法：起承转合跨否重

28

算法操作辨析：算法操作中会有不易辨识的部分甚至重叠部分，如格局内"求反"与格局外"否构"，或格局内"合"与格局外"跨构"，或"跨构"与"重构"等。有的只是视角之别，如下面案例中通用汽车对福特汽车之"反"，说是"否构"也无甚大碍。有的则是概念不同，如印度文明成为中华文明内核"儒道释"的一部分，这个操作不是格局内的"合"，而是格局外的子系统"跨构"。我在第1章中提及，实现一个系统的"基本操作"与"复杂操作"的组合不一定唯一，效率也可能有别。

下面以案例论述四大复杂操作。

"建构"。它是四大原子构件"起、承、转、合"所创构出来的格局。注意：这四个操作是嵌套的、递归的，即可以二次或任意次地进行"起、承、转、合"的调用，而且也不必按照"起、承、转、合"的顺序进行。

"否构"。它是对已建构格局的解构，可以针对要素、子系统与系统三个层面。图 5-6 以工业文明的第一行业——汽车业为例，标注了各创新的层面与算法，如对细节有兴趣者可参阅拙作《创经：人类文明主脉与结构之演进逻辑》。

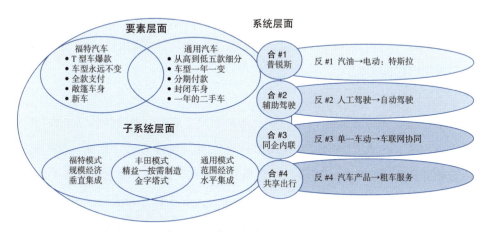

图 5-6　汽车业：要素、子系统与系统三个层面的"求反"或"否构"

特别需要注意的是否定之否定或自否定。这是同一个东西的自我否定，因为这个东西本身具有能动性，其自我运动导致了自否定。青原惟信禅师载于《五灯会元》卷十七，"老僧三十年前未参禅时，见山是山，见水是水；及至后来，亲见知识，有个入处，见山不是山，见水不是水；而今得个休歇处，依前见山只是山，见水只是水。大众，这三般见解，是同是别？"

第一段"见山是山，见水是水"，因为我们相信"耳听为虚，眼见为实"，即我们以自我视角看世界，但眼见未必为实，如地球自转就是看不出的。第二段经过"亲见知识"的体验修悟，方知万物皆空，例如是非成败、名利善恶无非是社会的约定俗成，皆是名相，于是求反，"见山不是山，见水不是水"。第三段否定之否定，"休歇处"就是摆脱"我执"之后的返璞归真，因为执著于"空"也是"我执"，事物仍在那里，不妨让事物通过自身显现出来，而非通过自己主观预设的视角去看待它们。

又如企业创新。如腾讯在PC互联网时代凭借QQ软件一马当先，进入移动互联网时代后，从PC版移至手机端的QQ差强人意，而基于移动思维全新设计的微信产品完成了对手机端QQ的否定，即对腾讯而言，微信是对QQ的自否定。未料手机端QQ知耻而后勇，二度创新又成功地完成了自否定而在移动互联网时代再创辉煌，对QQ而言则是否定之否定。

"跨构"。它就是常说的跨界，指吸取格局之外的要素、子系统甚至系统，打破现有格局的边界，如人们耳熟能详的"互联网+"、供应链金融、人工智能等，这种跨构甚至可以借助金融手段而实现产品层面的创新，如新浪微博与阿里巴巴的跨构。

2012年，我在给新浪微博的学员上课期间了解到，新浪微博自2009年8月上线以来，一直是移动互联网的第一大应用，凭借名人"大V"迅速崛起为意见领袖的媒体平台，2010年年底用户数破亿，2011年年中用户数破2亿，直到2012年微信爆发式增长，广告收入方面，一直稳坐新浪门户头把交椅的新浪微博已不敌微信，同年第一季度新浪微博也被腾讯首次超越。在此背景下，一个重大创新也在酝酿。2013年4月，新浪微博与阿里巴巴展开战略合作，阿里巴巴以5.86亿美元持有新浪微博公司稀释后总股份的约18%。这次跨构使得新浪微博由媒体平台增加了电商属性而成为社会化电商平台，此前的"大V"们是不在微博上卖货的，而如今出现了如张大奕这样的网红电商明星，辅以秒拍和一直播的短视频与直播，微博在2017—2018年风光再现。

不妨用道家的"跳出三界外，不在五行中"描述两类跨构。一类如上述案例，是图 5-5 中"#5.1 五行中"的在场跨构，即被跨的几个东西都是现实存在的，是有限跨构；另一类也是更伟大的跨构是"#5.2 三界外"的不在场跨构，或在场与不在场同时跨，即被跨方至少有一个是想象的产物，如此方可由有限而上升至无限。

"重构"。重构可在要素或子系统层面，即通过对现有要素或子系统重组，或引入新要素或新的子系统，从而引发系统的创新与变革，如"德先生"与"赛先生"两个要素在新文化运动时期被引入中华文明。又如经济学中关于增长的逻辑，依次是土地、劳动、资本、技术、信息等各要素。产品层面则如引入工业设计而导致整个产品的重构，或引入金融而导致企业或产业的重构。

又如商业的基本结构是基于分工之后的合作，即企业各自分工＋产业链协同。随着平台经济的崛起，"大平台＋小前端"成为一种新型的结构重构，这个小前端可以是外部企业，如此则是子系统重构，如小米的生态链企业；甚至是个体自由职业者，这是要素重构，如云集（详见本书第24章）；甚至是这两种"粒度"的"正反合"，如目前腾讯、阿里巴巴的中台系统，是基于部门间的共享。

从宇宙人生本质的热力学定律视角来看，封闭系统总是趋于混乱无序从而熵增，熵增是广义退化，表示系统越来越无序，而熵减反之，如图 5-7 所示。而开放系统的熵增量是由系统与外界的熵交换以及系统内部的熵两部分组成。外界给系统注入的熵可正、可负或为零，只要这个负熵流足够强，就能在抵消掉系统内部的熵后还能使系统熵减，由此系统进入更高的有序，这就是复杂操作跨构、否构、重构的原理。

所以，企业经营的本质就是通过开放系统减熵，用负熵的持续增加（有序化）来对抗系统自发的熵增（无序化）。这样，在系统内部某个参量的变化达到一定的阈值时，系统状态会发生突变，由原来的无序变为有序，或由低级有序变为一种在时空上或功能上的高级有序。

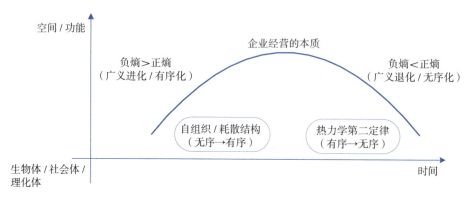

图 5-7　企业经营的本质是减熵

换言之,一个建构的格局复杂到一定程度说明存在过度拟合,需破局来耗散能量以降熵,这时需引入系统外的要素、格局外的力量来搅动或重构整个系统。例如企业始终与环境进行着物质、信息和能量的交换。我们仍将历史事件与企业经营相类比,汉高祖刘邦于沛县起兵"创业"的元老有萧何、曹参、樊哙、周勃等,初步"建构"为一个格局,待"业务扩张"后引入了外部要素如"职业经理人"张良、韩信等"重构"格局,又与彭越、英布等"跨构"组成战略联盟,最后经过"狡兔死,走狗烹"的大清洗"否构"格局,所以系统演化既非初创定格的"草台班子",也非"割韭菜"式的"大换血",而是"起承转合跨否重"的演化。

个体作为一个系统亦然,认知这个世界的思想观念、思维模式、行为习惯等与旧世界、旧环境拟合为一个格局,如果时代向前发展就会出现过度拟合的问题,此时需要重构观念,打破现有秩序,才有可能从格局内的资源配置与使用,转换为格局外的获取新资源。

半面创新算法之于学术创造。此处仅从假说的适用范畴视角,概括西方文明的学术思想产品之创新创造之演进逻辑,如图 5-8 与表 5-1 所示,其讨论散落各章。中华文明的主流学术思想"产品"——儒墨道法,其创立关系与演进逻辑独立成章,详见本书第 29 章。

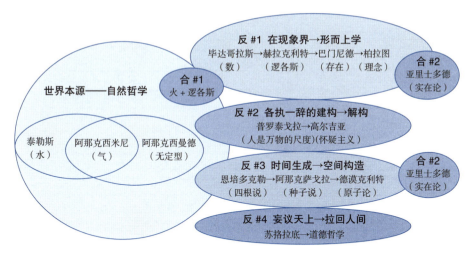

图 5-8 "轴心时代"西方文明的学术思想产品之创新创造的演进逻辑

表 5-1 人类思想演进及关系略表

第一层面：起、承、转、合（其关联详见第 6 章）	
观察—经验—常识	以自然为师，好奇心，观察力 老子——三生万物；孔子——过犹不及道中庸；佛禅——见山见水；达·芬奇——自然是我的老师的老师
逻辑/演绎/唯理派	亚里士斯多德——《逻辑学》；笛卡尔——《新方法》；斯宾诺莎/莱布尼茨/沃尔夫
实验/归纳/经验派	实验派：伽利略/第谷/开普勒/牛顿；实践派：哥伦布/达伽马/麦哲伦 培根——《新工具》；霍布斯/贝克莱/洛克/休谟；法国百科全书派
综合	康德——先验综合；黑格尔——辩证综合
第二层面：建、跨、否、重（其探讨散落各章）	
增加"历史—时间"维度	维科在《新科学》中提出时间三段论，首次将历史置于人类知识的中心地位
增加"个体到群体"维度	达尔文/斯宾塞/赫胥黎/马克思

(续表)

第二层面：建、跨、否、重（其探讨散落各章）	
增加非理性的直觉/灵感/顿悟维度	叔本华/尼采/伯格森/弗洛伊德/荣格；存在主义：克尔凯格尔/海德格尔/萨特/波伏娃；胡塞尔的现象；东方佛禅的顿悟
增加"分析哲学/语言学"维度	弗雷格/罗素/维特根斯坦/维也纳学派
解构、诠释、偶然性	德里达的解构；海德格尔/伽达默尔的诠释；罗蒂/普里戈金的偶然性
科学革命/工业革命/信息革命	增加科学哲学（如波普尔可证伪、库恩范式）、技术哲学、信息哲学维度；1946年计算机诞生/第三范式计算；2011年第四范式大数据分析

半面创新算法之于艺术创造。中华民族的第一艺术为诗歌，详见第30章。此处以绘画为例，取始于20世纪初中西文明交汇期间的中国百年绘画艺术创新创造之历程，从空间切入视角如图5-9所示。

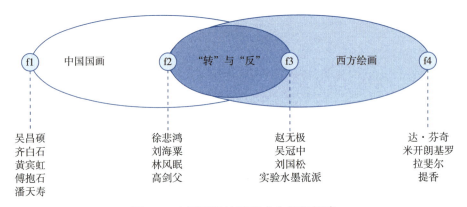

图5-9 中国百年绘画艺术之创新创造

"起"为古典；f1态"承"传统国画的笔墨造型；f2态"转"借西方绘画，致力于融通东西、移步换形、手法自由，突破了传统笔墨的限制，题材面貌趋于多样；f3态"反"则大胆创新、全面改革，观念、题材与风格技巧多取自西方，作品完全不同于传统国画。

第三步，四段论"起承转合"对学术和艺术而言不能简化，对企业则可

简化为三段论"正反合"。四段论对学术与艺术创造而言是唯一的选择,其关键在于"起"的原创。对企业创新而言,更简洁的"正反合"应是现实选择。"起"的首创固然有巨大的成就感,具有诸如技术领先、稀缺资源的优先获取、消费者锁定、报酬递增及品牌定位等优势,但也有诸如需求不确定、技术不成熟、研发支出无效、供应商和分销渠道尚未开发、互补品缺乏等劣势。不妨以一图概之(如图5-10所示),并赋诗为证:

《半面创新简谱》

道一二三万物生,

不偏不倚至中行,

见山见水仍非见,

半面正反合西中!

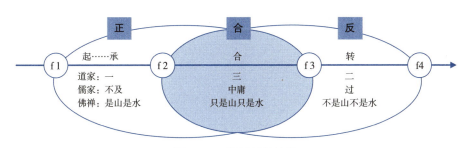

图 5-10 半面创新简谱

道家"三生万物"。《道德经》中万物创生历程为"道生一,一生二,二生三,三生万物"。从创新视角来诠释:"道"是"无","一""二""三""万物"是"有",故"道生一"是无中生有的原创,即"起"。"一"出现后,对其持续改进,即"承"。从"一"变到"二"是"反者道之动",即"二"是"一"的对立面。最后,"一"加"二"生"三","三"是对立的"一"与"二"的统一,相反相成。

儒家"不及—中庸—过"三态。《礼记·中庸》最初即有"执其两端,用其中于民"。《古文尚书·(伪)大禹谟》的"人心唯危,道心惟微,惟精惟一，允执厥中"成为宋儒的十六字心传。朱子释四书、建道统，而"允执厥中"将"执两"与"用中"对立统一，再对"中"提出"过犹不及"。"不及"是未达中态，"过"是超越中态，前者保守，后者激进，所以"执两用中"与"过犹不及"成为中庸之道的原则，仍是三态。

西方文明。亚里士多德的演绎法可视为基于空间维度的三段论。维科在其《新科学》中提出了关于兴发盛衰的时间三段论（神、英雄与人三个时期；分别对应氏族公社、贵族政体和君主独裁政体等）。黑格尔以三段论"正反合"将历史作为绝对精神逻辑推演的经验实现。绝对精神是其哲学体系的最高范畴，是在主客二分框架内达成对立统一之后的纯思维的无限，是概念的无限或曰在场的形而上（仍在五行中），而未包含想象的无限（跳出三界外）。

补注。日本汉学大家宫崎市定在"四段辩证法"中认为，"中国人将时间的推移分解了若干个周期，一个周期往往又分成四段。首先，自然界的时间以一年为周期，分为春、夏、秋、冬四季……一天……中国一般划为朝、昼、夕、夜四个部分。而在文学上，诗的绝句中也出现了起、承、转、结。这种将时间推移分为四段的方法，越到后世就越发达普遍，其起源据说可以一直追溯到周代的音乐韵律之中"[1]。

宫崎市定继续说，"相比今天辩证法通常认为的正反合三个阶段……在中国人的思考方式中，'正'之后不立刻是'反'，而是某种时间的延长，要在经历'承'的期间之后，才会产生对立的'反'，最后将其统合，产生出新的'正'。作为说明历史发展阶段的形式，我认为比起正、反、合三阶段来，起、承、转、结四阶段要更加恰当"[1]。

起承转合，合于篇首再"登高"！我崇拜杜甫，每次回国必走一段他的行迹。2019年10月中，重阳后不久我从美返国，课程结束后由北京飞重庆，再于重庆转乘高铁至万州，其后长江商学院EMBA第32期学员李海驾车把我从万州送至奉节，真是万里风尘。当地党校、杜甫学会同仁作陪，正值秋阳，登高瞿塘，遥指杜公曾住过的赤甲、瀼西、东屯，望三峡白帝万里江山，怅家国天下百年艰难，拟问杜公在天之灵是否有更伟大的创新算法？

《七律二首 夔府孤城寻杜遗》其一：《怅望杜魂千载问》

2019 年 10 月 28 日

天下家国公拟问，跨西转轨万重关。

东屯谷地仍留谷？西瀼柑园尚产柑？

白帝永安张赤甲？瞿塘滟滪阻狂澜？

苍生刍狗凭谁渡？历史三峡旷几穿？

本章参考文献

[1]〔日〕宫崎市定.宫崎市定解读《史记》[M].马云超,译.北京：中信出版集团，2018：36.

第 6 章
"控制器"之大脑抽象：四大控制原语

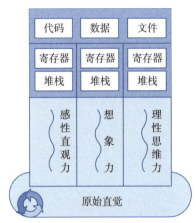

图 6-1 大脑进程 = 四大控制原语：
三大可控线程 + 不可控的直觉

编程的本质是控制复杂性。复杂性包括问题本身的复杂性与大脑控制的复杂性。对于前者，可采用关注点分离分而治之，抽象为"算法 + 数据结构 = 程序"来解决。对于后者，我基于自身文理各半的编程及诗词创作经验以及中美各半生的大脑来回切换的经验，通过半面虚拟机仿真来抽象大脑控制器的运行规律。

大脑在运行，这个运行态用计算术语称为"进程"，是对运行中的大脑代码与数据的抽象。但我们可以边开车边听音乐，同时还与车内人说话，这就涉及进程切换与断点接续（由"寄存器"与"堆栈"保存断点数据与状态）。图 6-1 展示了一个抽象的大脑进程，我通过将它切割为更小粒度的"线程"以精确控制，如此可极大提升大脑的性能与效率。

我将大脑进程切割为四大线程：**感性直观力**，这是中华文明的特长；**理性思维力**，这是西方文明的优势；以及这两个力"正反合"出来的想象力。于是创新创造力 = 感性直观力 + 理性思维力 + 想象力，这三大线程可控。另一条不可控的线程为**原始直觉**，但凡重大创新创造都需要这条神秘的线程。以上四大线程统称为四大控制原语。

四大控制原语之一 —— 感性直观力：中华民族的主导思维模式

概言之，农耕文明时代的中华文明高光灿烂，炎黄族谱上，创新创造此伏彼起，博学鸿儒大师辈出：以孔子、老子（合称孔老）为代表的思想家、哲学家，以李白、杜甫（合称李杜）为代表的诗人、文学家和艺术家，以司马迁、班固（合称马班）为代表的史学家，以四大发明为代表的技术创新，以三教九流为代表的学术百家，以孙子、吴起为代表的兵家、战略家，还有以商圣白圭、巴寡妇清为代表的商业家、企业家等。在首届胡润创新榜发布会的演讲上，我赋诗《炎黄族谱》以概。

> 《七律二首》其一：《炎黄族谱》
> 2018年5月10日
>
> 炎黄谱盛马班修，
> 孔老杯欢李杜酬。
> 四大发明推宇宙，
> 九流学脉护金瓯。
> 兼容包并张千竞，
> 罢黜独尊窒六眸。
> 长恨百年香火黯，
> 世说新语创神州。

这些成果是通过什么样的思考方式取得的呢？

一个民族的思考方式隐含在其语言文字之中，因为我们通过语言文字来思考。考察东汉许慎所著的《说文解字》提出的汉字六书，即象形、指事、会意、形声、转注、假借（其中后两者是用字而非造字，故略），通过梳理汉字的创造过程与机理，反推其背后的思维模式。

三千多年前的甲骨文是已解读的最早的汉字，第一批汉字是以象形法造出的。许慎定义"象形者，画成其物，随体诘诎，日月是也"，即先民对大自然如日、月等观物取意、整体把握、直接描摹，其背后是整体直观的思考方式。

象形主要局限于造实物名词，其他如抽象概念或形容词、动词、副词等怎么办？第二法"指事"，许慎定义"指事者，视而可识，察而见意。上下是也"。"上"字是画横线在龟壳之上，"下"字是横线在龟壳之下，用象征性符号或在象形上加上指示性符号来表意。其隐含的是关联性（connection）、相关性（co-relation）思维，它对具体经验做关联类比（analogy），如吃核桃补脑是"以形补形"；或对抽象经验做关联象征（symbolize），如"水能载舟亦能覆舟"，水指百姓，舟指政府。

用半面算法还原汉字创造过程，如图 6-2 所示。"起"是画图，"承"是象形，而"转"到指事意味着汉字创造从象形向表意演进。《说文解字》收录了 9 353 个字，象形字和指事字共占比 5.5%。"合"则是第三法会意，许慎定义"会意者，比类合谊，以见指㧑，武信是也"，即把两个或两个以上的独体字根据意义间的关系合成新字，以表示这些构字成分合成的意义，如止戈为"武"、人言为"信"。《说文解字》有 1 167 个会意字，占比约 12.5%，隐含的思维是联想（associate）与综合（synthesis）。

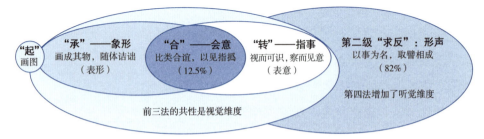

图 6-2　将汉字的创造还原为"起承转合"的逻辑

到"合"为止，创造的汉字仍远未满足需求，因为有些意思即使三四个独体字综合也不能搞定，于是形声法诞生。许慎定义"以事为名，取譬相成。江河是也"，即由形旁和声旁拼装，因形见义，据形知音，形旁表示该字的意思或类属，声旁表示该字的相同或相近发音。通过将表意和表音跨界整合，一举突破了前三法只在视觉维度的思维束缚。形声字在《说文解字》中占比 82%，在现代 7 000 个常用汉字中占比 80%，成为颠覆性创新，如图 6-2 右部的第二级求反，其隐含的思维是跨界综合。

我作图 6-3 展示中西思维对比，简言之，我们长于左部的基于感性直观力的诗性思维，以时空切割经验，相信眼见为实，注重结果导向，主要思维技术正是诗歌创作的"赋比兴"三法，以及之上的综合：

- "赋"即直观—铺陈，感观所感、就事论事，如"七月流火，九月授衣"。
- "比"即类比—象征，用具象、浅近的事物类比心中的事物，相关性类比如"手如柔荑，肤如凝脂"，或符号性象征如"硕鼠硕鼠，无食我黍"。

- "兴"即联想—跨界，托物起兴，先言他物，引起联想，如"关关雎鸠，在河之洲。窈窕淑女，君子好逑"，雎鸠与男女之间形成了综合。
- "综合"：中国是古典综合，是在子系统层面的整体综合；而西方文明是现代分析综合，是在要素层面、基于要素或概念的逻辑分析之上的综合。

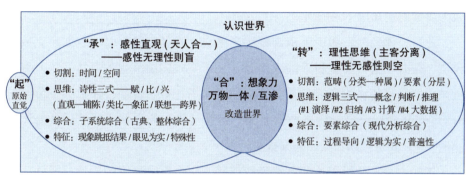

图 6-3 四大控制原语的"起承转合"逻辑

四大控制原语之二 —— 理性思维力：西方文明的主导思维模式

西方文明发源于地中海地区，首先是商贸发达的记账需求促使苏美尔人在五千多年前发明了锲形文字，随后埃及人发明了象形文字，腓尼基人创造了人类第一批字母文字（22个字母，无元音），此后希腊人增加了元音，罗马人进一步简化为拉丁文，最终希腊字母和拉丁字母成为所有西方国家字母文字的基础。我用"起承转合"逻辑将这段文字演化历史还原如图 6-4 所示，而从视觉信号的象形到听觉信号的字母是抽象度的一大飞跃。

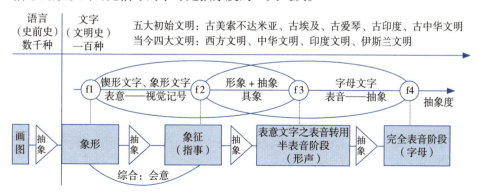

图 6-4 语言文字创造的"起承转合"演化逻辑

随后，亚里士多德开创了形式逻辑的思维形式，如图6-3右部所示，西方思维技术为"逻辑三式"的概念、判断、推理，特别是其三段论演绎推理更是古代逻辑的巅峰之作。欧几里得的《几何原本》是应用逻辑在人类社会的第一个演绎体系，它从不证自明的公设出发，对定理的每个证明必须以公设、公理或此前已被证明了的定理为前提，推演出一个完美体系，这种演绎范式成为后世创建知识体系的典范。

此后，伽利略发明望远镜观察宇宙星空，通过实验获取小数据建立数学模型，敲开了近代实验科学的大门，开创了实验归纳范式。当然，从人类历史来看，最早的科学研究只是观察、记录和描述自然现象，如中国于公元前613年最早确切记录了后来被命名为"哈雷彗星"的那颗星，然后从公元前240年起，其每次回归无一遗漏地被记录下来。

逻辑方法自此沿着这两条线继续前行：一条是欧陆派的理性演绎法，以笛卡尔为代表，经斯宾诺莎、莱布尼茨、沃尔夫等发展，他们认为思维的起点是少数的"天赋观念"，主张采用自上而下的演绎推理，后发展为"假说—演绎"；另一条是以英国为主的经验归纳法，以培根为代表，经霍布斯、贝克莱、洛克、休谟等发展，他们主张从观察与实验出发，积累数据，自下而上地归纳出新知识。

最终，康德整合两派的思想，提出人的思维过程是用先验的认知能力去整理后天的感觉经验，从而形成综合判断的过程。因为演绎推理是把已有的知识条分缕析、推导推理，它虽然可靠但不增加新知识；而归纳分析是从离散的经验中抽取共性、形成规律，它虽然增加了新知识但不可靠。只有达到人的自我意识的能动的、综合的高度，才能形成整体体系和概念框架，于是新思想、新知识才有可能被创造出来。所以，演绎和归纳成为科学思维的两大范式。

第三范式——计算思维。继演绎与归纳之后，理性思维还有其他方法吗？不妨以物理学为例。此前物理学共有两大分支，一是基于演绎的理论物理学，二是基于归纳的实验物理学。1946年，人类第一台计算机诞生；若干年后，一种崭新的范式——计算思维呱呱坠地。

第二部分 方法论——创新推演虚拟机

中国科学院前院长路甬祥院士认为,计算机对于物理学研究来说有两方面的意义:一方面,对于没有解析解的物理方程可以用计算机实现数值解;另一方面,对于实际上不能实现的某些设想的实验可以用计算机来模拟。这就是数学实验,它是一种介于经典演绎法与经典实验法之间的新科学认识方法,其实质在于它不是对客观现象进行实验,而是对其数学模型进行实验,即对自然过程进行数字模拟仿真,其目的在于获得某些新发现、新灵感,并通过演绎论证与实验验证来进一步确证……到20世纪60年代末,一门崭新的学科——计算物理学诞生,由此标志着物理学领域三足鼎立格局的形成。[1]

整个半面创新的理论创构正是基于计算思维,它通过对创新创造这个复杂问题构建模型,用系统设计与架构方法进行虚拟机计算仿真,从而逼近并理解人类"创新创造"这种复杂行为。如图6-5的左部所示,把这三大理性思维按其在人类历史的出场顺序以"起承转合"表示。

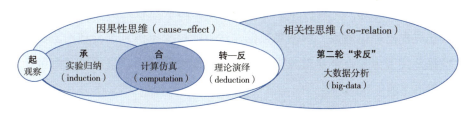

图6-5 人类四大理性思维的"起承转合"

何谓计算思维?总结卡内基·梅隆大学计算机系周以真教授2006年文章的要点如下:计算思维是运用计算机科学的基础概念去求解问题、设计系统和理解人类行为的思维。计算思维是通过约简、嵌入、转化和仿真等方法,把一个看来困难的问题重新阐述成一个我们知道怎样解决的问题。计算思维是一种递归思维,是一种并行处理思维。它评价一个程序时,不仅仅根据其准确性和效率,还有美学的考量,而对于系统的设计,还考虑其简洁性和优雅性。计算思维采用了抽象和分解来迎战复杂任务或设计巨大而复杂的系统,它采用关注点分离的方法,选择合适的方式去陈述问题,或选择合适的方式对问题的相关方面构建模型使其易于处理。计算思维是通过冗余、容错、纠错的方式,在最坏情况下进行预防、保护和恢复的一种思维;它利用启发式推理来寻求解答，是在不确定情况下的规划、学习和调度。[2]

中国科技大学陈国良院士将计算思维称为构造思维，认为其以设计和系统架构为特征，并以计算机学科为代表；是运用计算的基础概念去求解问题、设计系统和理解人类行为的一种方法；是一类解析思想，它综合了数学思维（求解问题的方法）、工程思维（设计、评价大型复杂系统）和科学思维（理解可计算性、智能、心理和人类行为）；它的本质是抽象和自动化。[3]

第四范式——大数据分析。2007年1月11日，图灵奖得主吉姆·格雷在美国国家研究委员会计算机理事会上发表演讲时称，随着数据的爆炸性增长，"数据密集型的科学发现"将从第三范式的计算仿真模拟中分离出来，成为继实验归纳、理论演绎、计算思维之后的第四范式，这就是现在所称的"大数据"。当然，其对人类思维的最大颠覆是放弃了对因果关系的追求而代之以相关关系，亦即只需知道"是什么"，无须知道"为什么"。我将其以"第二轮求反"补于图6-5的右部。它与第三范式的最显著区别在于，计算思维范式是先提出理论假设，再搜集数据，然后通过模拟仿真进行理论验证；而大数据范式因为先有了海量数据，所以无须假设和建模，只需通过海量计算即可得出之前未知的理论。

四大控制原语之三——想象力：感性直观力与理性思维力的"正反合"

> 想象力比知识更重要，因为知识是有限的，而想象力概括着世界的一切，推动着进步，并且是知识进化的源泉。严格地说，想象力是科学研究中的实在因素。[4]
>
> ——阿尔伯特·爱因斯坦

中华民族的想象力多体现在诗歌与文学影视作品之中：

- 开创者应是先秦时期的《楚辞》《庄子》《山海经》，恢诡谲怪，奇幻万千，荒诞迷离，出人意表。
- 接下来到两汉魏晋南北朝时期的道家、道教与佛教兴盛后的《淮南子》《世说新语》《抱朴子》。
- 再到中华文明巅峰时期的唐诗宋词波澜壮阔的想象力，文质相炳焕，众星罗秋旻，特别是最具想象力的"三李"：李白、李贺、李商隐。
- 最后到明清时期的《西游记》《聊斋志异》，延续至今的时代代表应属刘慈欣的科幻系列《三体》以及中国第一部科幻电影、吴京主演的《流浪地球》。

2018 年，长江商学院 EMBA 第 28 期学员吴京请我为其主演的影片《流浪地球》写个广告，我写下如是三段论：

#1：人生而自由，却无往不在枷锁之中。

#2：束缚自由的并非地心引力，而是想象力、创造力。

#3：摆脱束缚、飞向自由——中国首部科幻创想史诗大片《流浪地球》。

以李贺为例探讨想象力之来源。李贺字长吉，号称诗鬼，开创诗派"长吉体"，其文诡异幻诞。我认为他称得上中国诗史上想象力第一人。不妨以描摹音乐的三篇大作类比，从中可以看出李贺的想象力高出白居易、韩愈一筹。

白居易《琵琶行》片段：

……

大弦嘈嘈如急雨，小弦切切如私语。
嘈嘈切切错杂弹，大珠小珠落玉盘。
间关莺语花底滑，幽咽泉流冰下难。
冰泉冷涩弦凝绝，凝绝不通声暂歇。
别有幽愁暗恨生，此时无声胜有声。
银瓶乍破水浆迸，铁骑突出刀枪鸣。
曲终收拨当心画，四弦一声如裂帛。

……

此诗正面描摹与侧面烘托结合，用拟声词、比喻等将听觉形象化，不但写有声，还写无声时的余韵，重在音乐及节奏本身，当然也通过乐曲变化来抒写演奏者内心的情感起伏。

韩愈《听颖师弹琴》：

昵昵儿女语，恩怨相尔汝。
划然变轩昂，勇士赴敌场。
浮云柳絮无根蒂，天地阔远随飞扬。
喧啾百鸟群，忽见孤凤凰。
跻攀分寸不可上，失势一落千丈强。
嗟余有两耳，未省听丝篁。
自闻颖师弹，起坐在一旁。
推手遽止之，湿衣泪滂滂。
颖乎尔诚能，无以冰炭置我肠。

> 此诗更上一层楼，诗画混搭，听觉之外增加视觉蒙太奇。
> 镜头1：琴声袅袅如恋人耳鬓私语；
> 镜头2：琴声激昂似猛士跃马奋戈；
> 镜头3：声如浮云柳絮飘荡天地间；
> 镜头4：百鸟鸣啾间或凤凰孤鸣。

李贺《李凭箜篌引》：

吴丝蜀桐张高秋，空山凝云颓不流。
江娥啼竹素女愁，李凭中国弹箜篌。
昆山玉碎凤凰叫，芙蓉泣露香兰笑。
十二门前融冷光，二十三丝动紫皇。
女娲炼石补天处，石破天惊逗秋雨。
梦入神山教神妪，老鱼跳波瘦蛟舞。
吴质不眠倚桂树，露脚斜飞湿寒兔。

> 白居易、韩愈两位诗人均写客观、理性的人间意象，李贺则用非现实、非理性、声光电一体化的跨界混搭蒙太奇，调动"消费者"听觉、视觉、触觉、嗅觉、味觉等五官通感，写出了令人难忘的"用户体验创新"。

《新唐书·李贺传》载其创作过程，说李贺每天晨起骑马背锦囊外出，心有所感即记下投入囊中，等到晚归再成诗，而非先立题目再写。贺母让婢女取出锦囊，看到这么多的草稿，心疼道"我儿要呕出心肝才罢休啊！"，于是传下成语"呕心沥血"。

北京大学陈贻焮教授如是解析："对某一史实或生活中某一事物偶有所感，便从一点伸发开去，精骛八极，神游千载；既要从现实中解脱出来，力求想象的荒诞，又要紧紧地依据生活经验，力求感受的真切和形象生动，并设法将这对立的两方面统一在同一诗歌意境中。"[5]亦即想象力的来源，是源于生活却高于生活，即注意到了感性直观所直接感受到的具体经验，于是在此点上理智地想象,在时间维度神游千载,在空间维度精骛八极,在复杂性和多样性上甚至可以空想、幻想、神秘地想。

西方关于想象力之概述。从柏拉图开始的西方传统是推崇思维和理性。亚里士多德认为,人的思维过程一般先从接触具体事物开始,通过感知事物形成记忆,积累为经验,随着同一事物的多次记忆及其经验的增多,最后产生出把握事物本质的潜能。经验的积累属于个别知识,由经验进一步概括出要点,便在思维中产生对某类事物的一般性判断,即理性知识。而想象是外在感性事物在自己的意识中的影像或摹本,那是诗人、艺术家打交道的对象。甚至在柏拉图所描绘的理想国中,理性和真理才被尊崇,感性的、引起快感的诗人、艺术家则被驱逐出境。

直到两千年后康德才打破了传统,提出想象是在直观中再现一个本身并未出场的对象的能力,并提出"三重综合",即直观中把握的综合、概念中认知的综合,以及想象中再生的综合。当然,康德只是把概念与感性直观等在场的东西综合在一起,他依然认为思维与概念高于想象,特别是在实践理性中排斥想象。

现代哲学发展到尼采、胡塞尔、海德格尔等才发生了真正的转向,他们认为思维与概念,包括感性直观,都只是把握事物的整个过程中的一个环节,只能认识世界,它们需要被超越;而想象力、创造力才是最高环节,它们可以改造世界。

想象力应是感性直观力与理性思维力的"正反合"。想象力就是把各种出场的东西和不在场的东西综合为一个整体的综合能力。海德格尔还增加了时间维度,即想象空间是由过去的东西在现在中的潜在出场或保存,以及未来的筹划在现在中的尚未实现的到达而构成的"共时性"的统一体。如此一来,想象力就扩张了思维的边界,于是四大控制原语——原始直觉、感性直观力、理性思维力与想象力构成了"起承转合"的关系,图6-6简明地展示了想象力的来源。

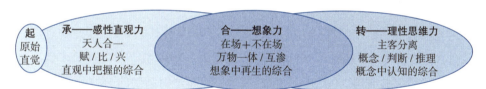

图6-6 想象力的来源

至此，创新创造力呼之欲出：感性直观力是通过行万里路、读万卷书而获得具体性、特殊性、整体性的直接与间接经验，是诗性的天人合一；理性思维力则是通过主客分离的概念思维去把握一般性、客观性和普遍性；而想象力将二者"正反合"，以把握在场与不在场的融通为目标，将感性具体与理性普遍融通为万物一体/互渗的再综合，如此形成新的多样性和复杂性，而后者正是创新创造力的呈现；而这种二次综合的导火索，是长期沉浸于探索之后的原始直觉。

四大控制原语之四——原始直觉

直觉应处于无意识层，指没有经过意识层的推理而对事物瞬间产生了判断，即意识层的理性逻辑通常不是新思想产生的源泉，而是那个神秘直觉不经意地触碰到了新思路的脉点，一触而发，引爆灵感。不妨看 2018 年北京大学校庆的演讲代表、1978—1985 年数学系本硕学员张益唐先生的案例，我读完其筚路蓝缕的传奇，认为比之电影《美丽心灵》更令人震撼，潜然而赋。

《七律·读北大百廿周年演讲嘉宾张益唐学长解孪生素数传奇》
2018 年 6 月 20 日
三光出壳六合辉，久负青苍晚暮碑。
八卸大题希柏特，两清小帐赛伯威。
落云着露红尘泪，采数为薇紫梦归。
自许乾坤逐大问，更寻天问第一推！

张益唐在美国普渡大学获得博士学位，因论文导致其导师多年前的一篇论文被证伪而未获导师推荐，最终未谋得教职，只好在快餐店 Subway 算账、送外卖谋生，业余时间仍全然沉醉于数学兴趣。2012 年 7 月，其一个偶发灵感取得了诺奖级突破。2013 年，他在数学界已是绝对高龄的 58 岁，其发表的论文因证明了 Hibert（希柏特）第八问题"孪生素数猜想"的一个弱化形式

第二部分 方法论——创新推演虚拟机

而轰动世界。

自从博士毕业离开普渡大学之后,张益唐思考的那些数学难题,正在变成果实……到了2010年左右,张益唐发现他也许可以在孪生素数猜想上有所突破。这个问题他已断断续续想了多年。2005年来自三个国家的数学家曾合作多年想解决这个难题,但他们就差一点点,谁也跨不过去。2008年美国数学所专门为此开了一周的研讨会,但仍没有人突破,大家都很悲观。不过张益唐认为,那剩下的一步也是最艰难的一步,就像是跨过一根头发丝那么微妙。他尝试过很多办法——也许不是一根头发丝,而是半根甚至四分之一根的距离,但他就是迈不过去。"我有一种直觉,我没法去论证这种直觉。但直觉告诉我,我应该可以做出来。"2012年7月,张益唐打算给自己放个假,前往科罗拉多州的朋友家休息。他没带任何书、论文、计算机,只是想放松一下……朋友家的后院有两株树,夏天的时候,常有梅花鹿到树下乘凉。那天下午,张益唐走到后院等待梅花鹿。像往常一样,他在后院走来走去,然后某个瞬间,他似乎突然想通了……很久之后,张益唐说,他没看到梅花鹿,但就是在那一刻他迈过了那根头发丝般的距离。[6]

在数学创造中人类心智从外界获取的东西最少,法国数学大师昂利·彭加勒(Henri Poincaré)认为这种心智过程接近于创造的本质,并详细描述了自己的过程,概言之:先是意识自觉地专注与沉思作为准备过程;然后是无意识的活动,即直觉产生于无意识的活动;再后是顿悟的显现,它产生在无意识向意识过渡的过程中,并出现在意识的边缘,于是潜伏的直觉发现经由灵感在大脑的意识层中显现;最后是有意识地验证新发现。或曰:靠直觉来发明,靠逻辑来证明。[7]

直觉可控吗?我根据人类历史中的重大发现或发明的案例,结合自己诗词创作的体会,作图6-7。其中f2与f3是直觉常现的时点。一旦直觉出现,围绕那个触点由点及面、由表及里,运用想象力不断扩张思维,最后引入逻辑来证实或证伪。

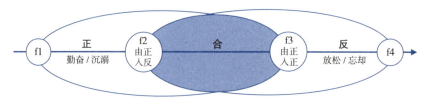

图 6-7　直觉灵感的常现时点：f2 和 f3

天才与大师：两类不同性质的创新创造

美国经济史专家大卫·格兰森（David Galenson）比较了现代艺术史上两类创新创造之道：一类如保罗·塞尚，为求索式；一类如毕加索，为发现式。他将前者称为实践型，后者称为概念型。[8]

实践型创新者终生上下求索，执著于把事情做到极致，起初其目标未必清晰，后期通过大量实践试错，总结经验教训，在过程中其目标逐步清晰，技艺也不断提升，这是一种连续性、增量式的状态渐变。而概念型创新者主要依靠直觉灵感和超凡想象提出构想而引发领域变革，这是一种跳跃性的状态突变，他们在结果发生前已在头脑预先创造出了清晰的概念或图像，执行时不是用试错法，而是呈现出一种将头脑中的概念或图像直接转化出来的系统化的工作。

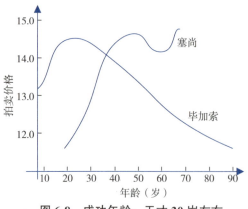

图 6-8　成功年龄：天才 30 岁左右，大师 50 岁之后

大卫还将两人各自的画作在拍卖市场上的价格与其年龄分别作为因变量和自变量绘制了函数曲线，如图 6-8 所示。概念型创新者年纪轻轻、无需经验只凭想象即可成功，而实践型创新者需要经验、阅历、磨难、反省，一般成功之时，岁月也不饶人了。根据书中的统计，前者成功多在 30 岁左右，后者成功多在 50 岁之后。中华传统对这两类成功也各有称谓，概念型创新者被称为天才，实践型创新者被称作大师。

第二部分 方法论——创新推演虚拟机

天才举例：在科技界，牛顿 26 岁时提出万有引力定律，爱因斯坦 26 岁时提出相对论。根据对 1901—2011 年诺贝尔科学奖得主的年龄统计，获奖之作在 30 岁前完成的占比 13%。在音乐界，莫扎特 21 岁时已写出传世作品。在哲学界，维特根斯坦 29 岁时写出《逻辑哲学论》。在 IT 界，人类文明此前从未思考过什么是可计算，1935—1936 年，邱奇提出 λ 算子，图灵提出图灵机，克林提出一般递归函数，导致最伟大的创新之一——计算机的诞生，彼时邱奇 32 岁、图灵 24 岁、克林 27 岁。

回到中国，在"李杜文章在，光焰万丈长"的诗词行业，李白是天才，杜甫是大师。李白斗酒诗百篇，纯粹以气运诗，羚羊挂角无迹可求；杜甫"晚节渐于诗律细"，是有章可循的勤奋耕耘典范。李白生前即大名远扬，而杜甫过世后才慢慢成名。然而历史诡异，千年之后，注杜者千家，而注李者仅二十有余，盖因大师可循而天才难驭，杜诗终成行业标准。

本章参考文献

[1] 路甬祥. 创新的启示 [M]. 北京：中国科学技术出版社，2013：50.

[2] Jeannette M. Wing. Computational Thinking [J]. Communications of the ACM，2006（3）：33—35.

[3] 陈国良. 计算思维 [J]. 中国计算机学会通讯，2012（1）：31.

[4] 〔美〕阿尔伯特·爱因斯坦. 爱因斯坦文集：第 1 卷 [M]. 北京：商务印书馆，2018：409.

[5] 陈贻焮. 唐诗论丛 [M]. 长沙：湖南人民出版社，1980：208.

[6] 谢丁. 隐士张益唐 [J]. 睿士，2015（11）.

[7] 〔法〕昂利·彭加勒. 科学与方法 [M]. 北京：商务印书馆，2010：25—36.

[8] DAVID GALENSON. Old Masters and Young Geniuses [M]. Princeton University. Press，2006：4—5，23—24.

[9] 陈其荣，廖文武. 科学精英是如何造就的 [M]. 上海：复旦大学出版社，2011：44.

第 7 章
"输出":创新结果、产品本质与开宗立派的审美理想

> 是的!我就向这种精神献身,
> 这是智慧的最后总结:
> 要每天争取自由和生存的人,
> 才有享受两者的权利。
> ……
> 我愿看到这样的人群,
> 在自由的土地上跟自由的人民结邻!
> 那时,让我对那一瞬间开口:
> 停一停吧,你真美丽!
>
> ——《浮士德》第二部第五幕第五场 [1] 535-536

德国文豪歌德塑造的浮士德是一个"天行健,君子以自强不息"之人,他自信满满,将《圣经》的"太初有言"改为"太初有思",再虑不妥改为"太初有力",将落笔时顿悟:人类一路走过,生活、实践、创造是最根本的,是第一性的;而思维、概念、认知等是派生出来的,是第二性的;人类文明从头至今,本质是"太初有为"!人生苦短,须亲身实践,当奋发有为,方能改造这个不甚满意的世界,甚至创造一个美丽新世界。只有每天开拓生命之自由,才能每日舒享自由之生命。

半面创新虚拟机在大脑"控制器"的指挥下,将"输入问题"经过"存储器"中的数据结构抽象化,而后为"运算器"中的创新算法所计算与架构,

最终的创新创造被送到了"输出结果"这里,这一结果是否被目标市场接受?不妨类比生物进化。

生物的遗传变异与环境的自然选择是进化论的主要内容,之所以在进化过程中物种产生了特定的类型或性质,是因为其在各种可能性的基础上碰巧产生了对环境更适应的特征,于是在生存竞争中获得了优势。换言之,处于进化中的物种的类型或特性并无高低贵贱之分,进化的结果依赖于与环境的交互而具有高度不确定性。

创新结果亦然,资源的有限引发了竞争,创新出来的产品在市场上获得成功是商业环境"社会选择"的结果,试错和反馈修改其实是一种自下而上的适应环境的选择机制,是创新者反省自我、重新认知自我而不断迭代、修成正果的过程,与自上而下的计算与架构形成了"正反合"。

那么,创新的最高境界是什么?仍类比大自然。科学家们探索出的宇宙奥秘是简洁优雅的和谐之美,如牛顿定律 $F=ma$,爱因斯坦方程 $E=mc^2$,欧拉公式 $e^{\pi i}+1=0$ 更被誉为"上帝创造的公式",它集最重要的几个数字于一体:自然对数 e、圆周率 π、虚数单位 i、自然数单位"1"以及人类最伟大的抽象之一"0"。无怪乎伽利略断言,大自然的语言是数学。

> 停一停吧,大自然,你真美丽!

那么,创新的主体企业家的使命如何?科学家探索已知世界,企业家创造未来世界,企业家与工程师、架构师以及诗人、作家、艺术家属于一个阵营,负责创造世界的简洁优雅的和谐之美……

> 我只管在世间到处漫游;
> 把一切欢乐紧紧抓在手里,
> 不能满足的,就将它放弃,
> 逃出掌心的,就让它脱离。
> 我只管渴望,只管实行,

> 然后再希望，就这样以全副精神，
> 冲出我的生路。
>
> ——《浮士德》第二部第五幕第四场[1]529

这个由自由意志所创造的世界，与大自然殊途同归，唯美而已。就像评价人类最好的产品，赞之以"巧夺天工"；甚至评价人类伟人，冠之以"天才"。自由创造的最高境界是逼近"清水出芙蓉，天然去雕饰"之自然美。美是宇宙人生的最高境界。

其因，所谓人类三大追求真善美，求真是合规律性，符合一种客观事实，追求普遍性与必然性；求善是合目的性，符合一种主观精神，追求特殊性与时代性；而求美是前二者的"正反合"，它以主观精神再现客观事实、以特殊性反映普遍性、从必然性王国上升至自由性王国，美是自由！

停一停吧，创新创造者，向美而生，你必美丽！

然而"起承转合"，抵达美的路径必定崎岖蜿蜒，间杂着暴风骤雨，甚至盘绕着残酷丑陋。譬若荷花，高洁淡雅，其美却遍尝污腐；譬若梅花，雪中傲放，其美却历尽苦寒；更有昙花，一瞥惊鸿，其美却转瞬而逝……是否相反相成方是美之真谛？人生又何尝不是如此……

> 有两个灵魂住在我的胸中，
> 他们总想互相分道扬镳；
> 一个怀着一种强烈的情欲，
> 以它的卷须紧紧攀附着现世；
> 另一个却拼命地要脱离尘俗，
> 高飞到崇高的先辈的居地。
>
> ——《浮士德》第一部《城门外》[1]36-37

将美丑两极"正反合"，构造美的波谱如图7-1所示。如此则产生几个判断。

第二部分 方法论——创新推演虚拟机

图 7-1 向美而生的状态波谱

下之极：如果丑陋，必有更佳。如果一个解决方案过于丑陋，则必然有更佳的方案。

众所周知，近代科学革命的第一声号角始于哥白尼的"日心说"，此前延续千年并居于统治地位的是公元 2 世纪由托勒密创立的"地心说"。为什么哥白尼不认同托勒密体系？

哥白尼不是通过科学实验，而是信仰上帝理应创造出一个简单和谐的美的宇宙。在致教皇保罗三世的献词中，他声称感到懊恼的是"哲学家们不能更确切地理解最美好和最灵巧的造物主为我们创造的世界机器的运动"[2]，过分复杂的托勒密体系设想的偏心圆计算，"引用了许多与均匀运动的基本原则显然抵触的概念。它们也不能从偏心圆得出或推断最主要之点，即宇宙的结构及其各部分的真实的对称性"[2]，他希望用一种美的方式来协调天文现象。

哥白尼革命实际上是一场观念革命，因为对伽利略而言，立论的根据必须是观察或实验，而不能只是信仰。当然，这场革命却成为宗教、哲学和社会上巨大争论的焦点。经过这场革命，最后牛顿囊括大典，科学革命全面爆发。

我书架上摆满了这些改变人类历史的伟人们的作品，如哥白尼的《天体运行论》、伽利略的《关于托勒密和哥白尼两大世界体系的对话》、牛顿的《自然哲学的数学原理》、康德的"三大批判"、冯·诺依曼的《计算机与人脑》，还有我最崇拜的杜甫，我收集了自宋而今的所有杜诗版本。写作休息之余，抚摸这些书脊，闻嗅这些书香，实属美之陶醉。

> 停一停吧，伟人们！你真美丽！

上之极：过于完美，无法实现。爱美之心人皆有之，追求完美是人类的天性。但如果一个解决方案过于完美，则基本可以断言无法实现。

不妨回到微观编程。我学了十几门计算机语言，面对这些语法大同小异、功能神肖酷似的语言，"被迫着发出最后的吼声"——"有一言而可以终身行之者乎"？难道不能发明一门放诸四海而皆准的通用语言？

JavaScript 大师道格拉斯·克罗克福德（Douglas Crockford）答曰，"试过了，且试了好几次，但全部失败"。他解释道，"编程的要旨在于管理复杂性。在应对复杂多变的需求时，如果一个语言不能有助于驾驭复杂系统，其结果先是困窘，接着是失败"。而反观针对特定领域的专门语言，"在处理特定范围的任务时非常有效，这就够了"。因为"语言设计的艺术在于权衡取舍。一门好的语言，其功能应可协同，帮助我们更好地理解问题并找到解决方案的最佳表述"。[1]

宏观设计亦然。不妨对比两大设计哲学——麻省理工学院 MIT 法与新泽西法，如表 7-1 所示。

表 7-1 两大设计哲学对比

	MIT 法 （the right thing，正确做事法）	新泽西法 （worse-is-better，差一点更好）
简单性	●设计必须简单，接口与实现均须如此 ●接口的简单要比实现的简单更重要	●设计必须简单，接口与实现均须如此 ●实现的简单要比接口的简单更重要 ●简单性是设计的第一要素
正确性	●设计在任何需要注意的方面都应正确 ●不正确绝对不允许	●设计在任何需要注意的方面都应正确 ●为了简单性，正确性可以做轻微让步
一致性	●设计必须保持一致性 ●为了避免不一致，允许设计可以不太简单和不太完整 ●一致性和正确性同等重要	●设计不能过度不一致 ●为了简单性，一致性可以在某些方面做些牺牲，但与其允许设计中这些处理不常见情况的部分去增加实现的复杂性和不一致性，还不如弃之

---

[1] crockford.com/javascript/popular.html，访问时间：2020 年 4 月。

（续表）

	MIT 法 （the right thing，正确做事法）	新泽西法 （worse-is-better，差一点更好）
完整性	• 设计必须考虑到实际应用中尽可能多的重要场景 • 所有合理预料到的情况都必须考虑到 • 简单性不允许过度地减损完整性	• 设计必须考虑到实际应用中尽可能多的重要场景，所有合理预料到的情况都必须考虑到 • 为了保证品质，完整性可以做出牺牲；事实上，**只要实现的简单性受到危害，完整性必须做出牺牲** • 如果简单性得以保留，则可以牺牲一致性来实现完整性，尤其没有价值的是接口的一致性

资料来源：en.wikipedia.org/wiki/Worse_is_better，访问时间：2020 年 4 月。

令我震撼的是，新泽西法中的正确性居然可以向简单性让步。在我看来，它是在资源约束条件下尽可能快地推出产品并反馈修改及迭代，这是实践派的现实主义做法，即以有条件地牺牲所有第二性以确保第一优先的简单性。IT 史上伟大的 UNIX 操作系统、C 语言和 C++ 语言即在新泽西的 AT&T 贝尔实验室如是诞生，我在 AT&T 工作时的第一堂课就是由 C++ 语言发明者本贾尼·斯特劳斯鲁普（Bjarne Stroutrup）上的。

而 MIT 法则是学院派的理想主义，它忘了真实世界的各种约束，贪大求全，尽善尽美，上手就想毕其功于一役地设计一款绝对正确、一个系统即可解决所有问题的伟大作品，于是将大量时间耗费在设计的打磨上，而对于实现的简单性却从不考虑。IT 史上著名的失败操作系统 MULTICS 就是这种理念下的作品，这才有后面 UNIX 的矫枉。

停一停吧，过于完美，绝非真美！

权衡折中：不完美、不完备才是宇宙人生，满意解足矣。图灵奖与诺贝尔经济学奖得主赫伯特·西蒙（Herbert Simon）提出人是介于完全理性与非理性之间的有限理性，即人的知识、经验和能力是有限的，决策时不可能也不企望达到绝对最优解，只以找到满意解为目标。西蒙创造了单词"satisficing"（满意解），它由"satisfy"（满意）与"suffice"（足够）两个词意合成。

满意解理论同样适用于创新创造及产品决策，上文提及的新泽西法就是典型的追求满意解，而 MIT 法则追求最优解。

鱼与熊掌不可得兼，满意解的寻求过程一般是通过权衡折中而闪转腾挪于约束之间，以达成与环境的匹配或妥协。例如：技术方面，编程面临的用 Java 语言还是 C++ 语言，前者开发容易，后者执行高效；工程方面，一切项目都在"资源—进度—功能"这个"不可能三角形"中进行折中；商业方面，是先做大还是先做强，"技工贸"还是"贸工技"等，不一而足。

权衡折中的内核是判断力，正确的判断源自经验，而经验源自错误的判断，即实践中的试错反馈修改及其本质自我认知。西方有古希腊阿波罗庙神谕"认识你自己"，中国《论语·学而》有曰"吾日三省吾身"，显然中西方皆强调反省。语言是对宇宙人生的抽象，仍以 IT 示例，1995 年 Java 语言诞生，其最具特色的设计，我想应是增加了 reflection 这一反射反省机制。

存在主义认为动物是"存在即本质"，只有人是"存在先于本质"，即人和动物生下来是个存在，但动物出生即被定格，而人有自由意志来书写自我本质。当然知易行难，绝大多数人在体制的黑白棋盘上、在利来利往的喧嚣声中随波逐流，鲜有人在旅途中反省——我是谁，从哪来，到哪去。这个反省叫 reflection，或自我意识，即自己把自己当作认知与批判的对象。人与动物的根本区别就在于人有自我意识，正是这一回眸，原属动物的我们进化为人，生命、自由、追求幸福的主旋律由此绽放。

换言之，Java 语言因 reflection 使得意识跨过了反省的门槛而成"人"，而 C++ 语言仍是"动物"。即如用 C++ 语言编程，一个实体的生命在"出生"时（编译时）就被定格了；而 Java 语言中的 reflection 设计使得程序可以在"人生旅途"中（运行时）加载、探知、使用起初未知的实体和环境，并从环境中动态感知与学习，从而重新认识自我，进而可以改变自我。

类比及人，这就是试错和反馈修改的社会选择机制，所以"小时候，总是活在自己的世界；长大了，总想活在自己的世界"，因为根据诺贝尔经济学奖得主丹尼尔·卡尼曼（Daniel Kahneman）的前景理论，由于人们害怕蒙受当前的损失，于是在现实的利益计算诱使下路径依赖地在追名逐利的大道上前赴后继。即便有朝一日走在了自我实现的路上，然而道阻且长，孤独寂寞，坚守还是放弃，to be or not to be，绝大多数人还是抛弃了初心梦想，终其一生无法享受创新创造的高峰体验。

停一停吧，人，认识自己，美才真美！

何谓初心梦想？不妨类比一切创新创造的落地物——产品，审视其本质与至境。

案例

苹果 iPod 与微软 Zune

苹果公司 2001 年推出 iPod 播放器，2003 年推出 iTunes 网上商店，二次辉煌揭幕；此后再接再厉，2004 年推出 iPod mini，2005 年推出 iPod Shuffle。微软公司 2006 年推出 Zune 播放器应战。根据第三方测评，Zune 的工程指标如硬盘容量、续航时间等胜出，而 iPod 系列胜在工业设计与用户体验。此去经年，微软公司市场份额从未超过 5%，苹果公司则接近 80%，2011 年微软公司宣布关停 Zune。

乔布斯道出根源："随着年纪增长，我越发懂得'动机'的重要性。Zune 是一个败笔，因为微软公司的人并不像我们这样热爱音乐和艺术。我们赢了，是因为我们发自内心地热爱音乐。我们做 iPod 是为了自己。当你真正为自己、为好友或为家人做一些事时，你就不会轻言放弃。但如果你不热爱这件事，那么你就不会多走一步，也不情愿在周末加班，只会安于现状。"[3]

乔布斯的话印证了黎巴嫩诗人纪伯伦在其《先知·劳作》[4] 中写的：

也总有人对你们说，生活是黑暗的，你们疲惫时重复疲惫者的语言。
而我说生活的确是黑暗的，除非有了渴望；

所有渴望都是盲目的，除非有了知识；

一切知识都是徒然的，除非有了工作；

所有工作都是空虚的，除非有了爱。

当你们带着爱工作时，你们就与自己、与他人、与上帝合为一体。

什么是带着爱工作？

是用你心中的丝线织布缝衣，仿佛你的至爱将穿上这衣服。

是带着热情建房筑屋，仿佛你的至爱将居住其中。

是带着深情播种，带着喜悦收获，仿佛你的至爱将品尝果实。

是将你灵魂的气息注入你的所有制品。

是意识到所有受福的逝者都在身边注视着你。

我对产品本质的理解——产品是自我的投影

从本质而言，产品是人的本质的对象化，即产品是自我的投影。

其一，产品是消费者自我的投影。消费者为什么购买？对于空间的单款产品或时间的单次购买而言，他未必清楚其动机，也许冲动，或是从众，而如求取极限，把其一生购买的产品作为大数据集合，可以从统计意义上清晰地勾勒出消费者画像及其生活方式。

因为生活在大多数时候是在展示自我，而产品就是消费者生活方式的一个组件或元素，消费者是感知到产品的功能价值与自身需求的相符度，或产品的符号价值与自身身份、情感、审美的匹配度，从而决定了对产品的选择。

其二，产品也是生产者自我的投影。生产者在创造这款产品时，无不将自我的知识、经验、才华、情感、创新等投射进产品之中。从根源上说，一切伟大的产品都是出于感同身受，出于爱或大爱、大悲悯而创作出来的……包括文学、艺术乃至世界的一切学问、产品，最后都是理念与灵魂的高度。

第二部分　方法论——创新推演虚拟机

> 创新创造的内在本质首先是一种强烈的自恋自爱，或曰是对实现自我生命价值的强烈渴求。你创作的是产品，其实是在创作你自己，产品无不打上生产者自我的烙印，而自我总是有缺陷的，所以自我通过产品的不断打磨而修炼自我、升华自我直至臻于至善。

产品是自我的投影，自我的格局决定了创新创造的境界，我将创新创造分为三大量级：开宗（开创领域）、立派（开创流派）、好产品，如图7-2所示。其中，开宗、立派是审美之境。

商业创新。如摩托罗拉发明手机，开宗移动通信，同时也开创1G模拟信号流派，诺基亚接棒2G GSM（全球移动通信系统）流派，高通打造3G CDMA（码分多址）流派，随后的联发科山寨流派、苹果iOS系统、谷歌安卓系统等竞相绽放，而基于安卓系统做一款满足用户需求的经济效益好的手机，能达到好产品层级。

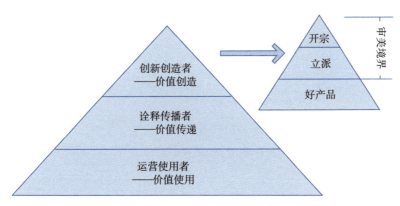

图7-2　创新创造格局图：开宗、立派、好产品

艺术创造。如明末清初金圣叹将中国文学产品排行榜定名为"六才子书"，我的解读就是以领域和流派划线，并挑出流派的巅峰之作：屈原首开文学领域（比之更早的《诗经》非个人创作），具体到各流派层面为子家之最《庄子》、史家之最《史记》、诗词之最杜诗、戏曲之最《西厢记》、小

说之最《水浒传》。当然为古人急,遗憾金先生没能等到《红楼梦》问世。

学术创作。孙武之作《孙子兵法》,首先是款好产品,再者创立了谋略流派。更伟大的,孙子在全球首开战略领域,是中华文明对人类的原创且开宗级的贡献。与《孙子兵法》在同一高度的西方产品是1832年出版的克劳塞维茨的《战争论》,晚《孙子兵法》约2 300年。

总之,开宗立派是创新创造者仰望星空、力图争取的"顶线",它是内在生命力对想象力、原创力、对为人类文明增加新增量的最高追求!而做好产品则是脚踏实地,是对用户需求效用的把握与满足,甚至是引领与超越,是对经济效益的追求,以及在商业上赢得成功。

终曲尾韵。球员时期的贝利曾被问及他的哪个进球最为漂亮,答曰"下一个"。同理,对于永远在路上的创新创造者来说,此生最好的创新创造,是"下一款"……

> 如果我对某一瞬间说:
> 停一停吧,你真美丽!
> 那时就给我套上枷锁,
> 那时我也情愿毁灭!
> 那时就让丧钟敲响,
> 让你的职务就此告终,
> 让时针停止,指针垂降,
> 让我的一生就此断送!
>
> ——《浮士德》第一部第四幕 [1] 62-63

上诗是浮士德与魔鬼梅菲斯特的生死契约,一旦说出"停一停吧,你真美丽!",灵魂就被魔鬼带走。作为交换,浮士德要借魔鬼之力时时鞭策自己自强不息,体验人类的一切生活,永远在实践与创造的路上。

如此,作为创新创造者,不妨与自己定下生死契约:"永远在路上",纵然肉体被套上黑白棋盘、黑白天地之桎梏,也要让灵魂自由翱翔,要每天

第二部分　方法论——创新推演虚拟机

每日去开拓生活和自由，要每日每天去创造伟大的作品，而那最美者，永远是下一款……那时，必有众天使下凡，如同他们曾经抬着浮士德不朽的灵魂一样，抬着你的灵魂，一边飞升一边歌唱：

> 凡是不断努力的人，
> 我们能将他搭救。
> ——《浮士德》第二部第五幕第六场[1]554

那时，面对彼岸未央，何不放歌高唱：

"停一停吧，你——真——美——丽！"

本章参考文献

[1]〔德〕歌德.浮士德[M].钱春绮,译.上海：上海译文出版社,2011.
[2]〔波兰〕哥白尼.天体运行论[M].叶式辉,译.北京：北京大学出版社,2006：21.
[3]〔美〕沃尔特·艾萨克森.史蒂夫·乔布斯传[M].管延圻,魏群,余倩,赵萌萌,译.北京：中信出版社,2011：376.
[4]〔黎巴嫩〕纪伯伦.先知·沙与沫：纪伯伦散文诗选[M].伊宏,译.北京：时代文艺出版社,2018：14—15.

第三部分
实践论——半面创新工具

简单性是实践第一性，人类三大实践——求善如商业创新、求真如学术创造、求美如艺术创构等皆然。本部分的半面创新工具将抽象出人类共同的思维与行为模式、一切创新创造共同的实体与关系模式，以及半面创新的简化工具族。

第 8 章
第一工具"上中下":人类的行为过程模型

"**形而上—枢而中—形而下**"。人类行为的基本过程,是从先有想法,然后逐步落地实现,如图8-1所示。而决定想法的是其背后的观念、理念、价值、使命、愿景、动机、信仰、哲学、宗教或文化精神,中华文明用"道"概之,如《易经》中所言"形而上者谓之道"。本书用"观念"一词统称。

图 8-1 半面创新第一工具"上中下"

而落地的具体实现、具体行为,所凭借的资源与能力,如组织、流程、工具、技术及运营,还有与人相关的识人用人、激励机制等,中华文明用"器"或"术"概之,如《易经》中所言"形而下者谓之器"。具体到"道"与"器"的关系:观念是行为的先导,行动是思想的诠释。

在"道"与"器"之间,还有居中的转换枢纽,即本书称之为"枢而中"的结构,它解决思想观念的系统化落地问题,如战略、模式等,否则实施将是"东一榔头西一棒",或"兵来将挡,水来土掩"的事件驱动。这里,我给《易经》

补一句"形而中者谓之法",代表理性、章法,不亦可乎?

另一视角:"应然—使然—实然"。如图8-2所示。

观念层面是"应然",即价值判断,指世界应有的样子,或我的企业应该如此这般,它是一种理想态和主观秩序。

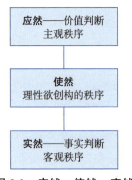

图8-2 应然—使然—实然

形而下的世界是"实然",即事实判断,指世界实际的样子,或我的企业实际上是这个样子。它是一种现实态和客观秩序。

枢而中是"使然",即在理性的设计下,将现实态变成理想态的一揽子路径与方法。它是一种基于观念的价值自觉,更多的是体现理性欲创构的一种秩序,是综合"应然"与"实然"之后设计出来的中间结果。

第9章
第二工具"左中右":创新的实体关系模型

"左"是行业,即生产者的集合,一般由技术推动。"右"是市场,即消费者的集合,一般由需求拉动。如图9-1所示,一切创新创造落地于"中"的"产品",它被定义为满足需求的一切人造物,同时任何产品均为产品、服务、体验与设计的三位一体,只是比例多寡。"中"由产品驱动。

图9-1 半面创新第二工具"左中右"

技术推动与需求拉动的两极对比如表9-1所示。

表9-1 技术推动与需求拉动比较

两极波谱	技术导向 ←——————————————————————→ 市场导向 科研—研发—工程—项目管理—产品管理—战略—营销—商务拓展—销售—用户	
比较	行业技术推动的心智模式	市场需求拉动的心智模式
目标	把技术做好,体现自我价值	以产品为载体,为用户创造价值
形而上观念	Inside-out:技术是自我的外化,技术导向本质是自我中心,把产品做得复杂、难度大而高人一等;产品是技术的载体,用户体验被技术支配,技术驱动商业	Outside-in:主宰世界的是用户需求,产品是用户价值的载体,技术只是实现产品的工具,商业驱动技术;最强大的技术是大象无形,故化复杂技术为极致的体验

（续表）

两极波谱 比较	技术导向 ←──────────────────→ 市场导向 科研—研发—工程—项目管理—产品管理—战略—营销—商务拓展—销售—用户	
	行业技术推动的心智模式	市场需求拉动的心智模式
枢而中结构	技术开发，精益求精，希望一次成型；因技术好，故产品好，最终推向市场一举成功	产品迭代推出，先占市场，不求最好，满意即可，持续获取用户反馈而改进
形而下实现	过程导向，强调团队和谐，在融洽中发挥创造性，属于松散的组织建制；以技术指标为关键指标，强调专利	结果导向，因效率源自分工，故强调执行力，具有严密的组织、流程和质量体系；以体验及市场数据为关键指标

第 10 章
第三工具"正反合":简版算法与四大状态

为了使企业实践具有简单性,四大计算原语"起承转合"可简化为"正反合"(注:应用于学术与艺术创造时,四大计算原语不能简化),如图10-1所示。首先列出待解问题;然后从时空维度勾勒出现有方案与领域的演进,并按图分门别类地填写,这一步可迭代或递归,即二次或更多次"正反合";最后再通过四大架构原语的跨构、否构和重构实现转换。

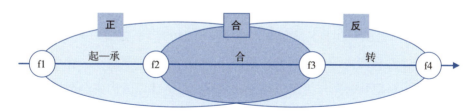

图 10-1 半面创新第三工具"正反合"与四大状态转换

以1840年鸦片战争后的核心命题"中国向何处去"为示例,图10-2列出了当时的几种方案。

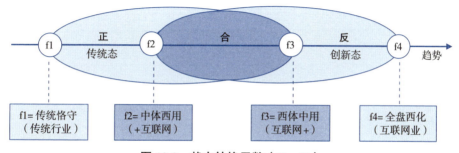

图 10-2 状态转换函数(f1—f4)

- f1：以不变应万变，恪守传统，不过只存在了很短的时间。
- f2：以1860—1890年的洋务运动为代表，提出"中学为体、西学为用"。它保持了"形而上"的孔孟之道，以及"枢而中"政体不变，只引进了"形而下"的西方科技和坚船利炮。
- f3：自甲午中日战争失败之后直至1910年，有识之士认识到西方富强之因并非只在科技，而在"枢而中"的政治体制，于是发动"戊戌变法"以推行君主立宪制，或暴力革命以确立民主共和制。
- f4：自1917年新文化运动至1919年五四运动，提出打倒"形而上"孔家店，全盘西化，思想阵地有以胡适为代表的自由主义、"南陈北李"的纯马克思主义等。
- 由于f4的全盘西化走不通，又转回f3的西体中用，即"马克思主义的普遍真理同中国革命的具体实践相结合"，其中"形而上"的马克思主义、"枢而中"的列宁结构及"形而下"的中国实践。

类比企业经营，f1是传统行业，f2是"+互联网"，f3是"互联网+"，区别在于：f2是传统行业的观念，如神州专车，仍是企业购车、雇用司机、缴纳社保，只把互联网作为工具以提升效率，是企业以管控机制配置资源。f3是"互联网行业的普遍真理与传统行业的具体实践相结合"，如滴滴专车，司机是自由职业者，车是其买或租，企业是算法与大数据公司，通过网络与信息配置资源。

物理学意义上，可将f1～f4视为连续波谱，一般情况下f2和f3两处能量最强，也是企业家关注的焦点。

第 11 章
第四工具"天地人":经营的最小完备性集合"宏范图式"

企业经营总纲是"如何在环境约束下持续创造价值,使企业获得长久的竞争优势"。图 11-1 和表 11-1 为半面创新的第四工具"天地人"——企业经营的最小完备性集合"宏范图式",其概念基于《尚书·洪范》,体系基于康德的范畴,并注入了企业经营的核心实践。本章仅概述,后面再详解。

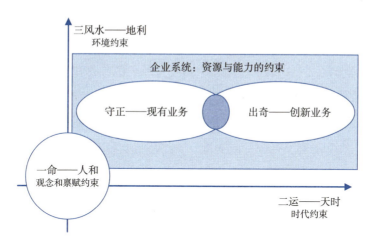

图 11-1　半面创新第四工具"天地人"或"宏范图式"

表 11-1　宏范图式:经营的最小完备性集合

质的范畴	实在性——现有业务运营;否定性——在研的创新业务;限定性——规定在最近一段时期内上市的新品 经营视角 #1:做什么。业务选择是企业的第一选择
量的范畴	单一性;多数性;全体性 经营视角 #2:怎么做。关注企业效率与消费者效用的关系

（续表）

	管理视角——经营环境的抽象。底层逻辑：（1）因为客户，企业创立；（2）始于创始人，成于价值与文化；（3）关注与外界环境的交互		
关系范畴	因果关系——客户企业因客而生。经营核心是获客与续客！	依存关系（实体与属性）——创始人、企业与员工 创始人的观念与经营哲学，通过治理结构、体制机制等漫灌于组织而形成了类生命体的基因，详见第13章"一命"	交互关系——企业与外部利益相关者 如价值链和生态系统，资本市场；技术革命与时代精神；媒体/政府管制/国家经济/全球化
模态范畴	上述三大范畴的各项细节问题的思考方向与变通"度"的把握（权变、灰度）可能不可能；偶然与必然；现实不现实		

表 11-1 中所示的四大范畴中，"质"与"量"是关于经营，"关系"是关于管理。经营是做正确的事，是面对环境约束做出选择，其目标是效能。管理是正确地做事，是处理人、财、物料之间的关系，其目标是效率。"模态"是上述三大范畴的细节思考与"灰度"把握。下文仅述及经营。

"**质**"——**做什么**：俗语说"男怕入错行"，企业也一样。业务选择是经营的第一选择，一旦选中，即产生路径依赖，故要反思当初这种选择是基于什么？是战略主义还是经验主义，抑或是机会主义？一旦进入轨道，"一命"逐渐成型。"实在性"的主营业务是常量，但任何一个业务终将衰亡，故需引入"否定性"的创新业务，或变量，如此企业可实现奇正双驱。"实在性"和"否定性"的正反合态是"限定性"，如将最近三年上市的新产品定义为"限定性"。这样形成了可持续的三层面经营格局，诠释了企业家精神：既要稳定地经营主业以持续增长，又要主动适应环境以创新求变，掌握自我否定的主动权，这正是企业家统筹运用时间与空间的艺术。

这就是《孙子兵法》中的"形"。所谓"凡治众如治寡，分数是也"，首先根据战略将各业务编为战斗队形；"斗众如斗寡，形名是也"，然后业务紧随品牌战旗展开；而"激水之疾，至于漂石者，势也；鸷鸟之击，至于毁折者，节也"，"形"之外还需"节"与"势"，即把握适时推出新品的节奏，于是此伏彼起的创新使得企业势能在市场中持续高涨。

"**量**"——**怎么做**：重点需要思考业务之"量"，以及资源与组织支撑。

业务之"量"：是专业化还是多元化？专业化是立身之本，其弱点是任一领域都会有周期性的问题，当周期来临时需要适度的相关多元化来对冲风险，但同时驾驭几个不同的行业又有人才和资源等因素制约。另外就是一个业务中的产品之"量"，是单品爆款的规模经济，还是几款产品共享资源的范围经济，抑或是根据客户需求的定制经济？还有业务实现的优先顺序，是先做大还是先做强？前者是市场份额优先，后者是单点运营与利润优先。

业务还须有资源与组织支撑：是 inside-out 的资源导向，还是 outside-in 的目标导向？前者量入为出，有什么就做什么，有多少就多少，主要是优化现有资源的内生式发展。后者缺什么找什么，是整合外部资源的外延式发展。资源配置方式，是单一性的企业配置资源，还是多数性的市场配置资源，抑或是全体性的网络配置资源？还有资源颗粒度，是基于企业级，还是"大平台+小前端"？小前端有多小？企业级、部门级甚至个体级，或者通过外包或众包。最后组织匹配，是单一性的职能型组织，还是多数性的事业部建制，抑或是全体性的网络型组织？

第四部分
本体论与价值论*
——"半面"作为存在何在何往

半面创新是对宇宙人生创新创造的计算仿真。本章以"半面"作为宇宙存在的本体或天道,再以之推演人生价值。半面创新是意志以创新创造从无序趋向有序,从不完美趋向完美,从存在趋向本质,最后成全自由与审美的演化函数。

---

* 西方哲学一般分为本体论、认识论和价值论。本体论是关于存在和存在者的研究,即形而上。认识论是关于人类认识的研究,如认识来源、真伪标准等。价值论是关于人类目的与意义的研究,如伦理学和美学。中国哲学认识论较少,主要是天道与性命。天道约等于本体论,性命相当于价值论。本章以"半面"作为宇宙存在的本体或天道,再以之推导人生价值。

第 12 章
"半面创新"是意志以创新创造成全自由与审美的演化函数

《七律组诗·五十自期》其一：《生当只解大难题》

2018 年 8 月 5 日

缘何苹果落垂直？为甚钟灯摆等时？

一杞忧天寻奥义，两儿辩日觅惊奇。

"谁来哪去"终极问，"何以可能"本体疑。

天赋才情绝琐陋，生当只解大难题。

已历千年思考，仍须再虑千年……人类创新创造太初何来？人类终极精神将往何方？

太初有言？太初有思？或引维特根斯坦，"我的语言的界限意味着世界的界限"；或引海德格尔，"语言是存在的家"。根据在人类文明史中各自创新创造成果的概略统计，我作图 12-1 展示世界主要语言的大致强项分布及其背后的思维。

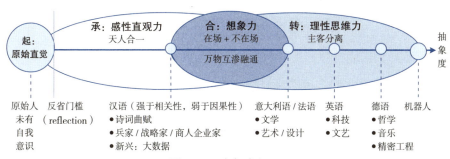

图 12-1　太初有何？

浮士德将太初有言、有思、有力改为有为！大江东去，人类绵延，生活、实践、创造是根本，是第一性的；思维、概念、认知是派生，是第二性的；民国教育家陶行知《三代》诗曰：行动是老子，知识是儿子，创造是孙子。即实践笃行是第一位的，但无知识的行动犹如"断子"，无创造的实践好比"绝孙"。正所谓"纸上得来终觉浅，绝知此事要躬行"。

人类文明进路，首先是"起"，此阶段从原始人的未有自我意识，直至意识跨过反省门槛，而后的"承"是天人合一的感性直观力，即人类首先与自然万物及人类自身打交道，从世上万事万物的生活、实践中获得感性经验，而不是先凝视、观察、空想、概念认知。

群经之首《易经·系辞下》如是描述："昔者圣人之作易也，将顺性命之理，是以立天之道曰阴与阳；立地之道曰柔与刚；立人之道曰仁与义。"意即宇宙由天、地、人三才各行其道构成，天道内涵是阴阳交感，地道则刚柔济用，人道乃施仁行义。万物肇始于天道的阴阳交合，成形于地而刚柔各异，人生其间当以仁义为行为准则，因此，由"天道"之本体论推至"性命"之价值论，"天人合一"遂成为中华民族的心理与思维。

然后"转"，是在感性经验基础上总结、归纳、思考，逐步认识这个世界，进入理性思维阶段，并创构体系与理论，这就是"主客分离"，一方面生活与实践导致了思维与认识，另一方面思维与认识指导有目的的实践。

"半面创新"的理论创构期待最后的"合"。自2008年开始写作以来，我于2009—2010年推出的第一个版本是《就这么做产品》与《就这么做创新》，主要围绕技术与产品；2011年的第二个版本增补了各类创新；2013年的第三个版本将前两个版本的体系进行整合，提出了"半面创新"的概念，以及创构的最高目标是"美"，希冀既能囊括创新创造的所有内容，又能传神地表达创新创造的内涵精神。

第7章述及的创新结果及最高追求的开宗立派，是宇宙人生至境的自由与审美，科学定律，诗词对仗，艺术对称，甚至编程之美——空间有序之美如面向对象程序比结构化程序美，后者又比充斥goto的程序美；时间有序之美如生命周期的对称，存储空间的申请与释放；同时时空有序须对偶般配，如对象创建与消亡在同一函数中。

因艺术奉陌生化原则为圭臬，我选择的这个唯美形式是对称的"半"字与"面"字，合称"半面创新"。类比孔子造"仁"，"二人为仁"，引申为人与人之间的关系；老子择"道"，人"首"在"走"，引申为道理、规律。"半面"两字，"半"呈阳态而"面"具阴像，二者之间象形出阴阳交合、相反相成的创生本质，谙合儒道的创生哲学；另外，"半"字乾刚铁划，如尼采所言的酒神精神狄奥尼索斯，激情似剑，而"面"字包容四方，如日神精神阿波罗，理性柔暖（同时"面"字一横又对哈耶克所言的理性的"致命的自负"横加警戒），故曰"半面是创新的解耦，创新是半面的耦合"。

再看概念的内涵及其演化，即如何让"半面"的主观精神再现客观现实，不妨类比儒家"仁"的演化。"仁"字在《论语》中出现了109次，虽无明确定义，却有根据不同学员问仁而从不同视角的描述。公认的答案是回应樊迟问仁，"子曰，'爱人'"，即仁者爱人，对一切人友善是人际交往的根本原则，具体实施上，则一个是主动的"free to"，所谓"夫仁者，己欲立而立人，己欲达而达人"（子贡问仁）；一个是被动的"free from"，即"己所不欲，勿施于人"（仲弓问仁）。

"仁"还有其他维度的表现，孔子各有诠释：
- "孝悌也者，其为仁之本与！""居处恭、执事敬、与人忠""能行五者（注：恭宽信敏惠）于天下为仁矣"等，是"仁"在道德维度的表现。
- "刚毅木讷，近仁""仁者，其言也讱""巧言令色，鲜矣仁"等是"仁"在语言维度的表现。
- 其他如"博学而笃志，切问而近思，仁在其中矣""仁者静""仁者寿""仁者乐山""仁者不忧"等。

我则用编程语言来诠释"仁"："仁"是一个观念集合 class（类），它有 property（属性）和 method（行为），及从个体行为衍生到政治、社会领域如"德政"等，如图 12-2 所示。

```
class 仁 {
    int 道德方面; // 如孝悌恭敬忠 恭宽信敏惠等
    int 语言方面; // 如刚毅木讷等
    ……
    public void freeTo{ 己欲立而立人，己欲达而达人……};
    public void freeFrom { 己所不欲，勿施于人……};
    ……
    public void 德政 { 为政以德……苛政猛于虎也……};
    …… }
```

图 12-2 编程释 "仁"

后续学者的创新：如孟子做了两大创新，其一上扩，创造抽象类"人之初性本善"，为"仁"找到时间维度的宇宙起源——人心四端，于是"仁"类可以从抽象类承建；其二下扩，一方面扩充属性，由"爱人"扩至"爱物"，另一方面扩充行为，由"德治"扩至"仁政"，不一而足……到了晚清，康有为和梁启超把西方的"自由、平等、博爱"等时代精神又扩充到"仁"的概念之中，详见本书第 29 章，如图 12-3 所示。

由此我给"仁"下定义："仁"是人类一切美德的时代集合。如果未来人类"坐地日行八万里，巡天遥看一千河"，时代的概念不复存在，又与外太空生命通婚，天人合一、万物一体，不妨定义"仁"是宇宙美德的动态总集。同理，"半面"的概念内涵也体现在版本的演化中。

2013 年的第三个版本是命名为"半面"的首版，**基于空间维度的开放系统视角。该版的本体论思考，认为世界由事件构成，一个事件是变化的最小单位，故"半面"是事件的集合，一个"半面"就是一个事件。**"半"是创新事件的切入路向，主出奇；"面"是创造事件的正则模型，一经造出则守正；企业系统的一切业务事件的抽象就是奇与正，奇正是系统变化的一体两面，因为任何创新都是对现存系统的部分改变，创新的结果既有新增处，也有传承处。该版的核心内容是本书第 4 章"存储器"的四大数据结构原语。

第四部分　本体论与价值论——"半面"作为存在何在何往

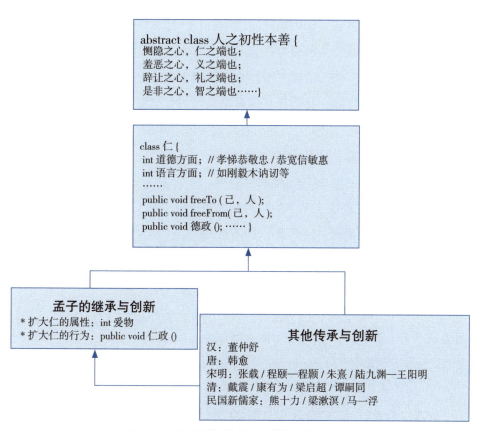

图 12-3　编程释"仁"：后续学者的创新

2017 年的第四个版本，**在本体论层面增加了时间维度的演化视角，即半面是演化的集合，一个"半面"就是一次演化**。它前向兼容第三个版本，因为事件既是空间之事，也是时间过程。而**世界的本体是这种"半面"未完成态以及持续的新陈代谢的演化进程**，它始于偶然的宇宙创生，或偶然的生命创生，终于宇宙热寂或人生圆寂，即"半面"是从创生态（0）到全面完成态（1）之间的新陈演化函数。该版的核心内容是本书第 5 章"运算器"的四大计算原语与四大架构原语。

2020 年的第五个版本（即本书），**在本体论层面增加了存在的人间维度视角，以解决从有限到无限的问题**。存在是事件和演化的基础，事件和演化是存在的状态，此时"半面"是存在的集合，一个"半面"就是一个存在。

而存在先于本质，始基即创生瞬时的"半面"，其演进是从原子构件，经复杂操作的拼装而拟合为一种新存在，或新"半面"，这个新"半面"往本质存在的方向又进了一步。所以它前向兼容第四个版本，囊括了演化。该版的核心是整个虚拟机体系，又因存在体现于大脑，本书第 6 章"控制器"的四大控制原语，特别是"想象力"是从有限到无限的转轴。

因为各个"半面"的任意维度的拼装与拟合意味着存在向任意方向发展的可能性，这就是自由。拼装通过"五行中"的在场拼装，这是有限；或通过"三界外"的不在场的想象力拼装，这是无限。而拼装的结果，意味着各种"半面"的互渗和融合。附《断章》如右，作为一种典型的半面拼装。如此，人类从"天人合一"，经过"主客分离"，最后"万物互渗融通"，达到一种否定之否定的审美之境。

《断章》

卞之琳

你站在桥上看风景，
看风景的人在楼上看你。
明月装饰了你的窗子，
你装饰了别人的梦。

总结"半面创新"以计算主义解决"创新创造何以可能"之人类大问的进路：

- 第三个版本从事件集合切入，是基于事件驱动的编程模型，此时的"半面"是从无序到有序的开放接口，抽象出了复杂问题的数据结构，相当于 IT 的 API。
- 到第四个版本的演化集合，"半面"是从创生到热寂的演化函数，抽象出的半面创新算法，相当于 IT 的 SDK（软件开发包），于是"算法＋数据结构＝程序"以三层架构进行仿真建模。然而，建模具有非完备性，因为概率统计是其底层逻辑，计算世界对于物质世界的仿真必然具有近似性与不确定性。
- 到第五个版本的"半面是存在的一切可能性集合"，从此前两版基于单机建模扩大到基于网络计算，从基于物质世界扩大到虚拟的世界与想象的世界，通过抽象出大脑控制器的线程模型，以虚拟机架构将此

第四部分　本体论与价值论——"半面"作为存在何在何往

前所有版本融构为一体化的半面创新体系，通过连接（connect）与交互（engage）进行半面拼装或拟合，此时的"半面"已是从有限扩展到无限的自由意志的存在，它既是存在的状态，又是存在的演化，更是存在本身，同时演化的结果相对于最终本质，仍是半面的呈现。

从宇宙本体论到生命价值论。生命是地球上的奇迹，何谓生命却尚未有公认的定义。

生物学家认为，生命是核酸和蛋白质等物质组成的分子体系，具有繁殖、生长发育、新陈代谢、遗传变异和应对外界刺激等特性。这是存在。

物理学家认为，生命的演化具有从无序到有序发展的趋势，生命体是一个不断从外部引入负熵以维持内部有序状态的开放系统。这是半面创新第三个版本中的建模仿真。

哲学家认为，生命是生物所表现出来的生存发展的意识和能力，它是一种自我更新的自然现象，且其行为总是依据自我的准则。这是半面创新第四个版本中的建模仿真。

作为一名IT极客，在我的观念里，生命是一台处理信息的计算机，它是基于核酸DNA等生物分子算法对外部环境的输入信息，以及内部变化信息（变异可视为随机输入）进行存储、计算、处理的过程。如此，人类的思维、认知、创新创造等就可以通过计算的方式来建模仿真，这就是半面创新第五个版本中的虚拟机，或曰：**半面创新是计算视角对宇宙人生创新创造的架构与仿真，而宇宙人生是本体论意义下的计算机。于是半面创新是自由意志以创新创造从无序趋向有序，从不完美趋向完美，从存在趋向本质，最后成全自由的演化函数。一言以蔽之，半面创新是意志以创新创造成全自由与审美的演化函数。**

宇宙人生，圆满、融通、全面的至真、至善、至美的绝对自由之境只在彼岸。而在此岸之地，不完美的"半面"才是宇宙人生。在黑白天地的宇宙舞台上，在黑白棋局的人生舞台上，自由意志在笑与泪、灵与肉、生与死中演绎，"半面"是永远在路上的自由意志的"虚半"之态，这种"虚半"的表征："半面"是偶然的波痕涟漪，"半面"是自由的象形文字，"半面"是审美的微醺半醉。

从必然到偶然——"半面"是偶然的波痕涟漪。创新创造的本质是偶然性,然而关于偶然性与必然性的探索,人类争论了两千多年,而且必然性在尼采之前压倒一切。

必然性的理论最早始于柏拉图,其理念论将世界分为确定性的理念世界和偶然性的感性世界,而前者才是永恒真理的世界。笛卡尔将"我思故我在"作为第一真理而追求知识的确定性。科学家仿佛也证明了必然性,如伽利略、牛顿的机械决定论,拉普拉斯的绝对决定论等,康德、黑格尔、爱因斯坦等都坚信必然性。

对必然性的挑战则见于伊壁鸠鲁学派、帕斯卡尔,特别是休谟指出因果必然性是人类的主观联想的心理习惯。哲学界直到尼采,科学界直到概率论和统计方法的革命性引入,才动摇了必然性神话。斯坦福大学哲学教授理查德·罗蒂(Richard Rorty)总结道:"20世纪的重要哲学家们纷纷追随浪漫主义诗人,试图跟柏拉图决裂,而承认自由就是承认偶然……尼采之后的哲学家,诸如维特根斯坦和海德格尔,他们写作哲学,都是为了呈显个体与偶然的普遍性与必然性。"[1]41

最终,诺贝尔化学奖得主普里戈金以《确定性的终结》宣告:"人类正处于一个转折点上,正处于一个新理性的开端。在这种新理性中,科学不再等同于确定性,概率不再等同于无知。"[2]即经典物理学展示的时间可逆的确定性宇宙图景已经千疮百孔,偶然性、不确定性、时间的不可逆性才是宇宙的本质。

"半面"的艺术呈现就是偶然之半。偶然的存在,存在的偶然,仿如清风忽来,波痕涟漪。罗蒂继续论述道:"依照西方传统哲学的看法,个人生命的极致,就在于它突破了时间、现象、个人意见的世界,进入了另一个世界——永恒真理的世界。相对地,在尼采看来,极致生命所必须越过的重要关卡,不是时间与超时间真理的分界,而是旧与新的界限。他认为的一个成功极致的个人生命,就在于它避免对其存在偶然作传统的描述,而必须发现新的描述。"[1]45

作为演化视角的"半面",其演化路径不是机械决定式的演化,它虽预

第四部分 本体论与价值论——"半面"作为存在何在何往

设目标路径但不预设绝对真理的单向演化路径,以虚半之态依环境变化而调整适配出新"半面"。因为宇宙是偶然的,所以个体人生、全部的日常生活也是偶然的,而偶然性意味着自由。

从公转到自转——"半面"是自由的象形文字。所谓自由,是个人独立于社会中他人意志的状态,它意味着个人能按自己的决定和意志行事的可能性。作为康德的人人自由、人人平等、人人自主的理想的信徒,近代大学理念的缔造者洪堡将自由作为人类的最高原则用之于教育,以使每个人能按其个性得到最充分的发展。

其因,哈耶克认为,"如果不把(自由)这一基本规则作为一种不会对物质利益做任何妥协的终极理想而予以严格地遵守……那么自由就几乎肯定会一点一点地蒙遭摧毁……一个自由的社会所能提供的种种允诺,对于特定个人而言,始终只能是各种机遇而非种种确定性,只能是种种机会而非种种明确的赐物,此为一不争之事实;因此,如果自由不被视作最高原则,那么自由社会所提供的种种允诺,就必定会因其性质而被证明为致命的弱弊,并使自由渐渐丢失。"[4]80 这就是本书导论所言的自由与安全的人类根本矛盾。

所以自由社会的本质特征有二:一是目标的自由设立,"人的目标是开放的,而且能够不断产生人们为之努力的新目标"[4]36-37,由此使得一切个体在一切可能的方向上探索。二是过程的自由保证,"一个人的价值及酬报,并不取决于他所拥有的抽象能力,而取决于他能否成功地将这种抽象的能力转换成对其他有能力做出回报的人有用的具体的服务……只要我们可以自由地选择我们具体的职业,而不是被要求去干某一职业,那么我们能够恰当地运用我们的技术就一定是我们获致酬报的基础。"[4]95-97

类比中华文明的儒道传统。儒家以中庸达天人合一,其实是个体向环境妥协以求内心安宁,实质是集体意志和集体价值凌驾于个人自由意志之上。其三纲"大学之道,在明明德,在亲民,在止于至善",规定了人生起点、过程及终点;八目"格物致知、诚意正心、修身齐家、治国平天下"规定了路径,极好!但全体国民都走此路却也不必。道家"独与天地精神往来",以独立精神而与道合一,极好!但福祸相依、柔弱居下则是宿命论及对环境的被动适应，无为而治却未思及自由意志即主观能动性的力量。

何若"半面"互渗：西方取来自由意志，不唯权威；儒家取来自强不息，辅以兴趣导向；道家取来独立精神，不以物累形；释家取来平常心是道，不患得患失。如此则从群体退到个体，从依附退到独立，从入毂公转退到自转。

从功利的创新到审美的创造——"半面"是审美的微醺半醉。创新与创造的关系表现为：创新是创造的受限态，关注生存与利益；创造是创新的自由态，超越有限升至无限。

企业经营基于现实考量，关注成败，关注绩效，关注创新成果是否能为客户创造价值，实用理性的创新是第一步。之后的更高境界当是价值理性的自由创造，如乔布斯的改变世界，贝佐斯的创造技术以推动人类进步。如此步步为营，从经验的世界进入创造的世界，从此岸的世俗功利走向彼岸的审美之境。

康德在《实践理性批判》中看到了理性本身有实践的能力而无需感性直观材料的输入，并在伦理道德方面阐发了实践理性就是创造性，它创造了伦理道德的世界。尼采接着提出了没有不创造的自由，除此均为外在的经验世界，例如：善恶是非是经验，观念而已；战略运筹是经验，因为无可穷尽以保自由意志实现；审时度势是经验，所谓风口赛道无非因时制宜。这些都是庸人之为，而自由人之为就是保持自由意志，只管自由创造，成败在所不计。

于是从喧嚣退到孤寂，如右部近代希腊最伟大的诗人卡瓦菲斯（Cavafy）所书写的。从必然王国进入自由王国，"应无所住，而生其心"，从心灵之唤，做心愉之事，如此达物我两忘、万物互渗交融的微醺半醉。当外在的名缰利锁无所生寄，直觉灵感在淡泊宁静中涌现，于是人生价值就是听从自心、直道笃行，享受自由创造过程本身那种高峰体验，不必考虑盈亏，无关他人评判，成功只是成事的副产品，一种社会的约定俗成

As much as you can [4]

C.P. Cavafy

And if you can't shape your life the way you want

  at least try as much as you can

  not to degrade it

  by too much contact with the world

  by too much activity and talk

而已。这就是半面创新的审美之境,但这是否是人类的终极方向?

思之千载,再虑千年……曲终何处?

宇宙自然是偶然的产物,是偶然大爆炸的偶然生成。人也是偶然的产物,诞生于精子、卵子的偶然结合,呱呱坠地后被抛入自然与社会,一生沉浮去实现理想的自我。而存在先于本质,自己的路最终由自由意志的自由选择来决定,我们选择不入彀、不痿活,我们选择"生命以自由为目标,自由以创造为归宿"。

阳光明媚,从"青苍碧海掣长鲸"的入世有为,到"旷暮孤峰",在寥廓宇宙的孤寂中"唱晚之鹰"(注:黑格尔名言"密涅瓦的猫头鹰总是在黄昏中起飞")的独与天地精神往来;从人生意义在此岸世界的"诗酒辅仁"与"星空弘道",历经"红尘踏尽红尘尽,苦海淘空苦海空",生命的最高追求乃是此岸的道德之境?如奉儒明德的杜甫,如仰望星空的康德……尼采早已指出道德是最高价值的偏见。

人类精神价值的演进,始于从无功利、天人合一的原始人类,通过原始直觉、感性直观力去生活实践;到跨过反省门槛有了自我意识的新人类,进而主客分离,在实践中产生了认知与思维,又在认知与思维的指导下进行有意识、有目的地改造宇宙人生的功利性实践。

正反之后的下一步是否再度合于无功利的天人合一?它将超越第一段的感性本能,超越第二段主客二分之上的知识、功利和道德,而抵达半面互渗、万物融通的审美境界?这大约是孔子的"从心所欲不逾矩"(《论语·为政》),老子的"复归于婴儿"(《道德经》),庄子的无己"至人"(《逍遥游》,杂篇"唯至人乃能游於世而不僻,顺人而不失己"),荷尔德林的"人诗性地栖居"在大地上的至境。

世界,世之界?

世界,何世之界?

生短梦长最忧怵,我们仍是此在世界的半面未完成的存在,仍在趋向最高本质的路上，何若是其所是，从此界超被界，去创构那首我之为我的自由意志的小诗……始于自由之自然，归于自然之自由……

本章参考文献

［1］〔美〕理查德·罗蒂.偶然、反讽与团结［M］.徐文瑞，译.北京：商务印书馆，2005.

［2］〔比〕伊利亚·普里戈金.确定性的终结［M］.湛敏，译.上海：上海世纪出版集团，2009：5.

［3］〔英〕弗里德里希·奥古斯特·冯·哈耶克.自由秩序原理［M］.邓正来，译.北京：生活·读书·新知三联书店，1997.

［4］C. P. CAVAFY. Collected Poems［M］. Princeton University Press,1992:45.

外篇　商业创新之推演

第五部分　"天地人"——环境约束"一命二运三风水"

第六部分　"上中下"——人类的行为过程模型"观念—结构—实现"

第七部分　"左中右"——创新的实体关系模型"技术推动—产品驱动—需求拉动"

第八部分　"前中后"——运营的三端流程"输入—处理—输出"

第九部分　复合创新及创新属性

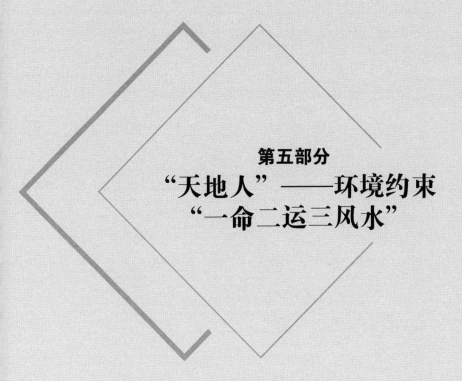

第五部分
"天地人"——环境约束
"一命二运三风水"

生物进化的结果依赖于环境的自然选择，而创新创造的结果则是人类环境的社会选择。"一命"是个体或组织的认知价值与禀赋约束，以及由此衍生的路径依赖；"二运"是时势与时代精神约束；"三风水"是自然地理与社会人文环境约束。

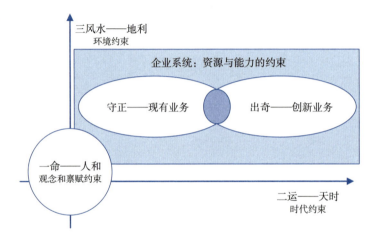

第五部分 "天地人"——环境约束"一命二运三风水"

希腊神话中,克里特国王米诺斯请建筑师戴达流斯设计并建造了迷宫。完成后,残暴的国王将戴达流斯及其儿子伊卡洛斯囚禁于迷宫之中。

戴父设法逃出生天,考虑到克里特岛水陆均无出路,只有飞行一种可能,于是和儿子日复一日、年复一年地采集鸟鸥落在迷宫里的羽毛,整理、捆绑、用蜡封牢,做成了两副翅膀。戴父暗中试飞成功并教会了儿子。

在逃离的前夜,戴父给了儿子两项忠告:一是初心狂狷,意志坚定且谦虚,不要自满自大;二是既不能飞太低也不能飞太高,太低则羽翼粘上海水后变得沉重会被大海吞没,太高则封蜡因靠近太阳而熔化导致翅膀脱落,即根据环境约束动态调整策略。

起飞了,伊卡洛斯小心翼翼地操纵着翅膀,飞行顺利,飞出了囚墙,飞出了迷城,飞出了孤岛……"我自由了!"

闭着眼,大口大口地吸吮,海风夹杂的温香,
生津的是梦想的琼浆;
仰着头,一圈一圈地抓住,穿透云层的阳光,
耀眼的是希望的长芒。
伊卡洛斯陶醉在翱翔四野、一览众小的的迷狂。

"是的,世之奇伟瑰怪常在于险远",紧接着,伊卡洛斯昂首飞向大海深处,前面是奥林匹斯山,那里有智慧女神雅典娜、盗火英雄普罗米修斯……我要在山上与他们纵情歌唱:

我要飞得更高,飞得更高,挽起银河仙浪,洗净世间沧桑;
我要飞得更高,飞得更高,唤醒盘古上帝,再造此岸辉煌。

"看见了",那更高远处,是月宫新装的禅房,
旁边那月桂树的婆娑,定然是嫦娥的轻裳。
我要去,要去叩开那紧锁的胸膛,
邀她重开千年寂寞的佳酿,
还要邀那精灵的小兔儿,它一定又害羞地东躲西藏。

半面创新 创新的可计算学说

伊卡洛斯沉溺于自我膨胀的汪洋。

大鹏展翅恨天低，此时的伊卡洛斯已经完全忘记了父亲的忠告，越飞越信心满满，越飞越高远寥廓，同时也离太阳越来越近，阳光越来越炽热。渐渐地，封蜡开始熔化，一滴滴；羽毛开始散开，一片片。"燃烧了！"火焰突地在两只翅膀上蓬勃燃烧，大鹏瞬间化作火凤凰。远远地，翅膀脱落了，一支，又一支，伊卡洛斯开始下坠，"永别了我的父亲，悔不该不听你言，我的梦想啊……"

欲上九天揽日月，壮志未酬身先亡，
我再不能飞向天堂，去探索彼岸未央，
我终将孤身葬入，这万顷波涛的荒凉。
让我最后再看一眼吧：
为什么越来越高，这天蓝的无疆，
为什么越来越远，这朝霞的延宕，
为什么越来越清晰，这缠绵着的群山的苍莽，
为什么越来越吵杂，这人世间走南闯北的熙攘，
还有嗷嗷待哺的牛羊……

伊卡洛斯沉入大海，魂归梦开始的地方，
远处，杜鹃啼悯，
有几缕，侠骨飘香……

第 13 章
"一命"：初心格局创始人，组织基因价值观

"一命"的定义、形成与结构：从创始人到组织场

定义。"一命"即组织基因，是基于组织的核心价值与经营哲学而形成的文化自觉的逻辑生命体，它源自主导创始人的初心与价值观念（假设在公司治理结构中创始人有主导权），通过体制、机制的浸润而漫灌成为整个组织的观念形态与文化精神。

将"一命"可视化，如图 13-1 左部，类似于物理磁现象的生产关系"场"结构，那个立着的磁铁就是主导创始人的初心观念，它通过体制、机制发散出组织核心价值。图 13-1 右部是含南北两级的磁场。

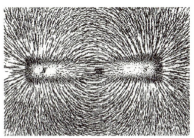

图 13-1 "一命"组织基因可视化为生产关系的"场"结构

一个组织只能有一个核心，在国史中，多中心必发内乱，它甚至可溯及后羿射日的神话。神话是一个民族的心理隐喻。孔子云，"天无二日，土无二王"（《礼记·坊记》），所以本章的假设是一个组织是围绕一个主导创始人而

建构的。

初心狂狷的"高尚的野蛮人"

"狂狷"一词出自《论语》,"子曰:不得中行而与之,必也狂狷乎!狂者进取,狷者有所不为也"(《论语·子路》)。即若找不到中行的人为友,就与狂狷者交往。狂者自强不息、折腾不止,狷者洁身自好、恪守底线。

其实狂狷不是如伊卡洛斯自傲自大的外表轻狂,而是率性而为的神采飞扬。当然也可窥见孔子的忐忑,因其理想人格是中庸,于是千载而下,四平八稳成为主流文化。"狂"者特立独行却与礼教规范冲突;"狷"者不同流合污却缺乏权变灰度。狂者略过,狷者不及,中行恰是狂与狷的正反合,但最优解太难,于是孔子退而求其次,将狂狷设为 satisfying(满意解),中行者为圣贤,狂狷者为豪杰。于是明朝吕坤总结人分三等,"深沉厚重是第一等资质;磊落豪雄是第二等资质;聪明才辩是第三等资质"(《呻吟语·性命篇》)。

与孔圣人一样,在后世公认能达到立德、立功、立言三不朽标准的其他两圣——明代王阳明与清代曾国藩无不推崇狂狷:

阳明先生言:"我在南都以前,尚有些子乡愿的意思在。我今信得这良知真是真非,信手行去,更不着些覆藏。我今才做得个狂者的胸次,使天下之人都说我行不掩言也罢。"[1]就是做人行事无须遮掩,但凭良知。

然而但凭良知,在真实乱象的人类丛林世界往往步履维艰,知与行、价值理性与工具理性张力紧绷。如曾国藩,其"知"为宋明理学及其理想

晨起收到一位 EMBA 学生的微信,言前日事毕,昨日出山,重在全国大会演讲。心中喜悦,赋诗相赠,并祝其人生再造辉煌。

《诗赠××同学再弘毅》
2019 年 11 月 28 日

三立德言功,
知行一力争。
外求非可必,
心正自阳明。

另:早餐时又想起阳明先生在龙场教习时以四事规诸学员,一曰立志,二曰勤学,三曰改过,四曰责善。不意间心意谙合,甚喜。

第五部分 "天地人"——环境约束"一命二运三风水"

社会,故以圣贤自期,固执孔孟,做人质朴,做事刚猛,动辄反省内疚;历尽挫折方悟,"行"须用豪杰手腕,于是兼谙老庄,和光同尘。曾氏概之一言,"非用霹雳手段,不能显菩萨心肠"[2],并常自责自己有两副面具。须记,这是一种正反合,是正直真诚之上反者道之动的圆融,而非世俗之圆滑。

所以,狂狷之实现,一言以蔽之,做务实的理想主义者,其中理想主义指创造价值,而务实则指实施中的世事洞明与人情练达,如卢梭所言"高尚的野蛮人",特别对创始人企业家而言,需要一股与生俱来的胆气,或曰"敢为天下先"的首创精神。

人的本质是自由意志之实现,所以人生始于初心狂狷的立志,一个人的人生格局是由他所认定的生命价值而定的。阳明先生道,"夫志,气之帅也,人之命也,木之根也,水之源也"(《示弟立志说》)。心理学释之为动机触发行为,而动机激活能量的大小由其性质和强度决定。初心狂狷是自由意志的形式,是"why-do"(为什么要做),而非"what-do"(具体做什么),后者需要试错和反馈修改,相当一部分的成功企业最后从事的事业都非创业之初所为。

然而不管做什么,"what-do"的底层逻辑是为客户创造价值,亦即实现自我价值的正道是为客户创造价值,《道德经》称为"将欲取之,必先与之",利己固然能生,利他方能持久。在大多数领域,初级动机大都是生存或赚钱,随着事业的起色和能力的增长而产生了更高的人生追求,由此逐步完成对此前自我的超越,即一种主观内在的实现自我价值的需求组合推动了外在客观的客户价值创造。

当然个人初心与团队实施是两个世界,前者可以菩萨心肠、理想主义、顺守人性,因为产品是自我的投影,世界的模样取决于你的价值取向和格局品位。但个人欲仁,斯仁固然能至,传至团队与组织则

1986年9月刚入北大,我在校园地摊上随手拿起一本《朦胧诗选》,翻开的第一首是北岛的《回答》,头两句如是:"卑鄙是卑鄙者的通行证,高尚是高尚者的墓志铭",一箭穿心,买下。

2003年在西雅图与北岛及其夫人等晚饭闲聊,我说这两句话从我们理工科人士的视角来看是有问题的,高尚与卑鄙是人的一体两面,只是比例多寡,高尚的人不是没有卑鄙的手段,卑鄙的人也不是没有高尚的情怀。

未可知，面对人性中的贪婪、嫉妒、权欲熏心、见利忘义，若无手腕焉能摆平，所以逆取人性需要霹雳手段、需要现实主义、需要一股狠劲。

企业实证研究亦不乏明证。吉姆·柯林斯在对商界的成功者，即被他称为最高的第五级高管的研究中发现，他们都是矛盾人格的混合体，"a paradoxical blend of personal humility and professional will"，混合了个人的谦虚品质和坚定的职业意志这两种矛盾的素质，即"Humility + Will = Level 5"，恰如戴父对伊卡洛斯的第一忠告。

马斯洛的心理学研究早就证实了自我实现者的矛盾人格并做到了"非此即彼"的二分消解，而这正是创造力大行其道之处，"最成熟的也是最有孩子气的。具有被描述过的最强自我意识、最具个性的人，也恰好同时是最可能没有自我、超越了自我、以问题为中心的人。而这正是最伟大的艺术家所做的，他们能够把相互冲突的色调、形状以及一切的不协调，一起放到一个统一体之中。这也是最伟大的理论家所做的，他从令人迷惑、不连贯的事实碎片中拼凑出整体……他们都是综合者，能够把游离甚至是相互矛盾的事物整合入统一体"。[3]

总之，企业家、创新创造者须为务实的理想主义者：既要守正——稳健经营核心业务，又要出奇——大胆试错创新项目；既要务实地追求利润，又要追求利润之外的更高目标。如果没有理想主义和人文情怀，没有洞悉新事物和环境变化的敏锐反应，就不会满腔热血地持续超越自我，即使成功后还想继续挑战未来；而如果没有现实主义，没有世事洞明的洞察与人情练达的手段，恪守毫无弹性的表里如一，则不可能度过每一个今天。

"一命"的形成与结构：从主导创始人的初心价值渗透为整个组织的文化精神

IBM 的前身是 1911 年查尔斯·弗林特（Charles Flint）创办的 CTR 公司，主要生产计时钟、穿孔卡片制表机等产品。1914 年公司聘用托马斯·沃森做 CEO（首席执行官），并研发成功了打印制表组合机。1924 年公司更名为

第五部分 "天地人"——环境约束"一命二运三风水"

IBM,并在20世纪30年代成为全美最大的商用机器公司。沃森亲手制定了三条核心价值并贯彻公司全体员工……儿子小沃森继任后,将IBM成功转型为计算机公司,并因在任内研发出System 360而名垂史册。小沃森总结道:"最后,我把父亲在管理这个企业的40年里遵循的宗旨归为一组简单的格言:要对每个员工体贴备至,要不惜时间使客户满意,要竭尽全力把事情做好。我想,为了生存和成功,除了这些基本信念,我们必须愿意改变IBM的一切。"[4]

以第一工具"上中下"视角来分析,"一命"在"形而上",体制在"枢而中",机制在"形而下"。"一命"以初心狂狷的创始人的核心价值为起点,通过体制和机制的传导链路,逐步沉浸漫灌为一个组织的文化精神,组织最终成长为一个文化自觉体。

体制的要旨为产权与治理结构,外在形式为组织体系。产权是企业的最高"政治",一个企业初创的原点是股权结构,股权结构决定了治理结构及后续的组织体系,并决定了企业的发展方向及一切重大安排。

机制的本质是财散人聚,是企业效益与做事人之间的利益正相关关系,虽然其表面上以提升组织效率为核心,以各部门相互作用的工作流程为载体,但根源却在创始人的格局,是"一命"在将将的落地。国史上,凡收益好而吝于与将领们分享者,均成不了事!

核心价值从最初的创始人的初心到成为整个企业的文化自觉,其传导链路则是通过体制机制。先是自上而下传导,一般遵照"下级由上级挑选"的组织原则。最初创始人根据自己的核心价值挑选班子成员,以此类推。再是自下而上强化,通过绩效考核与激励机制。最终这种超越利润的思想体系与经营哲学漫灌于组织体内,形成了组织的同一性,成为组织基因。

总之,"一命"始于创始人而超越创始人,它是组织奋勇前行、长葆竞争优势的根本原因,哪怕创始人辞世,组织核心价值也不会动摇。甚至,这个核心价值的内容也可随时空而变,不变的是形式,即一个企业须有核心价值且漫灌于整个企业。

继续上面 IBM 的例子。2002 年彭明盛接任 CEO 后重塑核心价值，他收集了 300 多位高管的意见，与 1 000 多名员工召开专题座谈，结合"老三条"而提出了"新三条"，放在内部 ValuesJam 论坛上让全体员工讨论后最终确定：成就客户、创新为要、诚信负责。

"一命"的结果：拥有就是被拥有，我们就是体制机制。先看个体，人与人之间的差别主要在于观念而非智商，人的智商大致相差无几，观念却常大相径庭。有人自强不息，有人慵懒享乐；有人厚德载物，有人坑蒙拐骗。

再看企业，企业间的最大差别在于核心价值和文化精神，它决定着企业的愿景使命及机制选择，从而决定了员工的观念意识。例如同是高中学历，你会觉得麦当劳服务员的素质比起路边小餐馆的高些，不是其观念意识有多好，机制使然。

最后看政府组织。想想近千年来科举制作为关键绩效指标激励机制，其背后的文化精神及价值取向是如何影响了整个中华民族近千年来人力资本的积累方向。所以创新创造能否成功，取决于组织及国家激励创新创造的涵盖政治、经济、法律、舆论的一揽子体制机制环境。

"骑马的步兵"：过往的成功经验导致路径依赖的历史束缚

一个组织围绕核心价值，通过体制机制的沉淀浸润，形成了"一命"基因的生产关系"场"结构，在这种结构之上长出各种竞争力，最后导致企业的初始成功。于是，成功的经验在组织内部生根，成为不言自明的"天条"。然而，环境是变化的。

以两千多年前曾任汉景帝时代太尉、宰相的周亚夫为例，如图 13-2 所示（注：我祖籍江苏沛县，堂号细柳，图左是从我家谱首卷上复制的亚夫像，依照家谱记录，第 1 代周勃，与刘邦起兵沛县，第 2 代亚夫，到我是第 68 代）。他彼时统领的汉军采用步兵建制，汉匈大战中匈奴使用的是更先进的生产力骑兵，汉军抵挡不过，转而采取"以骑制骑"的竞争战略，即步兵们开始学习当时先进的骑术，然而骑在马上，其思维模式和行为模式仍是步兵的，不妨将这种新旧交割时的中态命名为"骑马的步兵"，如图13-2的f2态所示。该战略在周亚夫及随后的李广、程不识时代未获成功，直到汉武帝采用二元体制机制的组织创新，并启用马夫出身或骑射长大的卫青、霍去病作为创新团队负责人，从零开始组建独立的骑兵团队，终获大功。

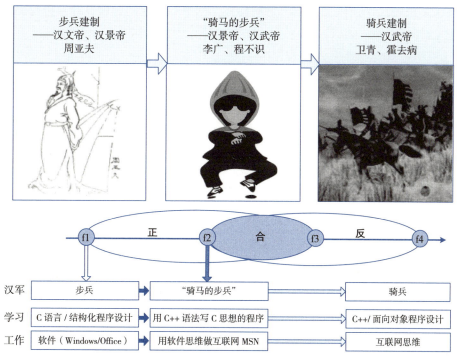

图13-2 "骑马的步兵"：从传统态 f1 往创新态 f4 过渡时的中间态 f2

20世纪80年代末，我在本科学习的编程语言是 Pascal/C 语言，采用"自顶向下、分而治之"的结构化编程思想，先入为主的观念为我的人生打下底色，它内化为我的行为模式。然而世易时移，90年代赴美读研，我学习的是面向对象的 C++/Java 语言，它正好反者道之动，是"自底向上、逐步构建"的编程观念，令我痛不欲生——在相当长的时间里都是"骑马的步兵"，即用 C++ 语言的语法写着 C 语言思想的程序，如 f2 态。

在参加工作后亦然。微软的"一命"是软件，并在90年代中后期成为全球市值最高的企业，我当时在其总部 MSN 互联网产品组工作，但我们一直是用软件思维做着互联网产品，而且在很长时间里我们都没意识到有什么问题。微软最终解决这个问题的方式是"转基因"：2014 年"新帅"纳德拉接任，并往智能云、人工智能等方向转型，带领微软于 2019 年重回世界之巅。

为什么会形成"骑马的步兵"？乔布斯言及，"你的想法会在自己的头脑中创建出模式，就像脚手架一样。大脑中的化学反应蚀刻出思维的模式。在大多数情况下，人们会陷入这些模式，就像唱片上的针槽，并且再也出不来了"[5]。

产品基因须与"一命"企业基因吻合

中国互联网企业个性鲜明：新浪成于门户，其企业基因为媒体；搜索引擎起家的百度，其基因则是技术；电子商务出身的阿里巴巴，其基因是运营；QQ 出身的腾讯则是基于社交的产品。那么，当新机遇到来时，如微博……

2012 年六七月间在为新浪公司学员授课时，我与各频道主编做了许多交流，得知新浪微博起步时，公司调动各频道一切资源去扶持微博的发展，各自肩负了搞定多少名人或高端专业人士的绩效指标，还好在 2005—2006 年的博客时代，新浪公司建立了这些资源壁垒，且这款产品正好满足高端人士话语影响力带来成就感的需求，于是一经推出便引爆市场。

新浪微博的野蛮生长惊醒了腾讯。腾讯微博采用跟随战略截击，通过 QQ 推广短时聚集了亿量用户，最终仍败。究其原因在于，腾讯的"一命"是社交网络，而微博的本质是媒体，媒体的要务是内容，而有价值的内容的生产则依赖于高端人士。新浪网罗高端资源之后把微博做成了高端人士生产内容、引导话题的社会化媒体，再加上政府、企业及其他各类组织也在其上开了官微，形成了主流、专业的定位；而腾讯微博则做成了社交概念的社会化媒体，话题以生活、八卦为主，变成了微博与 QQ 空间的混搭。继微信崛起后，腾讯微博最终关闭。

第五部分 "天地人"——环境约束"一命二运三风水"

"一命"定型之后的"否构":关键在自我否定

对于新创企业尚好,一张白纸能画出最美的图案;但对于已经功成名就的老企业,环境的线性变化尚可通过组织的外在之变应对,如调整组织的资源和能力等变量,但范式级巨变则需要否定之否定"一命",如著名软件公司北京用友集团的转型。

2013年7月,用友集团高管夏令营在京郊举行,来自总部及全国各分、子公司的高管五百多人集聚一堂。创始人兼CEO王文京先生就用友从软件向互联网转型做了总动员,设计了三条转型路径:一是软件的互联网化,包括产品、业务和技术架构三个层面;二是从做软件到做企业互联网服务,如SaaS、公有云等;三是跨界到互联网金融。

之后是我做报告。正如微软从软件到互联网转型的筚路蓝缕,用友同样转型维艰。我特别梳理了在给用友高管这几年上课时,根据他们现场设计产品之后我的点评,归总出各小组共同的思维定式,这也应是用友B2B的"一命",并与典型的B2C互联网公司做了对比。

中午王总宴请,我请他介绍用友的最大挑战,他认为应是从产品经营模式转变成服务经营模式之后,如何按照互联网业务的思维、特性、流程和模式,包括组织模式、人员绩效快速地发展这个业务,同时又把过去在企业市场积累的经验、资源和独特优势等结合起来。

我则以中外企业变革的成败得失做分类对比,强调在从软件到互联网这种范式巨变的时代环境下,用友最重要的是"一命"的自我否定,通过转基因式的观念创新,实现新旧业务切割与适配的二元组织的体制机制创新,在大战略定好之后,王总能放权,新人能发挥。

纵览所谓中外企业的变革与创新,国外如1992年郭士纳时代的IBM,1997年乔布斯时代的苹果,2007—2010年康培凯至埃洛普时代的诺基亚,

2010年前后保罗·欧德宁时代的英特尔，2014年纳德拉接手的微软；中国如联想、华为、腾讯、百度等，感兴趣者可读拙作《创经：人类创新主脉与结构之演进逻辑》。自否定式的转基因，第一关键在于"形而上"的观念创新，见本书第16章；再者是"形而下"组织创新，见本书第18章。

常言道"失败是成功之母"，即在试错的教训中摸索出成功之道。"反者道之动"，"成功也是失败之母"，因为所有成功都是在一个时空内的成功，在摸索出成功之道后，这个成功经验及由此长成的企业"一命"基因将成为下一个时空内的"先验经验"与"先验能力"，或曰过往的成功经验导致路径依赖的历史束缚，从而在范式巨变的下一个时空内失败，英雄不再，美人迟暮，风流总被雨打风吹去，原来的时空永远过去了……那么，什么是时空？

本章参考文献

[1] 王阳明. 传习录 [M]. 河南：中州古籍出版社，2008：372.

[2] JIM COLLINS. Good to Great [M]. HarperCollins Publishers Inc., 2001:20, 22.

[3] 〔美〕亚伯拉罕·马斯洛. 动机与人格 [M]. 3版. 许金声，等译. 北京：中国人民大学出版社，2007：204.

[4] 〔美〕小托马斯·沃森. 父与子：IBM发家史 [M]. 尹红，译. 北京：新华出版社，1993：297.

[5] 〔美〕沃尔特·艾萨克森. 史蒂夫·乔布斯传 [M]. 管延圻，余倩，魏群，赵萌萌，译. 北京：中信出版社，2011：176.

第 14 章
"二运"：时来天地皆同力，运去英雄不自由

1970 年年底，时任总理周恩来接见外宾时曾说，中华人民共和国有两大奇迹，一个是南京长江大桥，一个是河南林县的红旗渠。我记得小时候还看过红旗渠的新闻纪录片。四十多年后的 2018 年 8 月中旬，在红旗渠干部管理学院同仁的陪同下，我从创新创造的视角参观了这条"人工天河"，其创业之艰苦卓绝震撼心灵，赋诗既慨犹忧。

《七律·游红旗渠感忧》

2018 年 8 月 20 日

九曲悬龙破壁迤，亦真亦幻亦传奇。
天工开物太行涧，大匠立心红旗渠。
凿峭削突石溅日，宿冰咬誓月闻鸡。
河山重整玄黄血，皎皎星光水雾迷。

红旗渠纪念馆读史记载，林县十年九旱，近五百年大旱有三十多次，五次人相食。中华人民共和国成立之后，林县遇到的大天时是 1957—1958 年的"大跃进"，小时势是 1959 年的大旱，县域境内河流全部干涸，县委从境外的漳河引水，这就是红旗渠。从 1959 年年底动工到 1969 年工程告竣，十年来近十万大军筚路蓝缕，削平了 1 250 座山头，凿通了 211 条隧洞，架设了 152 座渡槽，也牺牲了不少人……我在诗里也反思了这种人类与自然、意志与规律的关系，不禁想象，如果该工程放在今天来做，又会是如何一番景象呢？

"二运"就是天时的时代约束。古人对"时势造英雄"认识深刻，《易经·系辞下》言"君子藏器于身，待时而动"，《道德经》曰"动善时"等，今人多称之为"风口""赛道"。虽说"人算不如天算"，但不妨一算，仍是复杂问题分而治之，如表14-1所示，下文择其一二略述。

表14-1 "二运"：天时

"二运"		时代约束的分而治之
宏观	●文明的分期 ●国家政经周期	●农业文明—工业文明—信息文明：各个时代精神 ●体制性周期如党代会；宏观经济周期
中观	●行业周期 ●社会风潮	●行业结构性周期，如服装业的换季；行业技术周期，如IT业摩尔定律 ●社会流行风潮的转向
微观	●企业 ●个体	●企业所处的阶段；需求周期；产品周期；推出产品的时机与节奏 ●如何对待机遇：outside-in，风口赛道；inside-out，吾心即赛道
极限情况		●"灰犀牛"崩盘，"黑天鹅"爆发

宏观时势

文明视角。人类三大文明的分期及其间的重大创新的脉络与结构，不妨参见拙著《创经：人类文明创新主脉及结构之演进逻辑》，此处附一张演进简图，如图14-1所示。

政经周期。现代中国商业社会的原点始于1978年的改革开放，逐渐地，延续千年的士农工商、商为末流的文化传统式微，创办企业被主流社会认可。改革开放四十余年的商业历程如图14-2所示，期间涌现了四次创业创新浪潮：第一次是在1984年邓小平南方视察之后，开启制造业的时代；第二次是在1992年邓小平南方谈话之后，开启房地产时代；第三次是在1997年之后的互联网革命；第四次是在2007年之后的智能手机与移动互联网革命。

第五部分 "天地人"——环境约束"一命二运三风水"

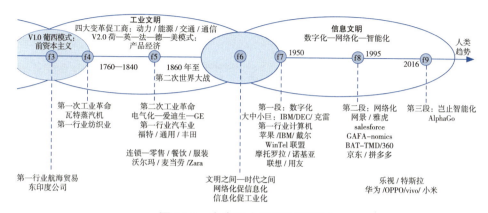

图 14-1 人类重大创新演进简图

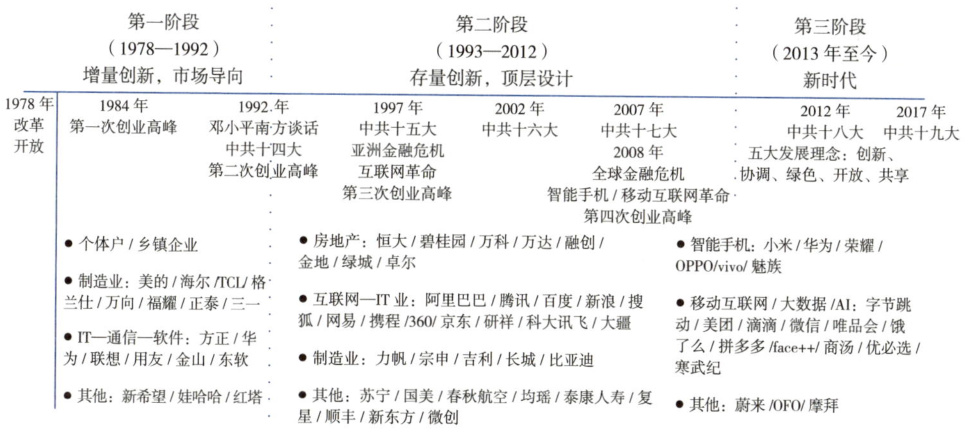

图 14-2 改革开放四十余年的中国商业历程概览

中观行业

信息时代的 IT 业引领着时代精神。IT 业的规律是建立在摩尔定律的量变导致质变的基础之上。摩尔定律称，每 18—24 个月芯片集成度增加一倍，价格降低一半。一般量变累计两个数量级的跃迁发生质变，所以 IT 业约 15 年为一个技术周期，如图 14-3 上部所示。

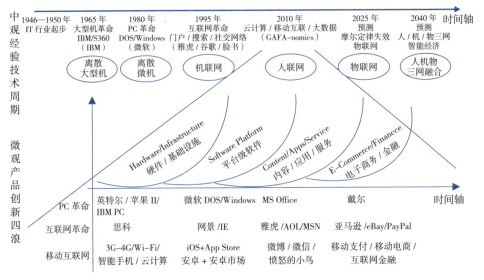

图 14-3　中观行业周期与微观产品周期

同时，在15年的一个周期内，每三四年还有一波创新创业小浪，如图14-3下部所示，正所谓"IT行业四时春，产品服务次第新"：硬件和基础设施先行，然后是平台级软件，再后是内容/应用/服务，电子商务与金融断后，一个时代尘埃落定，这一轮的创新就被固化在人类的生活方式之中。所以，生在信息时代，活在互联网上，日做创新三百个，不辞生为IT人。

延续"起承转合"的逻辑，将中国的PC互联网及移动互联网两大革命的演进进行梳理（如图14-4所示），其中"起"是大而全的瀛海威；"承"是三大水平门户新浪、搜狐、网易，当然也兼及各类垂直应用；"转"是百度、阿里巴巴、腾讯，即所谓的BAT主导行业的平台经济时代；而"合"的契机则来自PC互联网向移动互联网的范式巨变，从全球视角来看是2006年亚马逊推出云计算，以及2007年苹果发布iPhone及iOS平台、2008年谷歌发布安卓平台。

第五部分 "天地人"——环境约束 "一命二运三风水"

图 14-4 互联网的"起承转合"

图 14-5 移动互联网行业的演进

不妨将"合"分为几类：其一，与线下合。2009 年美国团购 Groupon 成为中国"互联网+"或"+互联网"的契机，O2O（线上到线下）、共享经济等兴起，"向线下走"才能构筑"护城河"，阻挡来自 BAT 的线上"俯冲"；其二，与硬件合。iOS 和安卓使得支撑互联网的硬件从 PC 转向智能手机，"四大天王"华为、小米、OPPO、vivo 崛起，而此前的 PC 霸主联想没落；其三，与 B2B 合。与 B2C 面向消费市场反道而行的 B2B 市场蓬勃发展，先是 PaaS 平台如阿里云、UCloud 等，后是 SaaS 服务及垂直企业服务；其四，生态模式＝平台＋与第三方合。移动互联网的各类应用层出不穷，特别是平台模式升级为生态经济,微信与今日头条生态崛起。图14-5是互联网行业演进的细节。关于时代精神的网络经济的主要特征,见本书第16章。

微观个体——"时势造英雄"与"英雄造时势"

图14-6为时运诞生模型,其中时代拐点常常看似一个偶然:或一项新技术(如1971年英特尔微处理器诞生导致PC革命),或一个商业成功(如1995年网景上市引爆互联网革命),或一个事件(如2016年AlphaGo战胜李世石引爆AI革命),这些事件瞬间引发社会关注,于是新时代骤降。其实酝酿期更长,如互联网革命的起点源于1969年美国国防部的ARPANET。

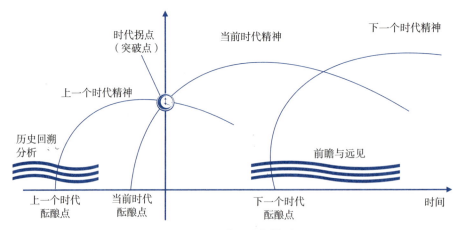

图14-6 时运诞生模型

"英雄造时势"。从图14-6中看,如果希望"英雄造时势"以引领文明、引领时代,做出开创性的大事业,则需要前瞻与远见,而前瞻与远见来自对历史的回溯分析。四大计算原语与架构原语的基础即某一领域的历史,创新虽应立足于现在,但现在是历史的延长线,而现在进入未来总有一个愿景与方向,于是应基于过去的经验,加上现在的判断,以塑造未来的进程,故某一领域的历史是创新的起点,而现在的创新需要超越此前的历史。

"时势造英雄"。这是更普遍的场景。不妨将时势或机遇定义为天、地、人三大要素的风云际会:机遇 = 在那个时间窗口期·有准备的人·做了那件

第五部分 "天地人"——环境约束"一命二运三风水"

事。亦即机遇首先是时间的函数,时到不我待、时过境必迁,必须卡在窗口期。而"有准备的人"就是厚积之人等待薄发,故须识时之义、观时之变、用时之机、知时之行、时行时止。最后是做了哪件事?仍是复杂问题的分而治之,不妨将之细分为三,渐进、突变与二者正反合的重组。

"渐进式"是有准备的人以既定方式按愿景的路线图线性前行,其本质是未来决定现在,愿景决定战略,此即所谓"运气青睐有准备的人"。"突变式"仿佛天上掉馅饼,例如中彩票就是非线性的概率事件,也就是常说的"运气来了山都挡不住"。两者正反合——"当机立断重组式",即平常线性的厚积使你能注意到并理解领域内突发事件的潜在意义与价值,一旦事件突发则当机立"断",一是立即"中断"既定的线性路线,二是"杀伐决断",对自己狠,义无反顾,以非线性方式 all-in 豪赌,如美国著名将领麦克阿瑟在仁川登陆下决定时所言,"即令只有五千分之一的机会,我都还要赌一下"[1]。

国外如比尔·盖茨和乔布斯,他们都读了 1975 年 1 月《大众电子》(*Popular Electronics*)杂志关于世界首台微机的报道,彼时盖茨在哈佛大学读书,乔布斯在做合同工,两人当机立断,分别辍学和下海,开创了属于自己的宇宙人生。一部 IT 史为之作注,如甲骨文的埃里克森、戴尔的迈克尔·戴尔、雅虎的杨致远和大卫·费罗、谷歌的拉里·佩奇和谢尔盖·布林、Facebook 的扎克伯格、亚马逊的贝佐斯等;而那些继续皓首穷经的饱读之士,最终百无一用是书生,只能在职场替他们守成。

国内亦然。改革开放以来的第四次浪潮是基于移动互联网的创新创业机遇,出现在 2010 年前后,时代背景是 2007—2008 年苹果推出 iOS + App Store + 第三方应用模式,山河崩摧;谷歌 2008—2009 年再接再厉,推出安卓免费开源 + 安卓市场平台 + 第三方应用模式,风口引爆。手机操作系统的市场份额变迁见图 14-7。

具体来看,"其他"的市场份额在 2008 年为:诺基亚 57.1%(2009 年 46.9%,2010 年 37.6%),黑莓 17.4%,微软 12%(2010 年 4.2%),Linux 7.3%,Palm 2.3%;苹果 iOS 的市场份额 2008 年为 2.8%,2010 年为 15.7%;安卓的市场份额 2008 年几乎从零开始,2009 年为 3.9%,2010 年为 22.7%。

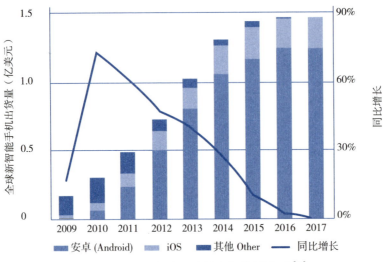

图 14-7　手机操作系统的市场份额变迁[2]

由此，小米、OPPO、vivio、华为手机转型的时点，以及基于移动互联网的应用等，都是在 2010 年后。2019 年 11 月底，我在中国最大的职场社交网"脉脉"调研，创始人兼 CEO 林凡告知，他当时是基于两个机遇，一个是移动互联网的创新创业机遇，另一个是中国人择业观念的历史性转变，从此前以进外企为荣，转为争相进民企如华为、BAT 等，同时他对职场社交行业进行了深入剖析，与该领域未能成功的各创始人进行交流，最终于 2013 年断然创业。

其实有准备的人的等待与寻找机遇是人生最寂寞的光长。终于，当"时之来也，为云龙，为风鹏，勃然突然，陈力以出"。此时"夫遭风云之会，不建腾越之功者，非人豪也"。当然，时运终将过去，"时之不来也，为雾豹，为冥鸿，寂兮寥兮，奉身而退"（白居易，《与元九书》）。

审时度势总结。是兼济天下，抑或独善其身？是进退之间，抑或积发之际？我将审时度势用第三工具分而治之，作图 14-8，力图穷举出各类时点及其状态函数。

第五部分 "天地人"——环境约束"一命二运三风水"

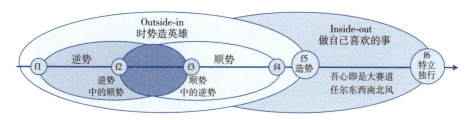

图 14-8　审时度势总结

f4 就是通常所说的顺势而为、风口赛道，是绝大多数人最向往的状态。从创新创造的视角来看，处于这个状态的成功者是极少数，毕竟赛道拥挤，风总会停。其实，在形而下，芸芸大抵凡俗，最大的审时度势是跟对牛人，而非预判时势，如猪八戒、沙和尚之于唐僧。

f1 是逆势而为。一类是实实在在的反者道之动，虽万千人吾往矣，这个真有可能是重大创新之所在。一类是明知不可为而为之，如诸葛亮，三分割据纡筹策，于是赤壁大战，孙刘联手，谋事在人，成事东风。之后，运移汉祚终难复，关公走麦城，刘备陷夷陵，六出岐山苦，身死五丈原。诸葛亮明知实力不济，但感知遇之恩，做多少算多少，令人扼腕。

f3 是顺势中的逆势，是创新创造的佳态。如 19 世纪美国加利福尼亚州发现黄金，淘金者蜂拥而至，但他们大都未能发财，而在其间卖牛仔裤的李维斯发了大财。互联网革命时，大部分 dot.com 公司灰飞烟灭，而卖路由器的思科异军突起，2000 年其市值为 5 570 亿美元，仅次于微软。

f2 是逆势中的看清大势并顺应大势。如 1993—2002 年郭士纳接盘大厦将倾的 IBM，"如果你想把 IBM 过去 10 年的改革历程做一个本质的归纳，那么这个英雄传奇可以归纳为两个大的赌注：一个是对行业发展方向的赌注；另一个是对 IBM 自己战略的赌注"[3]，前者是单机计算将让位于网络计算，后者是定位为服务型公司而非技术型公司，终于力挽狂澜于即倒。

不过，总体而言，f1 至 f4 都属于"时势造英雄"，是 outside-in 的思维。对其反者道之动，则是图 14-8 右侧的 inside-out，即做人但求自心，做事特立独行。这种思维通常带来两类结果：第一类是虽然超前，但踩准了时点，恰在不久就引领时代，属于"英雄造时势"，如亚马逊发明云计算、苹果推出

iOS 系统等，是 f5 态。第二类是超越了时代，如梵高等在各自的时代遭遇孤寂甚至悲惨的命运，此为 f6 态。

以我对创新创造的研究，能达人类量级者，其结论不妨引孔子适周问礼于老子时，老子批评孔子的话作结："君子得其时则驾，不得其时则蓬累而行"（《史记·老子韩非子列传》），亦即吾心就是大赛道，任尔东西南北风！

本章参考文献

［1］钮先钟. 战略家：思想与著作［M］. 上海：文汇出版社，2016：281.

［2］Mary Meeker. Internet Trends Report［EB/OL］. https=//www.kleinerperkins.com/perspectives/internet-trends-report-2018/.

［3］［美］郭士纳. 谁说大象不能跳舞［M］. 张秀琴，音正权，译. 北京：中信出版集团，2003：125.

第 15 章
"三风水"：何用别寻方外去，人间亦自有丹丘

2018 年 11 月，在长江商学院 EMBA 第 30 期学员秦敬轩的安排下，我与其同期学员李志国、王志文等一起游览了农业文明时期的重镇汉中，参观了"烽火戏诸侯"而裂东西周之褒姒故里，刘邦与韩信"明修栈道、暗度陈仓"之兴汉胜景，诸葛武侯定军山之墓，张良庙及隐居归仙处，曹操题字"衮雪"处，古褒斜栈道等，今夕对比，感慨千年古城之盛衰沧桑，赋诗为记：

《七律·古今盛衰之汉中行感怀》
2018 年 11 月 26 日
举烽引寇裂西东，暗度明修起汉中。
将陨定军遗子谷，相逍齐物隐仙松。
亢龙衮雪掀天浪，涅凤皈心淬火重。
意在斯乎何敢让？笃行知止善于终。

岂止汉中，整个中华文明演进过程中也是几城欢乐几城愁。创新创造中心在历史长河里几经更替：从春秋战国、百家争鸣时代的齐鲁，到汉唐宋时代的长安、洛阳、开封，到明清时代的北京、"一口通商"的广州、"海派文化"的上海，又及民国时期的北大和西南联大、改革开放时代的深圳等。

风水轮流几度，西方文明亦然，如轴心时代的雅典，中世纪的罗马、亚历山大、君士坦丁堡，文艺复兴时期的佛罗伦萨；1492 年哥伦布发现新大陆后诸如阿姆斯特丹、伦敦、巴黎等次第崛起；两次世界大战后，创新中心移

至美国波士顿和纽约,之后范式巨变,好莱坞电影取代百老汇戏剧成为文化中心,硅谷取代波士顿成为科技中心。一路向西,下一个呢……

"三风水"就是地利,包括自然地理环境与社会人文环境的约束。《孟子·公孙丑下》言"天时不如地利,地利不如人和",这是独断论,未必确切。《孙膑兵法·月战》曰"天时、地利、人和,三者不得,虽胜有殃",此论比较得体,其实"一命二运三风水"就是人和、天时与地利。仍采用对复杂问题的分而治之,作表15-1,择其一二略述。

表 15-1　"三风水":地利

"三风水"		环境约束的分而治之
宏观	●传统文化环境 ●国家环境	●族群无意识的思维、行为与价值模式 ●所有制/资源配置;新兴产业;区域战略;教育体系;知识产权体系
中观	●行业—市场环境 ●地域环境	●行业选择;行业结构;行业技术突破;市场的结构性变化 ●地域选择;人类历史中次第出现的创新中心
微观	●组织环境 ●家庭—个人环境	●全球1 000强创新企业统计规律 ●家庭背景;个人结交的圈层/网络节点—社会资本
极限环境		●监狱,早年父或母亡故

宏观环境约束

中华文明在农业文明时代独领风骚,彼时主要的资源配置方式是市场和官府,按照第三工具"起承转合"细分为四种状态,如图15-1所示。

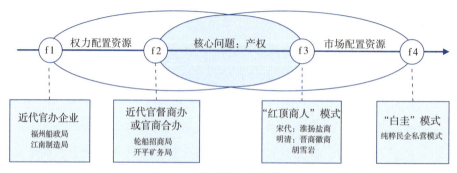

图 15-1　经营模式切割为四态

第五部分 "天地人"——环境约束"一命二运三风水"

f4 是纯民企,属于市场经济,因战国白圭是古代"商圣",故称"白圭"模式,是本书的重点。

f3 也是民企,但总与官府沾边,俗称"红顶商人"模式,也是千年来的主导模式,特别是做大之后,官商互为因果,本书存而不论。其因,中国社科院研究员王毅曾引经济史家傅衣凌的研究,"中国的商业资本假如不是托庇于官僚政治之下,便难获得超经济的超额利润;反之,他们也因为和官僚政治太过于密切了,常不能独立的长久维持其经济的活动,每随政治的变动,而起变化,辄与王朝的兴衰,同其终始……可见,'托庇于官僚政治之下'乃是制度环境对于中国商人生存方式的根本性规定"[1]。

f1 是纯官办企业,是在两次鸦片战争、太平天国运动之后由洋务派主办的,如左宗棠创办的福州船政局、李鸿章创办的江南制造局等。

f2 最早是李鸿章因顽固派反对纯官办企业(f1),而将以"求强"为目的的军工企业(f1),推进到以"求富"为目的的民用企业,采用官督商办模式或官商合办模式。轮船招商局为中国第一家近代民用企业。当然其最大问题是产权,究竟是"官之企"还是"民之企",因为"官"给了企业诸如垫款、借款、减免税厘以及一定的垄断权等好处,企业必然要受"官"的管辖,由官府委任的督办、总办、会办管理,这样许多人具有官商双重身份。早期"商"大于"官",故企业发展迅速。而"官"见企业有利可图,于是将企业视同"官产"。于是官场的任人唯亲、贪污腐败在企业迅速蔓延,最终导致三大利益集团——官府权贵、经营垄断利益集团和地方资源利益集团的形式。

也可用图 15-1 解释中国的国有企业改革。改革开放前政企不分的国有企业相当于 f1,改革开放四十余年的基本经验是国有经济与市场接轨(相当于 f2),主要有两法——"上市"与"混合所有制"。企业通过前法引入社会资本,使得产权多元化,从而推动现代企业制度的建立,使自己成为市场竞争的主体,也有利于政企分开;通过后法可以实现所有者到位,经营团队可以实现如民企一样的员工持股,从而理顺激励机制。

总而言之,当今中国实行的是公有制为主体、多种所有制经济共同发展的基本经济制度,坚持"两个毫不动摇",即毫不动摇地巩固和发展公有制经济，毫不动摇地鼓励、支持、引导非公有制经济发展，即 f2 与 f4。

其他宏观层面。企业可以借力国家战略或国家当下的发展诉求。如发展战略性新兴产业，目前为节能环保、新兴信息、生物、新能源、新能源汽车、高端装备制造业和新材料等领域；或借力国家区域战略，目前的顶层设计为京津冀一体化、长江经济带、粤港澳大湾区、长三角一体化，以及黄河流域生态保护与高质量发展等。

纵观目前在各行各业发展得比较成功的民企都与三大经营环境约束吻合：自身"一命"与本行业的发展大势契合，另外与"二运"的时代精神合拍，也与"三风水"的国家战略或当下发展诉求匹配。当然其问题，几乎都在 f3。

中观环境约束

行业选择。行业选择是经营的第一选择，包括"做什么"的"质"与"怎么做"的"量"，见本书第 11 章"宏范图式"。这里补充小米发展生态链的方略——切入"蚂蚁市场"。

彼时 2013 年，小米已在手机业成名，但生态的概念还未清晰，手机之外仅涉足了移动电源，对于下一款产品做什么没有明确方向。创始人雷军要做插线板，行业分析为：公牛第一，市场份额占 30%，突破电气第二，占 3%，"老大"和"老二"之间的差距已经这么大了，第三名以下是数以万计总共占据三分之二市场份额的不知名小厂商，小米将此命名为"蚂蚁市场"。其特征分析：大量小厂在做意味着廉价劣质，而那一两家做得好的为盈利须走高端，即好产品贵，便宜则烂，没有物美价廉的"正反合"态。一个有数以万计小厂商的行业，进入门槛不会高，这意味着外来者有重新洗牌的机会。于是小米决定以和传统企业合作的方式做这个外来者，而"老二"突破电气是最佳选择，因为"老大"一般不愿自我否定，最后双方合作的青米公司获得了巨大成功，同时也产生了"大平台＋小前端"的新型分工，或曰生态模式，即大平台经营流量与客户，小前端专注产品。

地域选择。人类历史上次第出现的创新中心是否有共同特征？如本章开

第五部分 "天地人"——环境约束"一命二运三风水"

头所述的人类创新中心的迁移,不妨审视当下的创新圣地——硅谷,在此创业且成长为世界级的企业有惠普、英特尔、苹果、甲骨文、思科、eBay、雅虎、贝宝、谷歌、Facebook、推特、特斯拉等。2016年《财富》杂志统计独角兽高科技企业,全球共173家,美国占101家,其中以硅谷为代表的加州有65家。为什么?

两位硅谷投资人维克多·黄(Victor Hwang)与格雷格·霍洛维茨(Greg Horowitt)认为,硅谷的成功并非仅将人才、想法、资金糅合,因为这些要素其他地方也有,硅谷有无形的配方,他们称之为"热带雨林法则"——多元化的生态系统酝酿了意外的创新,亦即创新的混沌性、偶然性与不可控性源自硅谷类似于热带雨林中富含碳、氮、氢、氧原子的生态环境,因为最有希望的生命形态总是意外地展露于异常肥沃的生态环境中,这是它与庄稼地播种之后几乎能确定收获的最大差异。[3]

热带雨林的特征要点诸如:打破规则、敢于梦想的堂吉诃德式的探索总是受到欢迎;当地的多元文化环境鼓励倾听;陌生人之间的往来充满了信任与被信任;大家一起试验和迭代,因为创新是测试和试错、失败和改进的持续过程;这个环境要求个体在彼此间创造公平的正和交易,而非逐利的零和游戏,这在世界上的大多数地方很难实现,因为零和意味着为达胜利而不择手段;不惧失败,坚持到底;帮助别人而不期望直接得到回报,这是一种信仰而非仅靠慷慨仁慈就能达到。

微观环境约束

创新型企业的组织环境。根据普华永道的《2018年全球创新企业1 000强研究报告》,1 000强创新企业研发总支出为7 820亿美元,其中前20强的研发总支出为2 145亿美元,占比27.4%;这20强中的97%来自软件与互联网、汽车、医疗、计算机与电子产品四个行业,四大行业的研发支出占总体的76%。前20强依次为:亚马逊、谷歌、大众汽车、三星、英特尔、微软、苹果、罗氏、强生、默克、丰田、诺华、福特、Facebook、辉瑞、通用汽车、戴姆勒、本田、赛诺菲、西门子。

上述报告总结了顶级创新企业的六大特质：一是创新战略和业务战略高度匹配。二是企业文化大力支持创新。三是领导层积极参与创新计划并高度赞同创新项目。四是聚焦客户洞察，这是创新构思阶段最重要的能力。五是重视项目的选择。当被问及创新过程中哪个阶段（构思、项目选择、产品开发或商业化）最重要时，35%的受访者选择了项目选择，31%的人选择了构思。根据过往经验，产品开发中高达70%的长期成本都是用在构思和项目选择两个阶段。六是整合以上五大特质。不妨以其中的美国3M公司为例来说明。

案例

持续创新的百年3M

创建于1902年的世界500强企业3M公司，是一家多元化科技创新企业，以"科技改善生活"为使命，在全球拥有近十万名员工、近万名研发人员、近七万种产品，2013年起年销售收入超过300亿美元。

公司每年研发投入占总营业收入的6%—7%（行业均值为4%），约18亿美元，目前年累计专利数突破10万件，且每年增加3 000件。全部近七万种产品均源于51个技术平台，亦即3M是一家基于材料创新的公司，其研发主要是基于目前的技术平台，依靠挖掘市场和客户的需求来开发新产品。它将创新分为三类：第一类是自我替代型，即发明一种新产品替代自己的旧产品；第二类是市场驱动型，即开发只面向现有客户和销售渠道的新产品；第三类是基础研究、没有明显回报的开拓性研究或颠覆式创新，约占研发投入的20%。

3M公司"一命"的奠基者是威廉·麦克奈特（William McKnight），他于1914年成为总经理，1916年成为副总裁，1929—1949年任CEO，1949—1966年任董事长，被誉为"3M教父"，并被2003年《财富》杂志评选为史上最伟大的十大CEO之一，评曰"早期的行业巨头有两种发展模式，个体创新者与系统构建者，3M都不是。麦克奈特在1929年把这两种模式融合起来变为一种全新模式：将创新变为系统化、可重复的过程，即你无法预知它能

第五部分 "天地人"——环境约束 "一命二运三风水"

创造什么东西,但你可以预知它一定能创造些东西"。

尽管麦克奈特已过世多年,但他定于1948年的商业哲学仍是公司的指导原则:随着业务的发展,将责任授权给员工并激励他们采取主动性就变得越来越必要,而这需要有相当的宽容度,因为员工以他们自己的方式工作可能会犯错。但如果一个人本质不坏,那么从长远来看,员工所犯的错误其实不会像管理者一旦犯错的后果那样严重。犯错误时那种过于严厉的管理将扼杀员工的主动性。如果我们要持续发展,那么拥有具有进取心的员工则多多益善。

鼓励创新的具体规则诸如:30%的收入必须在产品创造出来的头4年回收;员工可以将15%的工作时间用于有用以及他们认为也许有用的创意之上,无须证明自己的决定是否正当,无须获得上级同意。公司承诺给落选创意5万美元的补贴。报事贴、保温棉和高性能光纤都是麦克奈特创新系统的硕果。[3]690

资料来源:根据3M公司官网资料及维基百科"William McKnight"词条等整理。

对于3M公司的案例,我们首先用第一工具"上中下"解读。"形而上"是3M公司给员工提供足够的发展空间并容忍诚实的失败,这种价值精神之所为成为其"一命",是由于其成功于持续失败的独特成长经历。但对一般企业而言,因为创新大都失败,失败不仅影响当期绩效,给管理层带来压力,而且对创新者个人而言更是职业生涯的重创,令其失去自信、团队信任甚至丢掉工作。

其次采用"枢而中"结构分析。3M公司的创新其实是目标导向与战略驱动。其绩效考核设立了"新产品活力指数",代表最近五年上市的新产品销售额占总营业收入的比重,该指数在2008年为25%,2015年为35%,2017年为37%。在本书第11章"宏范图式""质"的范畴中,这是介于现有业务"实在性"与在研创新的"否定性"之间的"限定性"。

另外,注意3M公司的创新战略主要有三类:自我替代型创新、市场驱动型创新及颠覆式创新。即其创新战略的核心是开创新产品与新业务,而不仅仅是改良现有产品,因为面对科技的快速进步与产品组合的老化,无论是收购竞争对手、调整产品结构、开拓新市场甚至进军海外市场,这种基于现有格局的扩张,抑或精简机构、裁减员工以削减成本这样的收缩,都不太可能使企业持续而快速地增长。

最后从"形而下"的组织视角来解决。绝大多数企业采用自上而下的模式,包括百年三大引领文明量级的创新者——爱迪生、亨利·福特、乔布斯,例如乔布斯坚信自己对需求的预判,要求创新须在自己的主导意识下进行。这种英雄式创新当英雄在位时固然有效,且效果显著,然而英雄总有迟暮或亡故的一天,很难长效。

3M公司其实在历史上没有全球闻名的英雄式CEO,其15%的员工自由支配时间其实是"自下而上"与"自上而下"的正反合,通过体制机制的百年漫浸,重心在创新团队的建设,一般其成员来源应多元化,彼此平等信任,为愿景而充满激情地迎接挑战。正如爱迪生一生有1093项专利,其助手弗朗西斯·杰厄(Francis Jean)说,"爱迪生其实是个集体名词,意思是指许多人的工作"[3]231。

当然,麦克奈特也给后任CEO们、给所有的企业创新留下了悖论,即创新需要自由,其结果随机而不可预测,而企业需要稳定的绩效,绩效需要纪律与控制,"度"在何处?毕竟,3M公司最伟大的产品,Scotch胶带是1930年的,报事贴是1980年的……

本章参考文献

[1] 王毅.中国皇权制度研究[M].北京:北京大学出版社,2007:759.
[2] 〔美〕维克多·黄,格雷格·霍洛维茨.硅谷生态圈:创新的雨林法则[M].诸葛越,许文武,林翔,志鹏,王霞,译.北京:机械工业出版社,2015.
[3] 〔美〕哈罗德·埃文斯,盖尔·巴克兰,戴维·列菲.他们创造了美国[M].倪波,王书,蒲定东,高华斌,译.北京:中信出版社,2013.

第五部分 "天地人"——环境约束"一命二运三风水"

余韵尾声 伊卡洛斯的坠落

重回篇首伊卡洛斯，少年英雄坠海身亡、殉道自由。

全球各地，历朝历代，文人墨客，无不诗情画意，纪悼缅怀，谁是最佳画作？

"正"品代表，如右图的作品，雅各布·彼得·高威（Jacob Peter Gowy）精确地描述了惊心动魄的场景，尽显宏大的叙事和厚重的史诗。

然而从产品视角，同类产品千篇一律，任何人都能想到，所以在"正"中试图卓尔不群，难度系数不小。

反者道之动，从创新创造的视角，我认为最伟大的"反"品来自在比利时皇家美术馆看到的老彼得·布勒格尔（Pieter Bruegel the Elder）的《有伊卡洛斯坠落的风景》，如下图左部。

高威作品《伊卡洛斯的飞行》

布勒格尔作品《有伊卡洛斯坠落的风景》

  大海尽处，太初初升，时间又开始了：
  中部，船之攘攘，张帆起航，希望着；
  近处，人之熙熙，躬耕陇亩，忙碌着；
  宇宙宁静和谐，人生充实平淡，

> 日复一日，年复一年，千年如斯。
> 宏大叙事在哪？少年英雄何在？

右下角不经意处——将之放大在上图的右部——看到那露出水面的扑腾着的两条小美腿吧？对，那就是伊卡洛斯！伟大而厚重的史诗！在整幅画面中被解构为一件无足轻重的小事。自由！掉下去，簌，没了……有！应有"扑通"几声，在宇宙人生。

> 伊卡洛斯呼喊了吗？繁忙的船员看到了吗？
> 垂钓美鱼情的渔民、悠然见南山的农夫听到了吗？
> Who cares……
> 死人了吗？ Maybe。但与我有关吗？
> 生老病死、悲剧苦难，每天不都在此时或彼地上演吗？
> 太阳底下还能找到新鲜事？瘆活，void……
> 这才是真实的世界。
> 太阳每天照着，冷静地；
> 海风每天吹着，冷漠地……
> 眼前，这世界。世界，这眼前。
> 真实得让人绝望。
> 这是一个最好的时代？也是一个最坏的时代？
> 从来如此。

北大艺术学院丁宁教授引用艺术符号学家诺曼·布列逊（Norman Bryson）的分析："在布勒格尔的《有伊卡洛斯坠落的风景》中，我们看到了一种恰切不过的景象：创造双翼这一新的形式的冲动在使创造者一无所获的同时就消退了，而在大地上不断得以重复的形式——犁地——却径直从过去走向了未来。此图像提示了某种威胁……文化上的重复就是这样墨守成规，固步自封，所以，个人独特性的一切可能最终都宣告破产……今天如此，以

第五部分 "天地人"——环境约束"一命二运三风水"

后亦然……而且,恰恰就是由于它们积聚了如此非同寻常的重复之力,所以就被人们普遍地忽略了。当静物画逐渐地关注诸如此类为人们所视而不见的事物时,它所能揭示的便是伊卡洛斯的震惊了:原来,个体的贡献竟是蕞尔小节,而且那么不值得保留。布勒格尔的图像包含了这样意味:事实上,是重复、无意识和文化的沉睡主宰着世界;是习惯、自动作用和惰性等稳定与维持着人的世界。"[1]

仍要高飞!但须打破人的世界的习惯、自动作用和惰性……不妨审视人类行为模型。

本章参考文献

[1]丁宁.西方美术史十五讲[M].北京:北京大学出版社,2016:210—211.

第六部分
"上中下"——人类的行为过程模型"观念—结构—实现"

　　观念是行为的先导，行动是思想的诠释，一切创新创造始于观念创新。结构层的战略与模式一体两面，以历史、科学、艺术和哲学四大视角概述。实现层关注效率，企业的本质是资源与能力配置与使用的机制，故涉及配置与使用两大效率。

第六部分 "上中下"——人类的行为过程模型"观念—结构—实现"

1687年,一裂鸿蒙,牛顿的划时代巨著《自然哲学的数学原理》（Mathematical Principles of Nature Philosophy）问世,不仅引爆了科学革命,而且其自然法则支配自然秩序的机械论世界观引领了人类文明三百年……1689—1690年,约翰·洛克的《政府论》（Two Treatises of Government）出版,言及自然法则不仅控制物质世界,而且控制人类社会,并推导出作为社会原子的个人具有天赋而不可被剥夺的权利,由此引爆了启蒙运动；法国的伏尔泰、卢梭、孟德斯鸠,英国的贝克莱、休谟,德国的康德,美国的杰斐逊、富兰克林等群星闪耀,更在1776年敲响了人类自由的钟声；1769年,瓦特在熟谙牛顿理论的格拉斯哥大学教授约瑟夫·布莱克的指导下获得了蒸汽机的第一个专利,标志着工业革命的爆发；1776年,亚当·斯密的《国富论》（An Inquiry into the Nature and Causes of the Wealth of Nations）出版,其看不见的手的市场自然秩序的世界观来自牛顿,其供需平衡原理来自作用力与反作用力；1911年,应用牛顿原理的弗雷德里克·泰勒的《科学管理原理》（The Principles of Scientific Management）出版,为管理学革命奠定了基础……正所谓：

《七律·一裂鸿蒙》
2019年1月5日

一裂鸿蒙万世功,独宣枷碎自由钟。

大音弥漫慷悲悯,活水横渠灌聩蒙。

刍狗仄生平等梦,侠蝠难解倒悬凶。

荀学秦制幽灵荡,蒙召乘桴取圣钟。

波澜壮阔的人类历史,各路创新乱花迷眼,我以第一工具"上中下"细分,列出引领商业文明的开宗立派者,如下图示,下面分三章叙述。

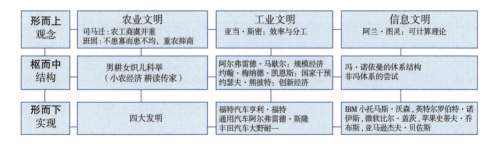

第 16 章
"形而上":思想解放与观念创新

观念是行为的先导,行动是思想的诠释,创新创造始于思想解放与观念创新,毕竟,人才是创新创造的主体。但观念创新也是最艰难的创新。

观念创新方法论

样本归纳——从编程语言演进看观念创新如何成功。我在大学学的第一门专业语言是 Pascal,纪念法国数学家、物理学家布莱士·帕斯卡,他曾推演:"人只不过是一根苇草,是自然界最脆弱的东西;但他是一根能思想的苇草。用不着整个宇宙都拿起武器来才能毁灭他;一口气、一滴水就足以致他死命了。然而,纵使宇宙毁灭了他,人却仍然要比致他于死命的东西更高贵得多;因为他知道自己要死亡,以及宇宙对他所具有的优势,而宇宙对此却是一无所知。因而,我们全部的尊严就在于思想。"[1]

这全部尊严所在之思想是如何影响产品的?我用第三工具"起承转合"作图 16-1,展示编程史上的思想演进与实现这个思想的主流语言产品。

"起"是 1957 年的人类第一个高级语言 FORTRAN,它面向过程,不过到处是 goto 语句,使得整个程序不美;于是"承"的结构化设计思想应运而生,之所以是"承",是因为它还是面向过程,不过其新观念是基于复杂问题分而治之的"自顶向下,逐步求精",图中以"正"标注,实现这个观念的学术语言如 Algol 和 Pascal,工业语言如 C。前者理论完备却复杂,后者实现简单而高效,所以 C 语言大获成功,前两者式微。

第六部分 "上中下"——人类的行为过程模型"观念—结构—实现"

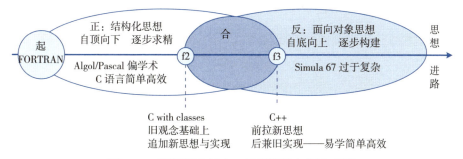

图 16-1 编程语言简史：思想演进与语言实现

可结构化设计的弱点是不太能解决大型的复杂问题，于是反者道之动，"自底向上，逐步构建"的面向对象思想诞生。实现该思想的第一款产品是 Simula 67，但还是过于复杂而难以高效实现。成功的是 C++，该语言的发明者斯特劳斯鲁普在1980年开发了 C with classes 没有成功，即图 16-1 中的 f2 态，之后他基于 f3 视角在 1983 年开发了 C++，亦即 classes with C，采用"向前拉新"的面向对象新思想，再"向后兼容"商业上成功的 C 语言及其简单高效的实现，大获成功。

观念创新方法论：观念创新是 f1 到 f4 的状态转换。观念创新可用第三工具"正反合"及 f1 到 f4 的状态转换表述，如图 16-2 所示，案例可参考第 10 章 1840 年灾变后的应对。

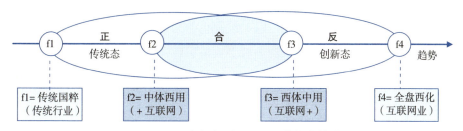

图 16-2 观念创新是 f1 到 f4 的状态转换

一般地，站在传统企业所位于的 f1 态，f4 态对其而言过于激进而不予以考虑；但至少要移至 f2 态，用新观念、新工具提升效率，维持"体"的思维与观念不变；到 f3 态方有大成，譬如 C++，要改变"体"的观念。一言以蔽之，采用"向前拉新＋向后兼容"，或曰**创新是要"像旧的新"**。

人类商业文明的核心观念演进

在农业文明时代,生产方式如牛郎织女式的男耕女织,土地为核心要素,占主导的是基于家庭的自然经济和手工业,生产中采用的是无组织或自组织的分布式协作,最后的产出品如牛郎种的粮食蔬菜、织女手工纺织的衣服,它们属于定制化、个性化产品,生产成本高、生产周期长,在满足自给自足后将多余的进行售卖,类似于范围经济,自然不存在现代意义上的管理,尽管也有模式创新,如让其孩子读圣贤书、考科举,奉"忠厚传家远,耕读继世长"为主流价值。

1776年出版的亚当·斯密的《国富论》,认为一国富强的关键是效率,而提高效率的方法是社会化分工。1890年阿尔弗雷德·马歇尔提出了"规模经济理论",认为扩大规模在企业内可以提升专业化程度和资源利用与生产组织的效率,在企业外可以扩大分工、提升协同的效率。于是,"效率革命"与"规模经济"成为工业文明时代的关键词。

在从农业文明向工业文明的过渡期,彼时短缺经济,时代挑战为"如何大规模地增加产能"及"如何大规模地组织员工"。福特汽车以T型车、流水线、5美元日薪回答了第一个问题,通用汽车以SBU-ROI体系回答了第二个问题。所以在工业文明时代,以工厂及企业为经营单元,以资本为核心经营要素,在社会化大分工的基础上有了人流、物流、商品流、资金流等的跨区域协同,现代经营管理出现,效率革命与规模经济使得生产成本低、生产周期短,但产品标准化、同质化,可选范围有限。我用第三工具"正反合"作图16-3展示其演进。

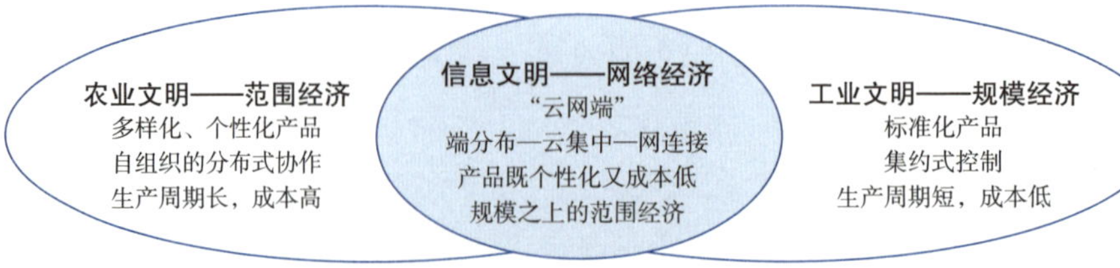

农业文明——范围经济
多样化、个性化产品
自组织的分布式协作
生产周期长,成本高

信息文明——网络经济
"云网端"
端分布—云集中—网连接
产品既个性化又成本低
规模之上的范围经济

工业文明——规模经济
标准化产品
集约式控制
生产周期短,成本低

图16-3 范围经济、规模经济与网络经济的正反合

第六部分　"上中下"——人类的行为过程模型"观念—结构—实现"

按照历史的逻辑，信息文明是在农业文明的分布式、个性化，工业文明的集约式、标准化之上的"端分布"与"云集中"通过"网连接"的正反合，如图 16-3 的中部。如苹果的 iOS+App Store 平台＋第三方应用，其平台对应于集中控制的标准化，在"云"；而下载到手机上的 APP 应用则是差异化的增值服务，在"端"；信息经济以"网"将之统"合"，既大规模又个性化、低成本，它是规模经济之上的范围经济，即品种越多成本越低，如图 16-4 中的"长尾曲线"，即规模经济与范围经济的等成本线在"数量—品种"象限的投影。

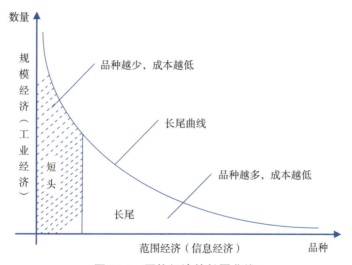

图 16-4　网络经济的长尾曲线

一般将农业文明时代与工业文明时代的经济称为传统经济，信息文明时代的经济称为知识经济、网络经济、数字经济、信息经济等。

传统经济是依赖于稀缺的物质资源的生产，即土地、资本和劳动力是影响经济增长的决定因素。这些要素在总量上的有限性、稀缺性和使用上的排他性，理论上给经济增长设立了上限。按照新古典经济学的理论框架，传统经济在技术不变的条件下边际收益递减，即在其他生产要素投入量保持不变时，连续增加一单位某种可变要素的投入量所引起的产出量的增量呈现递减的趋势。

PC 革命、互联网革命……人类进入信息文明时代后，信息技术以摩尔定律快速、连续地变化并对经济产生了排山倒海的影响，同时信息文明是以基于比特的信息或数据为核心生产要素，具有零边际成本共享和无限供给的特性，它使得收益递减规律的前提假设"技术不变"失去了意义，于是新古典经济增长理论学派开始将技术进步作为驱动经济增长的核心变量：先是罗伯特·索洛（但将技术作为外生变量），后是肯尼斯·阿罗（"干中学"理论，导致创新的是经验的增长）、布莱恩·阿瑟（路径依赖）、卡尔·夏皮罗与哈尔·范里安（网络外部性，network externalities）、保罗·罗默（技术作为内生变量）等。知识或信息技术作为要素能够实现边际报酬递增的原因如下。

一是知识或信息技术本身。其最重要的特征是一旦花费高昂的固定成本而获得，就可以几乎零边际成本地重复使用，具有非竞争性（知识溢出）和部分排他性。当将之作为投入要素时就会产生强大的正外部性，从而导致边际报酬递增。此外，信息技术因整合供需双方信息，极大地降低了信息不对称和不完全，由此大幅提升了资源配置的能力和效率，也满足了多样性及个性化的需求。

二是信息技术对传统经济的赋能。一方面，信息技术赋能工业文明的规模经济，传统规模经济因人的体力、智力的限制，再扩大将产生规模不经济，而信息技术使得传统的机械化升维为数字化、自动化，实现了"百尺竿头，更进一步"。另一方面，信息技术能渗透到各生产要素进行配置和管理，极大地优化甚至能重组各生产要素的配置和管理，从而提高全要素生产率。

一言以蔽之，信息经济区别于规模经济的根本特征是网络外部性，或曰网络效应——连接到一个网络的价值取决于已经连接到该网络的其他消费者的数量；换言之，一种产品对消费者的价值随着采用相同产品或兼容产品的消费者数量的增加而增大，它引起的正反馈机制使得边际报酬递增。如微软Windows平台的PC装机量越大，Windows平台上的第三方应用软件开发商就越多，PC给客户带来的价值就越高，Windows平台的PC的需求量就更大，如此形成了正反馈，一直达到垄断。

于是，随着经济驱动从工业文明的规模经济与范围经济发展到信息文明的平台经济与生态经济，平台成为快速配置资源的框架结构。相应地，时代

第六部分 "上中下"——人类的行为过程模型"观念—结构—实现"

重心从供给侧的效率导向转变为需求方的效用导向。我用第三工具"正反合"对第二工具"左中右"作图 16-5。

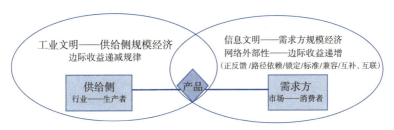

图 16-5 信息经济是需求方规模经济

平台一般是双边市场，即两组参与者需要通过中间平台进行交易，而一组参与者加入平台的收益取决于另一组参与者的数量与特点，故应采用开放战略以获得规模经济的优势；另外平台有网络效应，所以建设速度是关键；平台还需要公信力，只有获得双边市场的信任，才能实现自滚动式的发展；平台如果开放给第三方应用，则成为开放平台的生态经济，一来通过创造价值增量形成与生态伙伴共赢的机制，二来也夯实了平台本身的竞争优势。诺贝尔经济学奖得主让·梯若尔的《双边市场中的平台竞争》一文是解释互联网平台经济的最有力的理论，用以分析双边市场中免费策略的定价结构和定价水平，以及伴随着网络效应的极高的市占率，甚至达到赢者通吃的地步。

再来看资源配置方式演进的历史逻辑，从农业文明时代的"市场配置资源"（不包括非市场的官府或权力），到工业文明时代增加的"企业配置资源"，再到信息文明时代增加的"网络、算法与大数据及以后的 AI 配置资源"，用第三工具"正反合"作图 16-6。这样大规模个性化的长尾经济、众包经济、共享经济、平台经济、共赢共生的生态经济等成为时代精神的标志。

图 16-6 资源配置方式演进的历史逻辑

观念创新的实施总旨

看不见、摸不着的观念如何创新？我将其实施总旨总结为四步，如图 16-7 所示。首先是明晰创新的顺序，必须自上而下，历史无数次证明了自下而上是走不通的。其次是了解观念内部的结构，它导致了"江山易改、本性难移"。再次是了解实践是检验新观念成功与否的标准。最后是根据以上三条而设计的观念创新的结构，即执行前与执行中应怎么做。

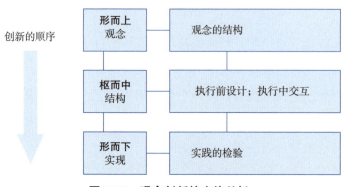

图 16-7　观念创新的实施总旨

（一）观念创新的"上中下"之序

不妨思考，如果企业在"形而下"的器物层面引进了先进技术和设备，在"枢而中"的结构层面改变了公司的规章制度，企业运营会发生变化吗？

日本启蒙思想家福泽谕吉认为，"止于器的层面，没有人关心文明的主义如何。不究其主义而单采其器，认识只限于表面，就没有进步的希望"。所以他认为首先要改变人心观念，其次是制度，最后才是器物，而且此序不能颠倒，否则看似捷径，实则不通。亦即企业如果不改变员工的观念，企业运营不会有任何改变。

哲学与科学的诞生从另一角度证明了一切创新始于观念。亚里士多德总结哲学诞生的两个条件是闲暇和惊异。闲暇意味着有一定的经济基础，做事不用太关注现实现世的回报；惊异意味着基于内在兴趣追求真理的好奇心和想象力，于是仰望星空的清高成为科学传统。以科学第一伟人牛顿为例，其

第六部分 "上中下"——人类的行为过程模型 "观念—结构—实现"

好友威廉·斯图科里回忆，某日晚餐后他们坐在花园的苹果树下喝茶闲谈，牛顿告知，多年前也是在如此场景，他提出了一个问题"为什么苹果总是垂直落地而非斜落或上飞？"从而想出了"引力"的观念。[2]

换言之，欲求解的是仰望星空的问题，而非提高生产力的实用目的。其实我们的先人也问出了诸如"两小儿辩日""杞人忧天"这些属于科学范畴的问题，只不过儒家传统是经世致用，求知的目的是古为今用、洋为中用、活学活用、学以致用的实用理性，更关注修齐治平、礼乐人际等世俗价值。

2019年的五一假期，长江商学院EMBA第31期学员娄力争、张开永陪我游览了千年学府、以"实事求是"为湖湘文化总精神的岳麓书院，我赋诗表达了些许遗憾。

《湖南行二首》其二：《五律·游岳麓书院》
2019年5月30日

斯盛湖湘脉，九疑兴毁斑。
抱经东逝水，遗戒西奈山。
因信称仁义，中和致圣贤。
总求济世用，谁仰问苍天？

（二）观念的结构导致"江山易改，本性难移"

借用科学哲学家伊姆雷·拉卡托斯在《科学研究纲领方法论》（*The Methodology of Scientific Research Programmes*）中专门针对科学理论（即科学的观念系统）来类比更一般的人类观念系统。其核心观点是，经验不能证伪理论，而只能被更好的理论证伪，所以科学评价单位不应是经验与单个理论命题，而应是理论系列——科研纲领。科研纲领是一个有内在结构、处于发展变化之中的理论体系，它具有三个特征：一个共同的硬核、一系列保护硬核的辅助性保护带，以及指导该纲领未来发展的启示法。

亦即，一个人的核心观念是其"硬核"，具有强大的逻辑能量，例如"天行健，君子以自强不息"。核心观念是产生人类行为的能量的源泉，它能吸引并统合其他观念围绕着核心观念运动,形成观念保护带,例如"成功 =99% 的汗水 +1% 的灵感""失败是成功之母——屡败屡战"等。观念带的空间维度是面向不同领域与不同方向的观念子体系,而时间维度的观念演进与变迁在纵向上也有层次高低之分,由此形成了一个有核心、有层次、有内在逻辑力量的网状的观念系统。

观念系统一旦形成即具有较大的稳定性,因为个体观念之间具有逻辑关联,这种凝聚力使得单个观念很难被单独抛弃,即使对于落后或错误的观念,也可以由观念保护带中的辅助性假设做调整或做出新解释,以保护核心观念不被证伪。只要核心观念保持稳定,即使与新观念发生激烈冲突,甚至与实践发生冲突,以致观念保护带发生动摇或变更,甚至连核心观念也不得不相应地做出新解释时,也难以改变观念系统。

这就是为什么"江山易改,本性难移"。因为观念是信念,甚至能达信仰或主义的量级。观念不是认知,所以观念转变不是理性的过程。人类历史上的观念之争每每升格为意气之争,甚至你死我活,德国物理学家马克斯·普朗克以一部科学史为证言道:一条新的科学真理获得承认,不是通过说服它的反对者并让他们接受,而是这些反对者逐渐死去,熟悉它的新一代长大成人。

(三)实践是检验观念创新成败与否的标准

观念创新如何才能成功?例如为什么始于 1978 年的改革开放能成功地将此前的"以阶级斗争为纲""两个凡是"的观念转换到"以经济建设为中心"。

不妨看制度变迁,因为制度是观念的一种公共产品形态。诺贝尔经济学奖得主道格拉斯·诺思从经济史角度研究制度变迁的路径,得出四因素共同制约的结论:一是交易费用的存在,二是信息不完全的市场,三是制度给人们带来报酬递增,四是利益。[3] 前两者是指在交易稀缺、市场充满不确定性的环境下,人类的有限理性不可能掌握完全信息,所以制度变迁很难按照顶层设计的路径演进,一个偶发事件就可能改变方向。就后两者而言,如果制度变迁促进了交易费用的降低及市场的更充分发展,当报酬递增与获得利益普遍产生时,制度变迁过程就能得到支持和巩固,并产生路径依赖的良性循环,

第六部分 "上中下"——人类的行为过程模型"观念—结构—实现"

否则负反馈将使制度变迁发散、无效甚至停滞。

在"实践是检验真理的唯一标准"的全国大讨论之后，政府采取了"摸着石头过河"的改革策略，大多数领域出现了正反馈：初步改革造就了初步的繁荣，后者又支撑着改革的继续深入。这个过程反映到头脑中，就是原来的核心观念被击碎、基本抛弃或全部抛弃后，整个观念系统才会自然解体，最终达到"知行合一"的状态。

（四）观念创新的具体执行：新旧博弈

能近取譬，用器官移植类比新观念进入大脑。人体的免疫系统能识别并攻击外来入侵之敌，当器官移植时，免疫系统会把它当作对自身有害的异物发动攻击。医学发现两个极端是小概率事件：一是完全不排斥，如角膜移植，因为眼角膜不含血管，属于免疫豁免器官；二是完全排斥，如急性反应，主要由细胞免疫或体液免疫介导。由此可见，血管、体液是观念之"体"。

大多数器官移植则介于二者之间，既有排斥又有接受。因为医学发现人体内有个类似"贴标签"的识别机制，叫"相容性抗原"，以帮助免疫系统识别自己与非己，一是保证自身的正常组织器官不被破坏，二是当外来器官移入时，由于双方的相容性抗原不同，免疫系统会"一眼识破"外来者并进行有害异物攻击，这就是排斥反应，或曰，这个保护机制的本质是对既得利益的保护，与新旧观念的交锋如出一辙。

中国古代观念创新（如几大变法）的通常做法是以新观念批判旧观念，甚至动辄颠覆、革命、休克式疗法等，这些激进的"一刀切"做法不是不行，如商鞅变法的成功，而是会遭遇较大的阻力，组织颠覆风险和社会风险也较大。所以**观念创新不妨借鉴器官移植时医生的两大实操方法：**

一在移植前，对供者与患者的相容性抗原进行全面分析，类比为新旧观念的差异分析；差异程度决定了排异反应的轻重，即创新方与保守方的对抗强度；器官移植的做法是尽可能地选择双方匹配度高的器官，而观念创新在分析完差异度之后怎么办，下文会介绍最佳实践。

二在移植后，大多数患者需要长期服用抗排斥药物，从而削弱免疫系统对移植器官的攻击，类比为在观念创新的执行中，只有一种"药物"抗排斥，就是新观念在实践中的成功，核心是利益增减，这就需要观念创新者在实践中小步快跑，积小胜为大胜。

移植前的最佳实践可采用四大架构原语中的跨构、否构、重构。

"**跨构**"，又分为两种。第一种是空间跨构，指既前向引用新观念，又后向兼容当前现实，在当前时间点通过跨构新旧而做成超集。例如C++采用"向前拉新+向后兼容"；例如英国、日本的"君主立宪制"，前向吸纳"立宪"新观念，后向兼容"君主制"之现实，但虚君；再如邓小平1975年的治理整顿，彼时主导观念是以"阶级斗争为纲"，他提出"三项指示为纲"，打包成"超集"，把实际要做的经济建设兼容进去。

第二种是时间跨构，即在古典中寻找与新观念相关的概念或思想资源，甚至用新观念来诠释古典，然后"以古非旧"或"托古改制"，由此成为批判现实或改造现实的利器。如西方三大观念革命——文艺复兴、宗教改革和启蒙运动，都是不约而同地回溯比现实（中世纪）更古老的传统，于是文艺复兴、启蒙运动言必称古希腊、古罗马，宗教改革则是回到古版《圣经》。中华文明的以古非古，如墨家、道家对儒家的攻击（见本书第29章）；又如戊戌变法前夕，康有为的《孔子改制考》刊行，以西方思想将孔子打扮成托古改制的"素王"，并以历史进化论附会公羊学说，借孔子的名义为维新变法制造舆论。

"**否构**"，即创构悖论，以彼之道，还施彼身。如邓小平在1978年针对"两个凡是"（"凡是毛主席做出的决策，我们都坚决维护；凡是毛主席的指示，我们都始终不渝地遵循"）的论战。他提出，毛泽东思想的灵魂是实事求是，构造了逻辑悖论。

"**重构**"，还是沿用复杂问题分而治之的思路，一般通过把新观念"切割成片"，每次只做"一片"，而不是一步到位，通过快速迭代、实践反馈再调整的小步快跑式的重构，为持旧观念者留足缓冲时间，以空间的小胜即利益增减来换取更长的试错时间，如此积小胜为大胜。例如将"计划经济"转为"市场经济"，先是1982年中共十二大提出"计划经济为主，市场调节为辅"；1985年中共十二届三中全会提出"有计划的商品经济"；1987年中共十三大提出"国家调节市场,市场引导企业";1989年中共十三届三中全会提出"计划经济与市场调节相结合"的改革模式;1992年中共十四大提出"建立社会主义市场经济体制";2012年中共十八大提出"要发挥市场在资源配置中的决定性作用"。

观念的外壳是语言。本书第6章讲了语言与思维,当引入新观念时,其表达极其重要,甚至可通过改变语言规则来改变观念。最佳状态是能近取譬,把人人心中皆有,但人人口不能言的那种感觉,用一语中的的话说出来,让人一听拍案惊奇,那正是我想说的!图 16-8 中展示了改革开放中关于"结果导向"的其他表述。

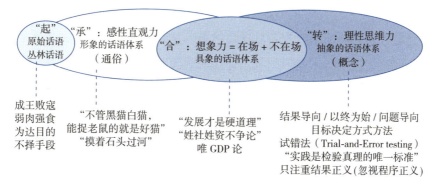

图 16-8 语言是观念的外壳

观念落地的本质是利益的增减与再分配

一方面,新观念通过实践验证后形成了正负反馈机制,转化的关键在于利益增减,利益增长则导致正反馈。另一方面,新观念落地也导致存量与增量的利益变化。旧观念代表在旧结构中的既得利益存量,须研究新观念的落地将为哪些群体带来利益增减,以尽量减少存量的阻力同时尽量增加增量的支持为原则。

例如中国隋唐时期的科举制创新,奖掖"增量",渐进式地式微"存量",其中"存量"是世家大族,一般通过父荫进入官场;"增量"多为学而优则仕的寒门学子。当然也有"狠角色",例如商鞅变法采取了残酷抑制"存量"

甚至斩杀"存量"的方式，将七百多位反对变法的贵族杀头。还有就是利用外部压力倒逼。商鞅变法之所以成功，很大一部分原因也在于此，彼时秦国是最弱的国家。日本明治维新、当年的"亚洲四小龙"都是通过外部压力来逼迫内部的既得利益集团让步。

创新方与保守方都认为解决复杂问题一定有一个放诸四海而皆准的真理，而自己正是真理的持有者，于是异己者皆谬。其根源由英国哲学家以赛亚·伯林道来："首先，像在科学中一样，所有真正的问题，都应该有且只有一个真正的答案，而其他答案都必然是错误的；其次，必定有一条可靠的途径导向这些真理的发现；第三，真正的答案，如果找到了话，必定彼此融洽、俱成一体，因为真理不可能是相互矛盾的。"[4]

总之，观念创新将产生新的观念体系，以弥合观念结构自身的矛盾、主体与时代精神之间的矛盾，以及主体在时代实践中的矛盾，不过观念创新不是对原有观念体系的全盘否定，而是"半面"或曰"扬弃"——保留合理成分，吸收新的要素，如此方能推动自身的与时俱进。

回到本章开头的C++，不妨思考，下一个编程语言应如何创新才能完成对C++的超越……Java！

本章参考文献

[1]〔法〕帕斯卡尔.思想录[M].北京：商务印书馆，2015：176.

[2] William. Stukeley. Memoirs of Sir Isaac Newton's life [M]. The Perfect Library, 2015:17.

[3] 邹东涛.邹东涛讲诺思[M].北京：北京大学出版社，2011：145.

[4]〔英〕以赛亚·伯林.扭曲的人性之材[M].岳秀坤，译.南京：译林出版社，2009：9—10.

第 17 章
"枢而中":战略与商业模式创新

2019年9月,我在西雅图批改复旦大学EMBA作业时,读到简光洲同学的文章感佩不已,他于2008年9月11日发出铿锵雄文,率先披露了石家庄三鹿乳业的三聚氰胺毒奶粉事件。古之良心,莫过于此。一直惦记着10月回国后与简君约叙,为良知正义小酌,最后排在12月4日,今在回沪高铁上赋诗赠简君,在寒冬为次日晚宴增兴。

《七律·诗赠国士简君光洲》
2019年12月3日
大河淌古曲仍东,董笔齐书简刃铿。
国士挥戈屠毒鹿,书生仗钺斥胺氰。
星袭虹贯鹰击殿,人愤神憎剑发硎。
君"撤"一嗟天下震,何存理想泛桴行?

为什么会有三聚氰胺事件以及其后的注水猪等事件?不妨审视其战略与模式设计——"大企业+小农户"的商业结构:对小农户而言,散养、种植几头猪牛羊当然没问题,可若要进行深加工,设备、技术、资金、人才怎么解决?若要直面消费者,渠道、营销、售后怎么解决?对大企业而言,这种结构省却了大规模养殖种植的时空成本和风险,只需直面广大小农户收购即可。这种模式的利益格局,就是弱势小农户面对强势大奶企而言没有议价能力,于是弱者对付强者自有其生存之道,后果可想而知。

不妨类比其他国家：美国是大奶企产销一体化；欧洲是奶户联合通过合作社建立加工品牌；日、韩是二者正反合，农民加入农协，农协产销一体化。

中华民族的思维模式是"赋比兴＋综合"，故出产诗人和战略家。事实亦然，中国是全球唯一的诗国，在战略领域自古而今"独步天下"，甚至"战略"这个词也是中华文明对人类的首创。

早在三代，即有夏商之际伊尹鸣条之战的审时度势，商周之际姜子牙牧野之战的车战创新，周公创立分封制、宗法制、礼乐制的国家大战略。春秋战国时期更是大家辈出，管仲尊王攘夷、晋文公联秦制楚、伍子胥三分四军、孙武《孙子兵法》、苏张合纵连横、范雎远交近攻。秦统一中国后，李斯推行郡县制，统一交通、货币、文字等大战略。楚汉之争同盟牵制，远程迂回。汉武以骑制骑，以夷制夷。曹操挟天子以令诸侯，诸葛亮《隆中对》三分天下。唐李问对，分化瓦解、各个击破。蒙古布署远程迂回的间接路线，步骑水三军联合作战。明朱升"高筑墙、广积粮、缓称王"。清徐图渐进、长期消磨，中期起海防与塞防之争。民国颁布五权宪法大战略，蒋百里的《国防论》奠定了抗战前期"以空间换时间、积小胜为大胜"的主调，毛泽东的"农村包围城市"开辟了中国革命的新道路等。

战略大家钮先钟先生曰，"战略研究必须以历史经验为基础，尤其是历史中有关战争的部分。这是古今战略家的共同意见"，并援引英国战略大家李德·哈特所云，"历史是世界的经验，比任何个人的经验都更长久，更广泛，更复杂多变"，"历史学家虽不一定即为战略学家，但战略学家却似乎必然是一位业余的历史学家"。[1]1

战略与模式框架

我对历史颇感兴趣，特别是前四史，遍访了西汉、三国时的古战场，再结合中西企业史的研究,提出了自己的战略与模式框架,即战略与模式＝"一命"（之理想与意志）× 直觉主义先行（＋结构主义随后）× 资源能力的配置与

第六部分 "上中下"——人类的行为过程模型"观念—结构—实现"

使用（核心在组织与将将），如图 17-1 所示。

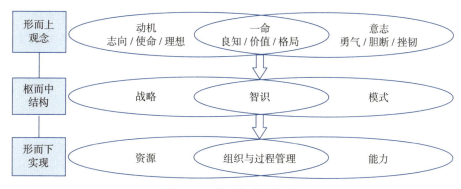

图 17-1 战略与模式框架

战略与模式虽处"枢而中"的结构层，但受"形而上""一命"的影响，（例如，诸葛一生唯谨慎，其战略是稳扎稳打出祁山；魏延杀伐决断领汉中，其战略是一掷豪赌出子午），另受"形而下"的制约（打仗本质上是供应链管理，为什么诸葛亮每出祁山必缺粮，后文再述其商业模式）。

商业领域以连锁酒店业为例。

2019 年 11 月，经长江商学院 EMBA 第 30 期学员、桔子水晶酒店前运营副总裁俞萍牵线，与酒店创始人吴海聊天，我从其成长与连续创业的经历，反推其"一命"是过于偏执于技术细节，所以在第二工具"左中右"模型中会过度专注于"中"的极致产品，即每个酒店的设计细节或极致运营的客户体验。如此则应疏于"左"的竞争战略与"右"的客户战略，即直觉上推断：这个行业的第一战略应是市场份额优先的攻城略地，抢占各个城市最稀缺的酒店位置资源。第二战略应是客户战略，即把通过携程等第三方平台引流过来的客户资源变为自己的客户，当然这需要点"灰度"。几个小时聊下来，我的结论是，吴海是商界中的君子，市场份额优先未做是认知，客户战略未做是人品，所以最后将酒店以 36.5 亿元卖给华住酒店集团是不错的归宿。

为了反向确认，我在回美国前的 12 月急约了复旦 EMBA 学员、华住酒店集团的高管来我家聊天，先通过他来了解华住酒店集团创始人季琦。季琦是此前携程的联合创始人之一，他之后创立如家，但在如家因未能控股而无决策权的遭遇给了他教训，随后创办了汉庭，定下了市场份额优先战略，执著于疯狂扩张。特别是，2011年季琦已退居二线，只任华住酒店集团董事长，由聘请的职业经理人担任 CEO。此时在全球金融海啸之后，经济陷入低谷，CEO 试图采用运营优先战略。季琦杀伐决断，重新出山担任 CEO，维持市场份额优先战略。目前华住酒店集团已是全球规模第九，继续朝全球市场份额第一挺进。

在战略与模式如何产生的"智识"部分，我归总如图 17-2 所示，其中结构主义是重点，可分历史、科学、艺术和哲学四大视角叙述，兼及其他主义（直觉主义、经验主义、机会主义、教条主义）。

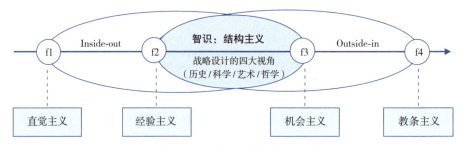

图 17-2　战略与模式产生的来源

战略之"来龙"——现代管理视角

战略必起于**历史视角**。现代工商管理始于 20 世纪初汽车行业的崛兴，福特汽车发明了流水线，通用汽车采用了 SBU-ROI 组织体系，于是效率革命与规模经济成为时代精神，我用第二工具将其演进归总如图 17-3 所示。

第一轮"正反合"是生产导向。1910—1950 年为卖方市场，经济野蛮生长，在短缺经济时代生产任何东西都能成功，无需战略，只要敢想敢干，以"撑死胆大的"**机会主义为主**。经营细节上，科学管理解决生产效率问题，人本管理解决个体效率问题，组织管理解决组织效率问题。中国的改革开放初期也异曲同工。

第六部分 "上中下"——人类的行为过程模型"观念—结构—实现"

第二轮"正反合"是市场导向。第二次世界大战之后的 1950—1980 年,短缺经济已过渡为丰饶经济,卖方市场正转为买方市场,企业也从第一阶段以自我为中心的生产导向,逐步过渡到以消费者为中心的市场导向,于是营销出现了。营销刚产生时也是乱象丛生,如胡乱忽悠、过度包装等,以"饿死胆小的"的经验主义为主。

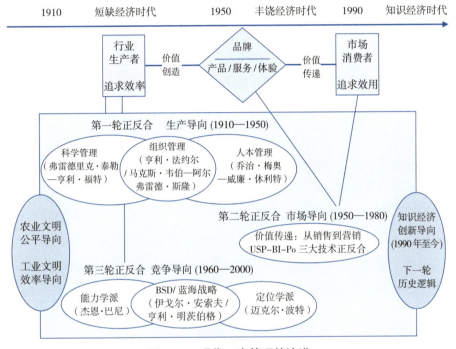

图 17-3 现代工商管理的演进

第三轮正反合是竞争导向,战略开始出现。此轮正反合的主要时代背景有二:其一是 1973 年、1979 年两次石油危机导致的全球经济衰退,需求端下降;其二是日本企业崛起且以高质低价的产品横扫美国,如本田之于哈雷、佳能之于施乐、丰田之于福特与通用,日本企业全面崛兴,导致供给侧竞争的加剧,战略时代在 20 世纪 70 年代末降临。

亦即第一阶段是企业内部的生产运营之争,第二阶段是产品生产出来后的营销与市场之争,第三阶段是前置于产品之前、生产之前的基于战略的全局竞争。

何谓战略? 艾尔弗雷德·钱德勒(Alfred Chandler)的定义言简意赅:"为

企业长期目标的决定，以及为实现这些目标所必须采纳的一系列行动和资源分配。"[2]在"战略"出现之前的商业成功被认为是依赖于自身行为对外部环境变化的快速调整；"战略"出现后，企业从被动适应转为主动预设，所以战略就是明晰一个企业选择要做什么，达成什么样的目标，通过什么样的途径与步骤，需要多长时间，如何获取资源并配置与使用资源等。

同时，在每年的战略复盘中，企业要重新设问，例如此前所做的选择、所处的行业是否可持续发展，宏观的市场空间还有多大，成长性如何，何时饱和、产能过剩甚至被"侧翼"颠覆（如相机、钟表等行业被智能手机颠覆），竞争格局与激烈程度如何，是否要做出新的选择或战略转型。转型到新行业同样面临巨大的挑战（企业史上基本是被动转型，有预见性的主动转型较少）。战略转型仍按第一工具"上中下"的顺序：一切转型皆从"形而上"的观念转变开始；然后是"枢而中"的战略布局调整，形成新的商业模式和重要的战略性资产；最后是"形而下"的组织、管理的调整，形成新的经营能力。

科学视角——战略本身的演进。我用第三工具"正反合"梳理战略的演进，如图17-4所示。"正"在"枢而中"结构层，此时战略是基于产业结构、市场机会等自外而内分析后形成的一个对企业经营的自上而下的计划和定位的过程，波特的定位学派是代表。

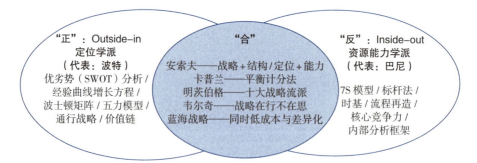

图17-4　战略流派的正反合

然而实证结果与此并不完全吻合，特别是日本企业的崛起，相当一部分依靠的是无分析、无战略、无计划运营的凭直觉的试错法，还有相当一部分是基于资源或能力。其实改革开放后的中国企业也是如此，这是"Inside-out"（从

第六部分 "上中下"——人类的行为过程模型"观念—结构—实现"

内而外）或"Bottom-up"（自下而上），即竞争优势的源泉在于企业的特殊性而非基于产业结构的相互关系，于是"反者道之动"的资源与能力学派在"形而下"层面出现，巴尼是这一学派的代表。

当今不确定性时代则须二者相"合"，或曰动态权变，即任何组织要获得成功，都不能只依靠某种单一不变的理论和方法，组织应根据外部环境的动荡程度将战略和组织结构调整到相应等级，只有战略超前或只有结构超前都会失败，单纯重视定位论或单纯重视能力论都会失败，必须做到两方协同且配合环境变化，若环境动荡程度激烈，还应不断试错和反馈修改。

教条主义。战略的科学视角并不意味着战略是科学，它不是数学化的真理，所有都能证伪，而更多的是带有运气的预见，故不能迷信理论，否则将堕入教条主义，如赵括、马谡的"纸上谈兵"。究其原因，其一是美国结论的条件是充分自由竞争的成熟市场，与中国国情差异巨大。其二是商战与军战是偶然性的事业，物质资源、人力与社会资本、人际摩擦、统帅的格局意志等交相烩杂，文人学者以为是个数学问题，从已知条件即可导出结果。被誉为战略学第一学者的波特，其经营的战略咨询公司最终倒闭，就是例证。

艺术视角。如果说西方战略偏科学视角，则直觉主义与中国传统战略中的"天时、地利、人和"则偏艺术视角，以诸葛亮的《隆中对》为例：

（通过剖析行业竞争格局而导出大战略：联孙抗曹）自董卓造逆以来，天下豪杰并起。曹操势力不及袁绍，而竟能克绍者，非唯天时，抑亦人谋也。今操已拥百万之众，挟天子以令诸侯，此诚不可与争锋。孙权据有江东，已历三世，国险而民附，此可用为援而不可图也。

（具体战略第一步：取地利，建立荆益根据地）荆州北据汉沔，利尽南海，东连吴会，西通巴蜀，此用武之地，非其主不能守，是殆天所以资将军，将军岂有意乎？益州险塞，沃野千里，天府之国，高祖因之以成帝业。今刘璋暗弱，民殷国富，而不知存恤，智能之士，思得明君。（第二步：修人和）将军既帝室之胄，信义著于四海，总揽英雄，思贤如渴，若跨有荆益，保其岩阻，西和诸戎，南抚彝越，外结孙权，内修政理。（第三步：

待天时，从荆益兵分两路取中原）待天下有变，则命一上将将荆州之兵以向宛洛，将军身率益州之众以出秦川，百姓有不箪食壶浆以迎将军者乎？

（大蜀公司目标：兴复汉室）诚如是，则大业可成，汉室可兴矣。

最伟大的战略——无战略的战略。注意，"枢而中"的定位论与"形而下"的资源论都不能解释历史上的一类成功，例如孔子、耶稣、佛陀、苏格拉底等，既无资源，又无结构，他们怎么成功的？商业领域可类比亚马逊创始人贝佐斯，此前亚马逊只是电商，但其2006年推出的云计算掀起了新一轮技术革命，为何？因为贝佐斯的初心立意就是创造新技术以推动人类进步，他不是以资源或能力驱动，不是以行业结构或市场定位驱动，而是以愿景与使命驱动，终于将亚马逊从低买高卖的电商升维为基于云计算与大数据以引领人类未来的高科技企业。

我将这种成功视为人类的最高成功，可作为第三类战略，或曰"无战略的战略"，它在"形而上"层面，因信称义，使命在肩，以伟大愿景和宗教精神驱动，"虽万千人吾往矣"，由愿景而创造能力，由新能力而创造新结构，其演进如图17-5所示。这也印证了约翰·富勒将军的名言："在其最高形式中，将道是意志和理想的结合，而不仅是一种计算的问题。"[1]340

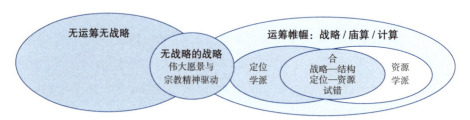

图17-5　人类的最高战略：无战略的战略

总结。战略是事业的原点，受"一命"的制约，起于直觉或结构化思考，通过判断当前环境与预判未来之变化，其结果是愿景下的一揽子行动计划与步骤，终点则为行动，基于现有资源与能力的配置与使用，或基于愿景目标去获取尚未拥有的资源与能力，通过组织体系与过程管理而落地执行。其实，战略与执行是一体两面，或曰自上而下的战略制定的目的是设计出执行体系，同时"反者道之动",在执行中的变化与调整又自下而上地反馈于战略的调整与完善。

商业模式及其创新

商业模式是通过明晰如何为顾客创造价值从而实现企业的自身价值,亦即老子的"将欲取之,必先与之"。如图 17-6 所示,商业模式创新主要由价值创造、价值传递及价值获取三部分组成,下文以这三部分的"起承转合"为线索展开。

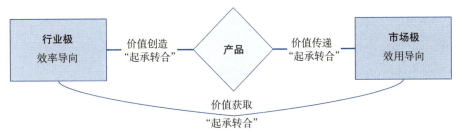

图 17-6 商业模式创新的组成

价值创造的"起承转合"。将三大文明的价值创造方式的演进按照"起承转合"的历史逻辑总结如图 17-7 所示,从农业文明的手工制作,到工业文明的福特模式、通用模式与丰田模式三大模式,再到信息文明又沿用了这三大模式。

图 17-7 价值创造的创新脉络

福特的价值创造模式是"流水线+垂直集成":前者见本书第 23 章,后者可见埃文斯等人在《他们创造了美国》一书中的描述:"在 20 世纪及以后的鲁殊河工厂里,福特要把这种生产商纵向一体化推向极致。他终于拥有了自己的森林,由此可得到生产底盘的木材;他有自己的玻璃厂来生产挡风玻璃;他在肯塔基有 16 个煤矿来为他提供蒸汽动力;在巴西还有 260 万英亩的植物园为他提供橡胶；在大湖区还有一个船队为他运送矿石。"[3]

垂直集成一般适用于一个全新产业的初期，因为这时外部资源不能及时给予产业链以快速和多样化的响应。一旦新产业、新产品在市场大规模展开后，分工导致效率的原理开始起作用，通用的水平集成将大行其道，它通过范围经济以灵活应对需求变化，使得产业链以价值的增加程度为标准进行否构、跨构、重构等优化。当然，通用与供应商的合作模式是交易型，会导致质量问题，研发投入也不足。总体而言，该模式虽然灵活，但效率较低。

丰田认为，制造业的利润都是通过降低成本获得。那么，如何降低成本呢？在经济高速增长时期，如福特和通用是通过规模经济以提升效率来降低成本的，而丰田所处的时代是低速增长，需要在小批量、多品种的生产方式下降低成本，详见本书第23章。另外，丰田与供应商是股权合作的金字塔模式，可以进行一体化创新以灵活应对需求的变化。

信息文明时代亦然，同样按照上述三大模式演化。例如PC时代，Apple II是类福特模式，IBM PC是类通用模式，戴尔电脑是类丰田模式；延伸至互联网革命亦然，如图17-8所示，价值创造这三大模式演化的本质，是生产者效率与消费者效用间的权变。

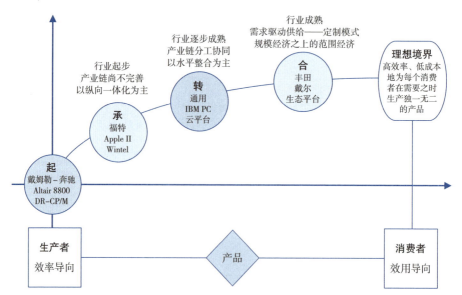

图17-8 价值创造方式创新的本质：生产者效率与消费者效用之间的权变度

第六部分 "上中下"——人类的行为过程模型"观念—结构—实现"

价值传递的"起承转合"。价值传递的创新主要集中在两点：一是产品与服务信息的营销传达，在本书第 24 章再细述；二是产品与服务本身的销售渠道的创新，简述如下。

用第三工具归总销售渠道创新如图 17-9 所示，其中"线下"指实在可触的物理空间，"线上"指虚拟的媒体空间，是广义的非线下，是各个时代的新媒体。

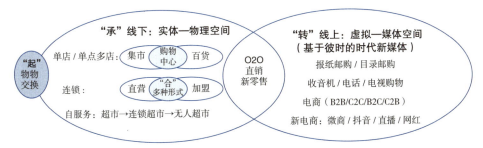

图 17-9 价值传递的创新脉络

农业文明有两大价值传递的渠道模式——"坐贾"与"行商"，坐着出售货物为"贾"，行走贩卖为"商"。前者如牛郎织女的开店经营，选址如农贸集市，在工业文明时代变迁为百货店与购物中心，至信息文明时代则演变为淘宝之流。后者如各类商帮的异地贩运。

按照创新的历史逻辑，下一个模式是"商"与"贾"的正反合，是在通信与交通技术发展之后的工业文明时代的第一个重大模式创新——连锁，如图 17-10 所示。而连锁按创新的历史逻辑则为直营连锁（类福特模式），或特许加盟（类通用模式）。两者各有优劣，直营连锁效率高，不会串货、串价、串区域，但人力成本庞大，投资构建与管理成本高昂；特许加盟正好"反者道之动"。按照创新的逻辑，下一个"合"应既有直营之高效率，又有加盟之低成本，OPPO/vivo 通过股权合作而达成，恰是类丰田模式。

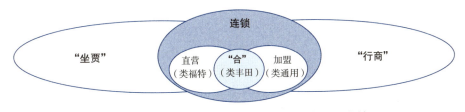

图 17-10 "坐贾"与"行商"的正反合——连锁

此前的商品交易都需要买卖双方在场,对其求反就是双方不谋面,通过新媒体完成交易。如果这种模式叫"线上",那么人类最早的"线上"交易是报纸邮购,创新者为成立于1886年的美国西尔斯公司。彼时报纸是新媒体,西尔斯公司在报纸上刊登各类商品信息,客户通过回邮及附签支票订货,西尔斯公司再通过遍布全国的邮政系统送货;获客之后的下一步是将产品讯息印制为一本产品邮购书目,并采用不满意则退款的售后承诺,成为邮购业务的龙头及20世纪的亚马逊;再下一步正反合是20世纪的"新零售",在线下建立连锁店,巅峰时为美国最大的零售企业,跻身世界500强。但不幸的是,进入21世纪后西尔斯公司遭遇电商蚕食,于2018年正式申请破产保护。

价值获取的"起承转合"。企业通过为客户创造价值从而获取自身的价值,其中价格是核心环节,它既是生产者产生营业收入并决定市场份额的最重要因素,也是消费者决策的主要因素。每次的交换行为首先是一种经济行为,物美价廉是消费者的普遍需求。当然在产品的功能价值得到满足的前提下,消费者会考虑非经济因素的引申价值,如情感意象、身份地位、审美设计或其他符号价值等。我用第三工具"起承转合"作图17-11加以总结。

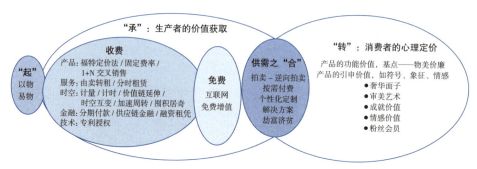

图17-11 价值获取的创新脉络

一般定价法是在成本之上增加一个百分比的利润率。特别值得一提的是"反者道之动"的革命性的福特定价法。福特道:

> 我们的政策是降价、扩大经营规模和改进产品。请注意,降价是在第一位。我们从不认为任何成本是固定不变的。因此,我们首先把价格

第六部分 "上中下"——人类的行为过程模型"观念—结构—实现"

降到我们认为可以推动更多销售的那个点，然后努力用那个价格把产品生产出来。我们不担心成本，新的价格会迫使成本下降。大家的普遍做法是，先计算成本，然后决定价格。这种方法在狭义上也许是科学的，但在广义上是不科学的，因为如果算出来的结果是你不能用一个能让产品卖出去的价格把产品生产出来，那么知道成本还有什么实际用处呢？更重要的是，尽管成本是可以计算出来的，当然我们所有的成本都是经过精心计算的，但没有人知道成本应该是多少。探究的方法之一，是定下一个低价格，迫使所有人都达到最高的工作效率。这个低价会推动所有人去努力发掘利润。我们使用这种强制的方法，在生产和销售方面得到的发现，比用任何随意的调查方法得到的都要多。[4]118

按照半面算法"起承转合"，从原始社会的物物交换，到"一手交钱，一手交货"的收费模式，生产者视角的下一个创新应是既免费又收费，这是进入互联网时代的免费增值模式，即"0＋N"。它是指通过免费（"0"）获得用户、建立信赖关系及品牌资产，从而降低再触用户成本，然后通过增值服务（"N"）盈利。例如：基本产品免费，高级付费，如云存储小空间免费，大空间付费；用户免费，广告商付费，如新浪的旗帜广告、百度搜索的结果链接；买家免费，卖家付费，如 eBay、淘宝对卖家的交易抽成；产品免费，服务付费，如装备模式的网游；设备免费，耗材付费，如运营商签约机、饮水机免费，水付费；用户免费，企业付费，如 PDF Reader 免费，Writer 付费等，不一而足。

总之，企业需要赚取利润，若没有利润企业就无法生存，但是价值获取应是价值创造的结果和报酬，而非企业经营的出发点。福特始终强调这点："金钱若被置于工作之前，便等于扼杀了工作，并破坏了服务的基础。一个企业如果首先考虑的是赚钱而不是工作，那么失败的恐惧必将降临在它的头上。"[4]24

战略与模式再讨论

同一目标而不同路径，战略优劣之争。以蜀汉 228 年第一次北伐的战略为例。蜀汉占据汉中，曹魏占据关中和雍州陇西（今甘肃东南部），中间横亘秦岭，从汉中到关中，从东到西共五条通道——子午道、骆谷道、褒斜道、陈仓道和岐山道，它被秦岭及陇山隔绝为两大出口，前四个通关中，岐山道通陇西，于是曹魏的陇西地带就被分割成为各自相对封闭的区域。我曾于 2018—2019 年去汉中、天水、陇南、武都、成县等实地考察。

诸葛亮的战略企图：走第五道（这一路绕秦岭山脚走，迂回但平坦，便于大军展开），据祁山，攻占陇西南安、天水、安定等郡，站稳脚跟后再顺势攻取河西走廊武威、张掖、酒泉各郡，这里是羌、氐少数民族聚居区，可获取人口及马匹，组建如董卓、马超般的骑兵部队，然后从南面汉中和西面凉州两路夹击长安（注：与《隆中对》的思维模式如出一辙）。这个战略的关键点，是在诸葛亮主力肃清陇西魏军之前，须堵死关中通往陇西的必经之路街亭，以阻止曹魏关中援军与陇西守军汇合。结果马谡失街亭，诸葛亮的战略意图暴露，此后都是无用功。

而争辩千年的魏延子午谷奇谋，走第一道。《三国志·魏延传》载："延每随亮出，辄欲请兵万人，与亮异道会于潼关，如韩信故事，亮制而不许。延常谓亮为怯，叹恨己才用之不尽。"裴松之引《魏略》注："夏侯楙为安西将军，镇长安，亮於南郑与群下计议，延曰：'闻夏侯楙少，主婿也，怯而无谋。今假延精兵五千，负粮五千，直从褒中出，循秦岭而东，当子午而北，不过十日可到长安。楙闻延奄至，必乘船逃走。长安中惟有御史、京兆太守耳，横门邸阁与散民之谷足周食也。比东方相合聚，尚二十许日，而公从斜谷来，必足以达。如此，则一举而咸阳以西可定矣。'亮以为此县危，不如安从坦道，可以平取陇右，十全必克而无虞，故不用延计。"

战略与模式的关系。战略是关于做什么与不做什么的选择，即"宏范图式"中"质"的范畴，做正确的事；模式主要是解决如何做才能更有效率地创造价

第六部分 "上中下"——人类的行为过程模型"观念—结构—实现"

值,即"量"的范畴,正确地做事;战略冲击愿景之顶线,模式确保运营之底线。

打仗的商业模式是供应链管理,三国时期的士兵是职业军人,不事生产。曹操于公元196年率先进行了屯田制的模式创新,《三国志·武帝纪》注引《魏书》:"是岁乃募民屯田许下,得谷百万斛。于是州郡例置田官,所在积谷,征伐四方,无运粮之劳,遂兼灭群贼,克平天下。"

注:曹操创新的实操手法,先在许昌试点成功,并在各地推广为民屯和军屯,必须有二元组织的创新(本书第18章再述),屯置司马,其上置典农都尉、典农校尉、典农中郎将,不隶郡县。正是这一模式创新,与其战略匹配,成为曹操南征北战的支撑。

对比蜀汉,直到公元234年诸葛亮在最后一次北伐与司马懿对峙时,才实行屯田制。《三国志·诸葛亮传》载,"亮每患粮不继,使己志不申,是以分兵屯田,为久驻之基"。但不久,诸葛亮即病逝五丈原,北伐结束。此前虽有木牛流马等技术创新,从蜀道运粮,但难度与成本太高了。

同一模式可有不同的战略。例如,诸葛亮与司马懿都屯田,司马懿的最佳战略就是拖而不打,原因还是供应链的效率问题。同时,模式比较容易模仿,但战略是有意识地与竞争对手差异化,以此造就自己的独特定位并获得竞争优势,相对难以模仿。例如,同为电商模式,有的主攻一、二线城市,有的布局下沉市场;有的专注于生鲜,有的定位于母婴等。

同一战略也有不同的执行手法。如诸葛亮一出祁山,从历史复盘而言,也有成功机会。前贤给出了建议,就是诸葛亮亲率蜀汉主力在街亭与曹魏主力进行战略大决战,集中兵力,一战乾坤。

战略的"去脉":时代(天)、地域(地)与个体(人)

战略之时代视角——互联网战略。回到最基本的供求关系,信息文明在更高维度上重构了此前工业文明的供求关系,成为"需求方规模经济之上的供给侧范围经济":

- 从供给侧视角来看，信息技术的赋能使得 ERP、CRM、智能制造、零库存，甚至共享经济、众包经济、基于算法与大数据的一对一供给等成为可能，极大地提升了供给侧的效率与竞争优势。
- 从需求方视角来看，网络极大地消除了信息不对称，一是消费者通过网络能即时全面地掌握产品信息，二是在工业文明时代无法连接互动的消费者在信息文明时代得以连接互动，从而产销关系从工业文明时代的生产者主动，以"推"为主，效率优先，变为信息文明时代的消费者在交易中占据主动，"拉"成为主导趋势并倒逼生产者提供更好的产品和服务。

如此一来，不妨将战略建构分为需求方与供给侧两端，如图 17-12 所示。第一战略为在需求方快速达到规模经济；第二战略为提供多样性甚至一对一的选择，即供给侧提供范围经济。

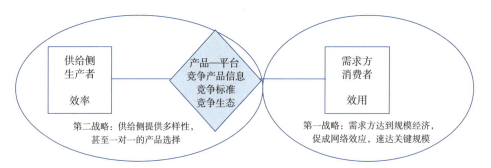

图 17-12　战略建构：需求方规模经济之上的供给侧范围经济

第一战略：需求方视角。网络经济的网络外部性这一根本特征表现为在边际收益递增的条件下，优势或劣势一旦出现，就会不断加剧从而形成自我强化机制。

所以战略聚焦于两点：其一，必须达到用户基数的临界点，即关键规模，在此之前则是"鸡生蛋"与"蛋生鸡"悖论，即如果预期的网络规模过小将无法吸引消费者进入，反之，因为没有消费者愿意加入这个网络，则该网络的预期规模将会很小。所以要不惜代价地速达关键规模（Get Big Fast，

GBF），率先触发正反馈。因而新经济企业一般在前期会经历与对手争夺临界点的亏损阶段，之后才能步入正轨。其二，需要路径依赖与锁定效应的存在，以增加个人转移成本与全社会总转移成本，否则消费者会轻易地从一个网络转至另一个网络。

第二战略：供给侧视角。从工业文明以"推"为主的效率导向，转为信息文明以"拉"为主的大规模、低成本且同时个性化、多元化的效用导向。

在工业文明时代，无论是大众市场还是细分阶段，信息不对称的优势都掌握在企业手里，企业的思维模式是 Inside-out，即"我们生产什么，用户接受什么"。而信息文明消弭了信息不对称，主动权则在用户手里，他们可以在网上查到所有商品、价格、评价信息，比较后才做出选择，对企业的挑战是须转至 Outside-in 模式，以"你是谁""你需要什么""我们如何才能帮助你"为设计起点，世界走到了以客户为中心的小众与个性消费时代。

战略之地域视角——"中央军"与"地方军"。总体上，不妨将总部处于北上广深的企业定义为"中央军"，其他则为"地方军"。"两军"的"首脑"基本在同一档次，关键区别是"地方军"自副总往下比"中央军"的同级为弱，越往下衰减得越厉害。因为人往高处走，从农村到城市，从区县重点到省市重点，从 211 到 985，到"2+7"，然后人才大都沉淀在一线城市，或二线城市中的一线如杭州、南京、成都等，亦即"中央军"的竞争优势是能长期地获得来自全国各地的多样化的人才。不妨以福建最大的互联网公司网龙为例。

案例

地方军的战略路径——从福建网龙引申

不算 B2B 型靠社会资源的企业，B2C 纯市场型"地方军"成功的根源一般在于创始人的眼光。我因 2009—2013 年每年都会给网龙讲一次课并参与他们的产品评审，故得以从容地与其中高层交流。网龙创始人刘德建，员工称其 DJ，其人生第一桶金是因为在不断试错创业方向的过程中碰巧撞上了网游。彼时 2000 年，对网游的需求早已存在但产品供给不足，属于很多人梦寐以求的"蓝海"。网龙于2001—2003年发布的第一款产品《幻灵游侠》一炮走红。

有次课后DJ宴请,聊到这款自己主创的开山之作,先是嘴角水平一咧,红彤彤的笑容夺面喷出,紧接着嘴角垂直一抿,把笑出去的肌肉归位做不屑状,余笑仍嵌套话中:"现在再看这款,太差了,当时钱怎么就不停地进来!"然后公司陆续推出第二款产品《征服》、第三款"镇司之宝"《魔域》,并于2007年一举在香港上市。

下一步怎么办?网龙再接再厉,继续在网游攻城。不幸的是,2007—2008年,网游瞬间变成了"红海",产品供过于求,竞争极其残酷——甚至"中央军"腾讯跑到其公司马路对面以薪资翻两三倍挖聘。最终网龙大多数的自主研发失败,甚至由DJ领衔主创、投资两亿多元、请周星驰代言的产品也败北。(注:我一般采访会考察一款最成功和一款最失败的产品并做对比分析,在和DJ聊之前其实已采访了几位副总裁和总监,做足了功课,大家公认DJ负责的那款最失败,等问DJ时,DJ顾左右而独不言这款,兜几圈后总算诱导他回到了这款。)

是继续在网游"红海"中打拼,还是另辟"蓝海"蹊径?DJ又撞对了后者。时值2007年iPhone、2008年安卓揭幕移动互联网,DJ因把玩iPhone不便而以极低的价格收购了一家创业团队开发的91手机助手来连接PC与手机。91手机助手后来演进为两个平台上最大的应用分发渠道,于2013年被百度以19亿美元收购,网龙梅开二度。

晚饭后和DJ继续聊,探讨网龙的成功之道,结论是:在行业初期创始人通过直觉,以机会主义的"游击战"赌对了"蓝海",一旦行业走进"红海"转入战略主义的"阵地战"硬拼产品时,"地方军"从长期来看很难打过"中央军",因产品是自我的投影,产品之争实则是可持续、结构化的人才之争。

"地方军"总战略奇正结合:守正是守住"老根据地"(如网游),驻守存量创新,如《魔域》的主创云飞是我首期培训学员,勤于思辨,在吃饭聊天时,他告知通过大规模数据挖掘分析玩家流失原因,在流失点挖潜翻新,最后居然召回了几千万人次的流失客户,实现了网游业务的二次增长并使得

第六部分 "上中下"——人类的行为过程模型"观念—结构—实现"

网龙股价翻了几番。而出奇是主攻新"蓝海"（如当时的移动互联网），当然这要求创始人能持续发现下一个机遇，而这正是"地方军"的命门。

机遇能把握一两次已经难能可贵了（参考"一命"），怎么可能永立潮头？以同省的夏新电子为例，20世纪80年代其录像机红遍中国南部；后来发展势头减弱逐渐衰退，90年代末抓住VCD兴起时机而死里逃生；但VCD很快又不行了，之后夏新电子投资2亿元于新兴的无绳电话、家庭影院等皆遭失利，2001年收到风险退市警示。2002年手机兴起，夏新电子成为最后拿到生产牌照的公司，因一款A8手机而二次涅槃。2003年夏新电子展开"3C"布局，产品涵盖通信、信息技术和家电，皆遭失利，2007年二度收到退市风险警示，最终于2009年因资不抵债而申请破产保护。

最后回到网龙的正反合，我称之为"系统化的机会主义"，即在高度不确定性的时代与领域不断试错、广种薄收，网龙成为各个小产品的试验地，最多时有200多款产品在同步开发中。当然这又存在不能集中优势兵力强攻一点的问题，所以我的结论是："地方军"不可持续。

战略之个体视角——"小""自"辈。托马斯·弗里德曼在其著作《世界是平的》(*The World is Flat*)中提出，全球化的历史在1492—1800年是"全球化1.0"，力量来自国家；在1800—2000年是"全球化2.0"，力量来自跨国企业；从2000年起进入"全球化3.0"，力量来自个人，正所谓小即是美。[5]

2016年年初，党中央机关刊物《求是》杂志社主办的《小康》杂志联合清华大学媒介调查实验室统计中国小康指数，最具幸福感的职业排行从高到低如下。其中影响职业幸福感的十大因素是收入、个人能力体现、个人发展空间、职场人际关系、个人兴趣的实现、福利、工作为自己带来的社会声望、领导对自己的看法、职位高低、单位实力。①

---

① 中国小康指数年鉴：www.chinaxiaokang.com/zhongguoxiaokangzhishu/；职业排行：www.chinaxiaokang.com/zhongguoxiaokangzhishu/ndxkzs/2014zgxkzs/xf/2017/0116/159424_4.html，访问时间：2020年4月。

- 2015年：**自由职业者（第一）**、教师、政府官员、艺术工作者、普通公务员、导游、民营企业家、健身教练、演员、创业者
- 2014年：政府官员、高管、教师、**自由职业者（第四）**、艺术工作者、普通公务员、金融工作者、演员、民营企业家、工程师
- 2013年，教师、政府官员、高管、艺术工作者、普通公务员、**自由职业者（第六）**
- 2012年，普通公务员、政府官员、教师、艺术工作者、高管、**自由职业者（第六）**

排名隐藏了职业观念，要不然是社会地位高，如教师、公务员，要不然是经济收入高，如高管、企业家、工程师、演员等。唯自由职业者似乎两不沾，却稳扎稳打、步步前驱，为什么？

主因应是跟随改革开放一起成长起来的新人进入了社会，他们生长在相对富足的环境，如美国二战之后的"婴儿潮"一代，更多关注的是幸福感与个人兴趣及自我实现的价值，而非上一代关注的生存。此外应是随着网络技术的发展，各种新职业如雨后春笋般涌现，如自媒体人、"大V"、直播网红、网店微商、网约车司机、外卖小哥、创客等。

例如，2015年前央视主播柴静自导的关于雾霾的视频《穹顶之下》，两天内点播量破两亿，个体力量甚至超越了跨国企业和国家；2018年现象级网红的"带货一哥"李佳琪刷屏全网；2019年田园牧歌式的短视频博主李子柒，在本书写作的2020年3月，她在YouTube上的粉丝数超过930万，走向了世界……"小""自"辈时代正在到来。

这是否体现了现代人类对于"独立之精神、自由之思想"的渴求？在拙著《跨界引爆创新：唐诗+互联网=企业创新》里，我将个人精神的崛起作为唐诗"产品"大面积创新成功的第一要素，因为尽管唐朝民富国强，可史上其他时代如文景之治、康乾盛世，也不是没有"皇上圣明"过，为什么是唐代特别是盛唐才出现"文质相炳焕，众星罗秋旻"的景致？

因为人是创新创造的原点，没有个体的思想恢张、观念阔达、个性畅扬、

第六部分　"上中下"——人类的行为过程模型"观念—结构—实现"

心游万韧，一切创新创造都是水月镜花，只能等待个体某种"一命"的基因突变……而这是否就是**战略的哲学视角**：人类的各种约束——时代约束、环境约束、资源与能力约束——与人性渴望自由之间的根本矛盾，或曰，战略是竞争自由的方式？

本章参考文献

[1] 钮先钟.历史与战略[M].上海：文汇出版社，2016.

[2] 〔美〕艾尔弗雷德·D.钱德勒.战略与结构：美国工商企业成长的若干篇章[M].云南：云南人民出版社，2002：15.

[3] 〔美〕哈罗德·埃文斯，盖尔·巴克兰，戴维·列菲.他们创造了美国[M].倪波，蒲定东，高华斌，玉书，译.北京：中信出版社，2013：343.

[4] 〔美〕亨利·福特.我的生活与工作[M].梓浪，莫丽芸，译.北京：北京邮电大学出版社，2005.

[5] 〔美〕托马斯·弗里德曼.世界是平的[M].何帆，肖莹莹，郝正非，译.湖南：湖南科学技术出版社，2006.

第 18 章

"形而下"：资源与能力的配置效率与使用效率

《孙子兵法》曰："凡战者，以正合，以奇胜……奇正之变，无穷如天地，不竭如江河。"以"正合"或"守正"指常规套路，以"奇胜"或"出奇"指创新制胜，这是在"枢而中"的结构层面。它也可用在"形而下"的实现层面，指资源配置与资源使用。不妨看汉初三名将李广、程不识、周亚夫：

"但使龙城飞将在，不教胡马渡阴山""君不见沙场征战苦，至今犹忆李将军"。唐代诗人王昌龄和高适诗中的李广，以骁勇善战扬名天下，然而一生戎马，却"李广难封"，令人唏嘘。王维为此愤愤不平："卫青不败由天幸，李广无封缘数奇。"

李广为什么不被封侯？《史记·李将军列传》将他与程不识对比：在出兵攻打匈奴时，李广行军没有严格的队列和阵势，逐水草丰茂处扎营，人人都感便利，晚上也不打更自卫，幕府简化各种文书簿册，但他远远地布置了哨兵，所以不曾遭到危险。程不识对队伍的编制、行军队列、驻营阵势等要求严格，夜里打更，文书军吏处理公文簿册要到天明而得不到休息，但也不曾遇到危险。程不识评曰：李广治兵简便易行，但敌人如果突袭，他则无法阻挡。他的士卒倒也安逸快乐，都甘为其拼死。我军虽军务纷繁忙乱，但敌人不敢侵犯。

李广强于战斗突袭而疏于战役指挥，是斗将而非大将。而程不识严谨稳重，但他从不会出奇，所以其部从未打过大胜仗，但也从未打过大败仗。从经营视角来看，李广长于运营，灵活多变，不拘一格；程不识长于管理，遵循规章，求真务实。李广长于资源的使用效率，但一个缺乏管理的企业必定缺乏持续竞争力；程不识长于资源的配置效率，然而缺乏对机遇把握的企业则缺乏活

第六部分 "上中下"——人类的行为过程模型"观念—结构—实现"

力和爆发力；两人可谓各执一端。

"风劲角弓鸣，将军猎渭城。草枯鹰眼疾，雪尽马蹄轻。忽过新丰市，还归细柳营。"王维描写的周亚夫，因屯军细柳、军令严整而获文帝赞称"真将军"，临终嘱托景帝，"即有缓急，周亚夫真可任将兵"。不久吴楚七国之乱爆发，周亚夫出任太尉平叛，提出战略"楚兵剽轻，难与争锋。愿以梁委之，绝其粮道，乃可制"。于是以梁国为诱，以正合吸引叛军主力，汉军主力接而不打，耗敌锐气，然后突遣奇兵侧翼断敌粮道，一战乾坤。"回看射雕处，千里暮云平"，太史公评曰"亚夫之用兵，持威重，执坚刃，穰苴曷有加焉！"

可见，奇正一体两面。《唐李问对·卷上》中，李卫公对《孙子兵法》仅限于"以奇胜"之上更进一步，"善用兵者，无不正，无不奇，使敌莫测，故正亦胜，奇亦胜"，使奇正达到了辩证统一的高度。诺贝尔经济学奖得主罗纳德·科斯提出了企业的本质是资源配置与使用的机制，故对企业而言，在执行层面，配置效率与使用效率是奇正的一体两面。

"形而下"的执行总纲：提升资源与能力的配置效率与使用效率。我用第三工具作图，如18-1所示。配置效率一般自上而下统筹，使用效率一般自下而上在运营中持续完善，同时配置效率要优先于使用效率。

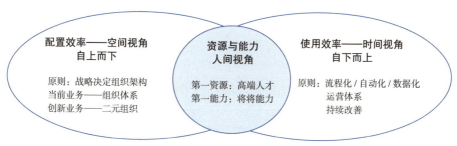

图18-1 "形而下"的执行总纲：提升资源与能力的配置效率与使用效率

其中，资源指组织可以控制或利用以实现愿景的一切东西，包括有形的人财物，无形的品牌商誉、知识产权、专利技术、市场地位、实践经验、关系网络、客户资源等。而能力指利用资源的系列活动，包括解决问题的局部能力及整合能力。C. K. 普拉哈拉德（C·K. Prahalad）和迈克尔·哈默（Michael

Hammer)提出了核心竞争力,指组织内一系列知识、技能、流程、体制、文化和领导力的有机结合而形成的综合能力,是不易被对手效仿又能给客户带来价值的独特能力。

在所有的资源与能力当中,高端人才是第一资源,驾驭高端人才的将将能力是第一能力。中国第一个白手起家者刘邦,创业成功后自评其根源就是将将三杰:"运筹帷幄之中,决胜千里之外"的战略家张良,"镇国家、抚百姓、给馈赏、不绝粮道"的"首席运营官"萧何,"连百万之众,战必胜,攻必取"的"营销副总"韩信。是谓"兵熊熊一个,将熊熊一窝",有了高端人才就可以掌控甚至创造其他一切资源与能力。本章概述组织体系、运营体系和将将力。

资源与能力的配置效率:组织体系与二元组织

组织能力是一个企业持续而又不易被模仿的竞争优势,一般按战略决定组织的原则。我用第三工具做其在工业时代的正反合,如图 18-2 所示。如福特汽车与通用汽车之争,福特汽车的战略是面向大众市场的规模经济,于是采用了职能型科层制组织,属于中央集权控制,对应于图 18-2 中的 A 态。通用汽车的战略是面向多样化的细分市场生产不同类型的产品,是范围经济,于是采用了多事业部建制,属于分权的结构,对应图 18-2 中的 E 态。另外宝洁创立了矩阵型组织,当今软件与互联网行业多采用这种混权形态。其中,偏向 A 态的,即项目或产品主要由职能经理来管理的,是弱矩阵 B 态;偏向 E 态的,即项目或产品主要由项目经理或产品经理来管理的,是强矩阵 D 态;二者同权的是平衡矩阵 C 态。

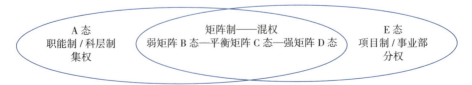

图 18-2　工业时代组织架构的正反合

第六部分 "上中下"——人类的行为过程模型"观念—结构—实现"

统计规律：组织形态对产品成败影响显著。管理学者劳尔森和戈布理于1988—1989年随机给美国项目管理协会的855个企业成员做了一份调查，回馈样本546个，如表18-1所示。其中最成功者采用的是C、D、E三态。细节方面，A态在所有方面都差，A态或B态开发产品的成功率远比其他三态要低，D态或E态在完成进度方面比C态要好得多，D态在控制成本方面比E态要好。

表18-1 组织形态对产品成败的影响

结果 组织结构	样本数	平均标准差			
		控制成本	完成进度	质量性能	总体结果
A态职能型组织	71	1.76 (0.83)	1.77 (0.83)	2.30 (0.77)	1.96 (0.84)
B态弱矩阵	142	1.91 (0.77)	2.00 (0.85)	2.37 (0.73)	2.21 (0.75)
C态平衡矩阵	90	2.39 (0.73)	2.15 (0.82)	2.64 (0.61)	2.52 (0.61)
D态强矩阵	156	2.64 (0.76)	2.30 (0.79)	2.67 (0.57)	2.54 (0.66)
E态项目型组织	87	2.22 (0.82)	2.32 (0.80)	2.64 (0.61)	2.52 (0.70)
总样本数	546	2.12 (0.79)	2.14 (0.83)	2.53 (0.66)	2.38 (0.70)
F统计		10.38	6.94	7.42	11.45
结果		A,B<C,D,E; E<D	A,B<C<D,E	A,B<C,D,E	A,B<C,D,E

二元组织：最适于创新的组织形态。斯坦福大学教授查尔斯·奥赖利三世（Charles O'Reilly Ⅲ）和哈佛大学教授迈克尔·图什曼（Michael Tushman）研究了9个行业的35次推行产品或服务创新，发现了四种组织方式[2]：在现有的职能结构中进行创新业务并完全融入到常规的组织结构中的有7次，1/4成功；组建跨职能团队（即在现有的组织结构内运作，但不受现有的管理层管理）的有9次，全部失败；无支持团队形式（即脱离现有的组织和管理层，组建了独立的业务单位）的有4次，全部失败；并联型组织（即为创新业务设立独立部门并构建自己的流程、结构和文化，但受现有高管管理）15次，90%以上成功。

结论是：最适于创新的组织形态是并联型组织！同时需要把当前业务与创新业务统筹兼顾的高管；即使自己不是兼顾型高管，也须坚定奉行并联型战略；高管必须坚持不懈地宣传一个明晰而具有说服力的愿景，这些愿景能给员工一个全面的目标，使得挖掘老业务的潜力和开拓新业务并行不悖。

综上研究，以及"一命"的基因和体制机制，建立双轮驱动的组织创新矩阵，如表18-2所示。

表 18-2　创新的组织适配：二元组织

组织创新方法	当前业务（"实在性"）	创新业务（"否定性"）	
		与"一命"吻合	与"一命"不符
分散法：将创新人员分散到现有的组织结构中	当前主流组织的"一命"： • 效率优先 • 运营导向 • 量化考核 • 厌恶风险	大约"二八"原则，两成左右的成功率	失败：传统业务轻易地主宰创新业务，创新业务很难在组织中找到归属
集中法：将创新团队集中管理，此为二元体制，如临时项目组、独立事业部，或独立法人企业； 另须处理好新旧业务矛盾		二元组织体制，可以一元机制但须留培育期，建议二元机制	二元组织体制，也必须二元机制 • 创新负责人应有新业务基因或能协调调动资源 • 创新组织从零开始独立组建，构建自己的流程、结构和文化

例如汉武帝让李广、程不识负责传统业务，任命卫青为创新业务的一把手。卫青的特质包括：马夫出身，具有新业务基因；曾平定闽王叛乱，在行业中证明过领导力；有关键资源，姐姐卫子夫是皇后；从零开始独立组建组织。此后宋岳飞抗金、明戚继光荡倭、清曾国藩平洪杨，包括招募、训练、战术设计、后勤补给等均从零做起，创造全新组织。

企业方面，主动为之的如华为。华为的初始成功是基于运营商业务，具有典型的B2B基因，随着该业务在全球的逐步覆盖完成，其企业战略拆分为：一是维持运营商业务；二是拓展到企业业务，如行业解决方案等，这符合其"一命"；三是终端消费者业务，这是典型的B2C。从B2B到B2C，如何"转基因"？关于这个问题，我对华为某业务线CTO（首席技术官）和负责人，复旦大学和长江商学院的EMBA的两位学员做过实证采访。

华为的手机业务缘起于2003年与阿联酋运营商的3G业务，为运营商配套手机，由此成立了终端事业部，当然只是为客户定制并贴牌生产，这正是

第六部分 "上中下"——人类的行为过程模型"观念—结构—实现"

从 B2B 转型到 B2C 的正反合中态——B2B2C，即后端的渠道销售由运营商完成，华为只是负责中端流程（把手机做出来），以及前端流程（供应链整合等）。最高明的是此时华为布局了手机芯片的研发，即后来的海思半导体，所以华为手机的成功是战略的成功。这个模式持续到 2010 年，因 2008 年全球金融海啸重创运营商业务，于是手机业务升格为企业战略，又恰逢安卓系统爆发的"天时"，最终平滑地完成了转型。

无意为之却符合组织创新成功要素的如腾讯微信。基于与腾讯企业学员的课后交流，我总结其成功要素如下：首先，微信团队不是亲生的，是被收购的 Foxmail 团队；其次，团队在广州，与总部深圳物理分隔；再次，微信团队是研究院性质，没有绩效压力；最后，微信团队先斩后奏，彼时美国已有产品出现，团队在尾随并做到一定规模后才报批，形成了与深圳 QQ 团队、成都团队的内部竞争格局，客观上形成了二元体制、二元机制的独立环境。

总之，企业发展的最终呈现，必然是当前业务"实在性"与创新业务"否定性"的二元组织的双轮驱动。前者强调运营效率、价值链协同等，后者强调大胆试错、变革转型；前者主守、封住底线，后者主攻、冲击顶线；前者需要管理者，后者需要领导者。

特别强调的是，我曾评审上百家企业，亲眼见到新旧业务的冲突，甚至在评审过程中两派也是唇枪舌剑，这不仅涉及新旧观念、技术、流程、文化等方面的冲突，更涉及利益冲突。因为老业务的高管担心新业务的导入会影响自己的地位，而普通员工对老产品的情感更深并担心被新产品取代，特别是从事新业务的刚入职新员工的收入普遍高出在公司多年的老员工；加之老产品仍是企业当前的现金牛，于是企业资源会自觉不自觉地向老产品倾斜，而刚刚起步的新业务又迫切需要资源的支持。所以，原则上二元组织不要在一起办公，应进行物理上的分隔。

互联网时代的新型组织。生产关系的发展需要适配生产力的发展。农业文明时代为小农经济、男耕女织，家庭是主要的组织形态，协同一般是通过家族的血缘协同或村镇的范围协同，采用的是一种类似于自组织的模式。工业文明时代的机器大生产需要集中，于是企业这种集中型的组织形态开始出现。当今信息文明时代，"云网端"所具有的分布式、网络化的特征，导致企业的边界与原有的价值链模糊化，相应的生产关系聚散随网，又回到了生物性自组织的特征，依然是在集中之上。我用第三工具加以总结，如图 18-3 所示。

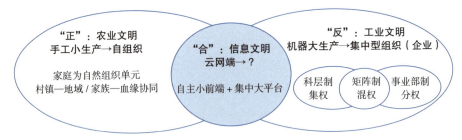

图 18-3　组织形态的历史演进逻辑

前端越来越自主，如企业外部的"小""自"辈崛起，企业内部如独立结算的"阿米巴"也开始流行；后端的云计算、大数据呈现越来越集中化的趋势，如大型网络平台或企业作为平台，如此可以同时满足大规模与个性化的用户需求。二者的结合反映在生产关系上，则为"小前端+大平台"模式。我用第三工具作图，如图 18-4 所示。

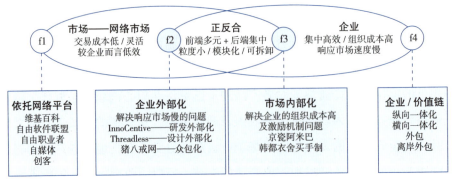

图 18-4　当今时代的组织模式分类

因为企业与市场都是资源配置的机制，企业端的优势在于集中化的效率，劣势则在于层级结构必然导致对市场变化的反应不够。而市场虽然扁平化且灵活，然而与企业相比执行效率不足。当今移动网络解决了市场端连接的效率问题，于是企业与市场（包括网络市场）二者开始互相融合，边界逐渐模糊，

第六部分 "上中下"——人类的行为过程模型"观念—结构—实现"

反映在图18-4中就是市场内部化与企业外部化，最终的方向应是从传统的机械型组织转变为生物型组织，通过分布式、自组织的复杂系统应对环境的复杂变化，从"以不变应万变"转为"以变应变"。

市场内部化——阿米巴作为小前端＋企业作为大平台。"阿米巴"模式是日本经营之神稻盛和夫在京瓷的实践，其实中国农业文明几千年及改革开放伊始的家庭联产承包责任制就是这个模式。该模式将整个组织分割成多个被称为"阿米巴"的自主经营体，由几人到几十人组成不等，每个"阿米巴"都是独立核算的利润中心，按小企业的方式独立经营，自食其力、自负盈亏，对外通过与市场直接联系的独立核算制进行运营，小组间则基于内部财务机制开展合作，小组也可分拆组合，从而实现了以奋斗者为本、全员参与、培养内部企业家的经营理念，把"要我干"变为"我要干"，于是企业＝自主经营体＋经营会计体系＋多层级合伙人制，成为平台公司。

企业外部化。企业可将非核心业务或非持续性的项目型业务发包出去以降低成本和提升效率，如传统外包和网络众包。网络众包指企业将此前由员工执行的工作通过互联网发包给市场上的专业人士或服务公司。中国最大的企业综合服务众包平台是创业于2006年的猪八戒网，我于2019年10月在其重庆总部进行实地调研访问，与其联合创始人，也是长江商学院EMBA第32期学员刘川郁进行了交流。

猪八戒网的模式探索可谓筚路蓝缕，起初是通过撮合企业与服务商进行20%的交易抽成，但企业服务一般都是个性化、非标准化的低频服务，且既分散又不专业，事实证明了抽佣是伪命题：服务商认为抽佣过高，客户希望服务商拿全额以便尽力，且买卖双方对接后常甩开平台。于是继续试错：悬赏模式、招标模式……直到反者道之动，战略重心从买家转为卖家的店铺模式，即服务商在猪八戒网开设店铺，平台收取会员费与广告费才告一段落。平台能"造血"之后，因为累积了千万家企业客户和逾1 400万服务商或专业人才，基于海量的大数据分析，先后拓展出了知识产权、财税、严选、印刷等垂直高频业务，例如其知识产权服务仅上线一年就创下国家工商行政管理总局商标局（现国家知识产权局商标局）平均单日注册量之最。猪八戒网继续"反者道之动"是到线下,即"互联网+现代服务业园区",平台在全国近百个城市建立了双创孵化园区,形成了上千种企业服务并覆盖全生命周期。

百尺竿头,再创一步。川郁特别提及,猪八戒网正在尝试从服务交易平台升级为灵活用工平台,亦即对企业而言,核心业务用全职员工,其他业务在线灵活用工,平台支持按项目外包制、按时间找人、按人力外派、按线上数字化等各类灵活用工方式,并为这种方式解决合法缴纳税收问题,即资源整合的"粒度"从企业级变为个体级,从而对接本书第17章提及的"小""自"辈的自由职业时代。

自组织与中央集权。国史上两大组织形式——周公的分封制(相当于企业的加盟连锁)和商鞅变法的郡县制(相当于总公司—分/子公司模式)成为千年范式。

然而,诺贝尔化学奖得主伊利亚·普里戈金(Ilya Prigogine)引用了三位学者给欧盟的报告:"自然界中的组织不应也不能通过中央管理得以维持,秩序只有通过自组织才能维持。自组织系统能够适应普遍的环境,即系统以热力学响应对环境中的变化作出反应,此种响应使系统变得异常地柔韧且鲁棒,以抗衡外部的扰动。我们想指出,自组织系统比传统人类技术优越,传统人类技术仔细地回避复杂性,分层地管理几乎所有的技术过程。"[3]

不过我想指出,如果说人类早期的自组织是一种无意识,则清教徒在1620年乘"五月花"号登陆美洲大陆前签署的《五月花号公约》就是一种自组织的意识自觉,即建立一个基于被管理者同意的依法而行的自治团体,彼时的欧洲尚是王权与神权并行统治的时代。

资源与能力的使用效率:运营与过程管理

"枢而中"的战略与模式决定了"形而下"的实现与运营,包括资源与能力的空间配置与时间使用。落地的先后顺序可参照《孙子兵法》中"善战者,胜于易胜者也"的大原则,先易后难,特别要选好第一突破口,成功后方可形成方法及可复制流程,形成新的绩效考核体系,再以点带面,逐步完成其

第六部分 "上中下"——人类的行为过程模型"观念—结构—实现"

他部分,从而"以空间换时间,积小胜为大胜"。

如果说自上而下叫设计与实施,产品完成后上线则称运营与迭代。运营的本质是自下而上地通过产品与用户对话,是试错、反馈、持续改进和完善的测试版,是不断加强目标用户认知的长期过程。因而,好产品既是设计出来的,也是运营出来的,二者正反合共同演化。此时,运营部门从市场获得用户使用产品的真实情况,然后产品与技术部门快速迭代升级,功能与服务、体验平衡发展,功能吸引用户,服务与体验黏住用户,一切以用户价值为归依,让产品或服务成为用户信任和依赖的朋友,以此建立口碑,其运营结构如图18-5所示。

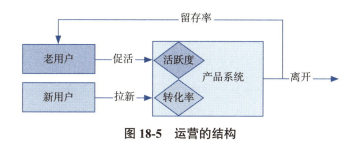

图18-5 运营的结构

运营的目标是吸引新用户、留存老用户及促使用户活跃度的提升,方法诸如:市场运营,通过花钱或不花钱的方式对产品进行宣传;用户运营,贴近、团结、引导用户;内容运营,将用户创造或自己采编的高质量内容加以传播;社区运营,通过干预以活跃整个社区;商务运营,通过互惠互利的合作拉新;数据运营,获取用户网上行为与特征大数据等,不一而足。

运营要以流程为基础。日出而作、日落而息,遵循"土肥水种密保管工"八字"宪法",如果说农业文明时代有事件列表,但流程不是特别清晰,则工业文明时代的制造业是严密的全流程,包括流水线、精益生产、"六西格玛"等,而信息文明时代有大流程却不像工业文明时代那么精密,待本书第23章再论。

当然,过犹不及。世上没有十全十美的流程,需要在两个极端——完全无流程与过于严格的流程之间正反合,通过兼容并包、实践为本的原则找到与企业"一命"相匹配的均衡点。

运营要以数据为启迪。西方俗语有言,除了上帝,任何人都须用数据说话。基于数据挖掘与分析是企业提升运营效率的最重要工具。例如互联网公司推出新功能时多采用 A/B 测试,同时推出一个功能的两个版本给不同的用户群,根据数据反馈再决定下一步。

当然,过犹不及。Facebook 总结其成功原因是 "data-informed,NOT data driven"(数据启迪,但不能数据驱动)。因为不管数据多好都有其局限,它们只是现实的快照而非全貌。2004 年,Facebook 问世时只是简单的档案交互,用户编辑自己的档案并查看别人的档案。2006 年 9 月,News Feed 动态消息功能上线,用户能收到所关注的朋友的状态更新,将静态浏览模式一举变革为信息流交互的动态行为模式,在美国引发关于隐私的巨大争议,运营数据十分难看。但 Facebook 顶住舆论压力,没有放弃,这成为它一飞冲天的转折点。

运营要以至善为目标。如果西方文化是结果导向,那么日本文化强调过程导向的持续改善(Kaizen),联想称之为"复盘",微软称之为"验尸"(Postmordem),即在产品进行到里程碑或完全结束时,团队成员坐下来开诚布公地剖析从目标、计划到实施的所有问题,如原来预想如何,实际结果如何,为什么那样,展开头脑风暴分析原因,识别是主观原因还是客观原因,每个人都通过经验分享,剖析自己,挖掘出隐性的经验知识,并最后形成文字资料进行存档。

当然,过犹不及。改善或复盘本身就意味着是在一个既定格局内,它可能会丧失开创崭新格局的视野。日本企业以索尼为例,其笔记本、平板电脑等外观时尚典雅,工艺媲美苹果,然而整个日本电子行业却错失了互联网大潮。中国企业以联想为例,其仍在"贸"与"工"的格局内复盘,一一错失互联网、云计算、智能手机等大格局。所以改善的活动突破现有格局,并通过集思广益找到创新点,方是更高的境界。

第六部分 "上中下"——人类的行为过程模型"观念—结构—实现"

将将:"世事洞明皆学问,人情练达即文章"之根本——人以利动

1995年,我第一次去江西临川,瞻仰宋朝名相王安石故居。那年从南昌到临川的公路正在整修,一百多公里的路颠簸了五六个小时才到,就像王安石变法一样满是艰辛。

"不畏浮云遮望眼,自缘身在最高层",王安石在"形而上"层面人品高蹈,他不堪苍生受难,初心狂狷,铁肩担道,"天变不足畏,祖宗不足法,人言不足恤"。同时他在"枢而中"的结构层面,立意"不加赋而国用足",顶层设计采用了金融创新而超越时代,青苗法、市易法、均输法等,都是宏大叙事。

可惜了"形而下"的实施。王安石显然是书生治国,基层历练不够,未能搭建一个班底和高效的运营体系,识人用人极差,只要赞同变法就吸纳,只要跟他做事就庇护,其团队成员大多并非认同其变法理念,只是想借机升官发财,以至于后来王安石一被罢黜,这些人立刻落井下石。另外,王安石急于求成,将变法推广全国,但在实施前未充分宣传,实施时试点不足,运营中反省不够,再加上基层敷衍哄瞒,村骗乡,乡骗县,一直骗到宰相院,由此引发激烈的党争。而以司马光为首的旧党也是人品才识俱佳;王安石绰号"拗相公",执拗固执,缺乏与旧党耐心细致的沟通,最终变法失败。

2014年暑假,我二赴临川,此次携孩子同往,对其讲解前因后果,并与明朝张居正变法类比。张居正同样初心狂狷,"不但一时之毁誉不关于虑,即万世之是非,亦所弗计也",但他熟谙人性,与秉笔太监冯保、幼帝万历的母后组成了变法保障三人组;在班底构成上,将将功夫一流,戚继光、潘季驯等一时之选悉归麾下;更首创考成法进行绩效考核等组织创新而纲举目张,可惜人亡政熄。

《唐李问对·卷中》中,李卫公总结《孙子兵法》,"千章万句,不出

乎'致人而不致于人'而已"。如何做到？"利害"二字而已。合于利而动，不合于利而止。智者千虑，必杂于利害。人类历史上，人们参与事业的动机，应该说少数是为了理想的，如西方的耶稣、苏格拉底等，中华民族的孔子、杜甫、王安石、王阳明、曾国藩等，而绝大多数则是"人以利动"。

何谓"人以利动"？曾国藩早年以道义号召天下，认为自己振臂一呼，应者云集，没想到最初投奔他的人都去了胡林翼处，于是问幕僚赵烈文："众皆出我下，奈何尽归胡公？"赵答："人皆有私，不能官，不得财，不走何待？"曾问："当如何？"赵答："集众人之私者，可成一人之公！"曾闻之甚然。由此建立机制，对有功的部下大力奖赏或保荐为官，于是幕府大盛，人才济济。

这就是价值理性与工具理性的张力。人类本性趋利避害，个体追求止于至善固然崇高，但对群体则要宽容大多数人的庸常动机——讨个富贵而已。君子做事常不成功乃因对他人的德行过于苛严，欠缺人以利动之变通。《韩非子·显学》总结，"宰相必起于州部，猛将必发于卒武"，其因，我认为首先是在基层历练出一眼看透利益格局的洞察力及处理人际摩擦的练达力，最终在持续的经验大数据累积中生出领域直觉力和时机判断力。

2019年7月15日上午，我收到长江商学院EMBA第31期3班班主任提交的作业，下午得空阅评，读到前《中国经济时报》调查记者、现大爱清尘公益基金发起人王克勤学员的作业时，为其惊心动魄的"揭黑"经历感动得热泪盈盈，也对基层那些毫无底线的人与事怒不可遏，当即一挥而就以下小诗。

《七律·诗赠国士王君克勤
倒转牛顿定律 $a=F/m \rightarrow a$ 是大斧除小虻》
2019年7月15日

虽始发于万岁蒙，调查记者善慈终。

克勤克黑仁非苟，悲国悲民物与同。

有且仅有清尘世，今匪斯今渡苍生。

但集岁月常回首：a 是大 F 除小 m！

第六部分　"上中下"——人类的行为过程模型"观念—结构—实现"

在第一工具"上中下"中，大家对"形而上"不能达成共识的主因不在观念认同，而在利益。《史记·陈丞相世家》载刘邦问陈平天下何时能定，陈平对比刘邦、项羽，项王为人谦恭有礼，对人爱护，清廉节操之人多归附他。可到了论功行赏、授爵封邑时却又吝于封赏，士人因此又不愿归附。而汉王傲慢缺乏礼仪，清廉节操之人不来归附；但汉王舍得给人爵位食邑，于是那些圆滑好利之徒多归附汉王。如果双方取长补短，则天下挥手即定。交叉考证：《史记·淮阴侯列传》载韩信问刘邦与项羽比如何，刘邦说不如，韩信也认为不如，但指出项羽的最大问题是妇人之仁！即项羽待人恭敬慈爱，言语温和，人若生病，心疼得流泪，将自己的饮食分享，但若人立下战功该加官进爵时，他把刻好的官印玩磨到失去棱角都舍不得给。

本书第 13 章用"一命"概括企业机制，即财散人聚，其本质是创始人的格局。不妨审视一个典型的民营企业，其成长路径基本上是创业后靠抓住机遇创造出了竞争优势后崛兴，随着企业不断做大做强而获得了一言九鼎的权威，之后如伊卡洛斯开始自我膨胀。中国民营企业大都是家长制，权力高度集中于创始人手中，一般奉行非正式控制原则，资源的配置与运营主要依靠其经验、直觉或个性，正式的流程规则和激励机制较少。企业创始人自我膨胀后，原来的忠言开始逆耳，身边不知不觉中形成了一个为各自生存逻辑而依附其上的权力生态。

打下的江山怎么管？给副总授权吧，多授出去怕功高震主，揪心；少授出去则事必躬亲，烦心。副总们的宗派与内斗，从经营视角来看是好事，通过变相的权力制约，达到动态均衡，一切尽在掌握；从管理视角来看是坏事，如三不管处推诿扯皮，一跨部门难以协同，还有元老派与空降派之争……

从资源配置视角来看，组织结构的本质是利益结构。一种体制或制度一旦形成就会形成既得利益者，只有巩固并强化现有制度才能保障其继续获利，哪怕新产品、新制度对全局更有利，他们也会拒绝变革，这就是"屁股决定脑袋"。对个人和组织而言，"一命"是路径依赖：一旦你做出了某种选择，在你选择的道路上不断投入精力、资源等机会成本，惯性的力量会让你不断自我强化，哪怕有一天你发现错了也不会轻易改变，因为背后是对利益的算计，否则前期的投入将成为沉没成本。

格局阔达的创始人是极少数，2019年12月初我约访的传音公司创始人竺兆江先生可为一例，他原是宁波波导手机海外市场的负责人，于2006年创立传音于深圳华强北商业区，那是众所周知的山寨机大本营，为什么当年如火如荼的山寨机市场上只走出了传音一家？传音的创新主要是基于其主打的非洲市场的本地需求（详见本书第20章），其他山寨机也都做到了，所以其成功另有逻辑！

最终我从复旦大学EMBA学员，也是传音高管那里了解到几桩往事：竺总最初在波导公司做销售，后来负责华北区业务，做到了年度区域销量第一，波导发给他个人的200万元奖金，他全部分给了下面的弟兄；2009年公司对账时，账户中多出了100万美元，怎么查也不知所以然，他就任它在账上也不冲销，直到后来客户自己发现多付了，于是马上退回；此外，他对于供应商的钱都严格按照合同条款到期无条件支付，绝不压账，哪怕自己亏损都会成就合作伙伴，不一而足。

竺总不知道我在采访前所做的功课，而这些功课又在采访中与他聊到的其他内容相互印证，例如他提到的传音的发展历程及未来思路，从"行业黑马"到"汗血宝马"、从"千里马平台"到"伯乐寓所"，包括我最为其忧虑的软件战略、智能机战略以及未来中国手机企业大举杀入非洲所面临的激烈竞争等。一言以蔽之，是"形而上"层面分享的经营哲学和阔达格局成就了他。

本章参考文献

[1] T. D. KLASTORIN. Project Management: Tools and Trade-offs [M]. John Wiley & Sons, Inc., 2004: 17-18.

[2] Charles O'Reilly III, Michael Tushman. 并联型组织：推动突破性创新 [J]. 哈佛商业评论（中文版），2005年1月刊.

[3]〔比〕伊利亚·普里戈金. 确定性的终结：时间、混沌与新自然法则 [M]. 湛敏，译. 上海：上海世纪出版集团，2009：56.

第六部分　"上中下"——人类的行为过程模型"观念—结构—实现"

余韵尾声　启示录——极限环境下的人类最小行为

"盖文王拘而演《周易》；仲尼厄而作《春秋》；屈原放逐，乃赋《离骚》；左丘失明，厥有《国语》；孙子膑脚，《兵法》修列；不韦迁蜀，世传《吕览》；韩非囚秦，《说难》《孤愤》；《诗》三百篇，大抵圣贤发愤之所为作也。"太史公在《报任安书》中，笔笔激愤，历陈古圣先贤在受尽屈辱的极限环境中的奋力一搏，自己将效法前辈，以"究天人之际，通古今之变，成一家之言"之使命，愤而著述，而之所以肠一日而九回地隐忍苟活，乃因作品草创未就，绝不轻易赴死。

西方亦然，塞万提斯《堂吉诃德》、笛福《鲁滨逊漂流记》、班扬《天路历程》等都是深陷囹圄之作……以第一工具"上中下"推演，仍是观念、结构与实施。

"形而上"观念。《肖申克的救赎》将极限环境之要旨一语道来："记住，希望即善，或是人生至善，善岂会亡！"即如果个体或组织没有初心狂狷和价值使命，即便拥有一切技能亦同样平庸，只有"恐惧使你囚禁，希望让你自由"。

"枢而中"结构。《报任安书》中的各位先贤，包括太史公本人，都有完成使命的一揽子计划、路径、战略。《肖申克的救赎》应是延续了但丁的《神曲》，以知识与大爱为宇宙人生的结构。

"形而下"实施。身处极限则心无旁骛，全力聚焦于执行。司马迁一写十三载，《肖申克的救赎》中男主角安迪连挖十九年。而常态环境下人们大多难抵诱惑，多元经营，反而导致人生精力与资源的散焦。

第七部分
"左中右"——创新的实体关系模型
"技术推动—产品驱动—需求拉动"

创新创造落地于产品，技术、需求、产品本身是演进的三大动力。技术推动探讨技术创新的来源、约束、本质与路径；需求拉动探讨宏观市场、微观需求及以客户为中心的研发；产品驱动则含产品、服务、体验与设计三部分的创新。

第七部分　"左中右"——创新的实体关系模型"技术推动—产品驱动—需求拉动"

不妨审视磁带、CD（激光唱片）等模拟音乐产品之后的数字音乐的诞生。

"起"：行业起步，技术创新先行。1993年，MP3音频压缩技术诞生，可将一首CD音乐压缩到几兆的容量，互联网兴起后，音乐爱好者将CD音乐转成MP3格式放到网上供人下载，这是最早的数字音乐传播。90年代中后期，P2P（点对点）技术发明，使用者只要安装这套软件，就可以通过一个平台直接连接到另一台也装了这个软件的电脑上复制想要的歌曲。

"承"：技术推动，第一种产品形式——在线下载平台。MP3.com于1997年开张，提供免费音乐下载服务，也为音乐创作者提供作品发布服务，开张首日访问量过万，很快成为在线音乐的领军者。紧接着，基于P2P技术的Napster.com于1999年创立，由于使用的便捷性和完全免费，其用户数2001年年初即达到惊人的6 500万。

"转"：需求拉动，第二种产品形式——硬件播放器。最初的MP3只能由电脑播放，在数字音乐流行后，随时随地欣赏MP3音乐的需求井喷。1998年，韩国世韩公司推出了全球第一台MP3播放器。1998年年底，美国帝盟公司推出了第一款畅销产品Rio 300。随后索尼、三星等进入这一领域。这些播放器使用体积小、容量也小的闪存。

"合"：第三种产品形式——软硬件系统集成。2000年，西门子推出首部内置MP3播放器的6688智能型GSM（全球移动通信系统）新手机，诺基亚、摩托罗拉等跟进，特别是索尼与爱立信联合成立的索爱主打音乐手机。

革命性的苹果iPod + iTunes.com——"产品+服务+体验"集大成。2001年10月，转轮选曲、外观浑然天成的iPod面世，集成了播放器软件及超大容量的东芝1.8英寸5G硬盘，广告语为"1 000首歌装进你的口袋"，还集成了Firewire芯片，可将从网上下载的音乐在电脑与播放器间高速传输。当然用户还需费时费力地从网上搜索音乐下载，不仅品质无法保证，还面临违法。2003年4月，苹果推出iTunes.com在线音乐商店，提供了搜索正版高质量音乐、0.99美元单曲购买、一站式体验的解决方案。2004年1月，苹果推出 iPod mini，2005 年 1 月再推出支持随机播放的 iPod Shuffle，巅峰时占据超七成的市场份额，即苹果的核心竞争力不是从某一项技术突破入手，也不是从某一个需求着眼，而是一种观念与意识，那就是将高新科技整合为大众浅显易用的体验。

第 19 章
"左"之技术推动：科学革命与技术创新

技术推动与需求拉动是人类演进的总路线

一个合理的推演：早期人类为了生存与防卫，最初采用大自然的天然工具——石块和树枝；然后是粗加工的石器和木棒，基于目前的考古发现判断，早在380万年前的旧石器时代，人类开始制作并使用石器。第一个革命性的技术突破是火的使用，火先是来自自然的电闪雷击、火山喷发或草木自燃，后来人类摸索出了人工取火的方式——燧石相击或木木摩擦。同时，语言技术也从呕哑嘲哳中演进。

早期人类最主要的食物来源是采集，捕鱼和狩猎应是辅助性的；有了火之后，水中动物的可食性增加了，捕鱼日益成为重要产业；火带来的熟肉的美味刺激了更多的狩猎需求，火烧制木棒成为木矛，打到的猎物的骨头如骨针等逐步加入工具集合中，第一个系统集成的组合工具——弓箭诞生了。

人性贪婪，狩猎效率的提升导致无节制地捕杀，由此造成食物来源更大的不稳定，于是原始畜牧业诞生，它最初的形式是将猎获的动物驯服饲养。同时原始农业诞生，它来自采集的野生植物的果实。这是人类第一次产业革命，即不是单纯依靠大自然的赐予，而是通过自己的生产、实践与创造，这些发生在距今一万两千年时的新石器时代。

有了原始农业和稳定的食物来源，原来逐水而居、以采集狩猎为生的原始人就开始定居下来，原始村落诞生，而定居的人需要取水、烹饪和存物，于是技术+需求的集成创新——陶器诞生。人们在用土和火烧制陶器的过程中，接触到了金属，冶铜炼铁等技术次第而出，在距今五六千年时，青铜器出现了……青铜时代后期五大文明依次出现：两河文明、古埃及文明、古希腊和古罗马文明、古印度文明、中华文明。我以第三工具"起承转合"作图19-1，上部是技术的演进，下部是科学的演进。

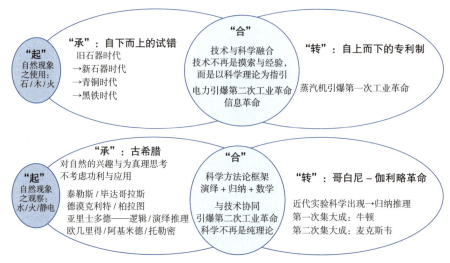

图 19-1　人类技术与科学的"起承转合"

科学诞生与科学革命

为什么第一次科学革命会发生在古希腊？因为人类在直觉与常态上，把从"形而下"经验中获取的知识按其用途来组织，如埃及的三角知识是为了测量土地、造金字塔，中国最早的《九章算术》亦然。只有希腊人出于对宇宙自然的纯粹兴趣产生了一种"形而上"的思维，他们将知识按其内在性质组织，这就是知识的理论形态，于是三角形不再与求土地面积等实用功能关联，而是与其他图形的知识关联，将公理、定理、推论这些关联为一个逻辑体系就形成了几何学这门理论，公元前4世纪欧几里得的《几何原本》是人类第一本科学书。

如果说第一次科学革命发生在古希腊，那么哥白尼革命则是第二次科学革命，其突破口是天文学和数理科学。伽利略奠定了近代科学的方法论基础，即逻辑方法（演绎）、科学实验（归纳）与数学工具三者的结合（注：当代

第七部分 "左中右"——创新的实体关系模型"技术推动—产品驱动—需求拉动"

补充了计算仿真,见本书第 6 章),发展的大致线索如下:

- 16—19 世纪:物理——第谷/开普勒/伽利略/牛顿/麦克斯韦;数学——笛卡尔/牛顿/莱布尼茨;化学——波义耳/道尔顿/门捷列夫;生物学——施莱登/施旺/达尔文等。
- 19 世纪末 20 世纪初:三大发现——X 射线/放射性元素/电子;普朗克/爱因斯坦/德布罗意/海森堡/波尔/薛定谔/狄拉克等。
- 20 世纪:图灵/哥德尔不完全性定律/贝塔朗菲系统论/香农信息论/维纳控制论/普里戈金耗散结构/哈肯协同学/非线性:超循环/突变/混沌/分形学等。
- 基于之上的科学哲学:萨顿、柯瓦雷等奠基/波普尔可证伪/库恩范式/拉卡托斯科研纲领/费耶阿本德科学无政府主义等。

托马斯·库恩以范式总结科学革命的规律:范式奠基常规科学,常规科学在发展中的反常现象不断增多而导致范式危机,范式的多次失败使得原有范式受到怀疑而引爆科学革命,科学革命就是从旧范式向新范式的转换,然后新范式奠基新常规科学,如图 19-2 所示。[1]范式,概言之,就是一个科学共同体的共同信念,是"形而上"的观念,这种信念规定了它们共有的基本观点、基本理论、基本方法等,范式转变意味着世界观的根本改变。

图 19-2 科学革命的结构

从科学革命到技术创新

在第二次工业革命之前,包括瓦特改良蒸汽机引爆的第一次工业革命,技术主要是通过经验与试错,直到以物理和化学为基础的第二次工业革命,科学不再是纯粹理论,而是用于发明或设计新技术、新工艺、新装备;技术不再是单纯的实践试错和经验积累,而是以科学理论为指引的技术创新。技术与科学两大力量从此协同,成为引领人类文明的主导力量。

于是科学革命引发大规模的技术创新,基础技术的突破与各类应用技术的大规模商用又引爆产业革命,形成了经济的价值,作用于社会生活,于是当今人类的创新链路为"科学→技术→生产→经济→社会",循环发展。

从科研→技术→市场的时长。从新科学、新理论、新知识到成为新技术,这个时长不定,长者几百年,如从牛顿提出万有引力定律到航空飞行是近三百年,短者甚至科研与技术开发同步,如 IT 领域的算法研究与工程实施。而从新技术到新产品上市,进而引爆市场,不妨审视工业文明时代以来三百年引领人类的四大行业:

- 第一次工业革命,第一行业纺织业,全在英国:1733 年约翰·凯伊的飞梭,1765 年詹姆斯·哈格里夫斯的珍妮机,1769 年理查德·阿克莱特的水力纺织机,1779 年萨缪尔·克朗普顿的走锭精纺机,后由瓦特蒸汽机驱动,成为现代纺织业的主力机,历时 46 年。
- 第二次工业革命,第一行业汽车业,西方数国接力:1859 年法国勒努瓦的二冲程煤气发动机,1876 年德国奥托的四冲程煤气机,1885 年德国戴姆勒的表面化油器,1886 年德国卡尔·本茨的世界第一辆汽车,1908 年美国福特 T 型车引爆汽车革命,历时 49 年。
- 第一次信息革命,第一行业 PC 业,全在美国:1942 年第二次世界大战快速计算弹道参数的需求导致 1946 年世界第一台计算机 ENIVAC 的诞生,1971 年英特尔微处理器 4004,1975 年《大众电子》报道世

第七部分 "左中右"——创新的实体关系模型"技术推动—产品驱动—需求拉动"

界第一台微机 MITS 公司 Altair 8800 诞生，1977 年 Apple II 推出，1981 年 IBM PC 上市引爆 PC 革命，历时 40 年。
- 第二次信息革命，第一行业互联网业，以美国为主：20 世纪 60 年代初保罗·巴兰和唐纳德·戴维斯创新出分组交换技术，1969 年美国国防部以分组交换技术组建分布式网络 APPANET，1973 年罗伯特·卡恩和温顿·瑟夫发明互联网通信协议 TCP/IP，1989 年蒂姆·伯纳斯·李发明万维网，1995 年网景上市引爆互联网革命，历时近 40 年。

总体而言，革命性的基础技术，如蒸汽机、内燃机、交流电、计算机、集成电路、光纤通信、无线通信、互联网等，创新时长需要 40 年左右。而应用技术、集成技术、制造技术的创新，一般只需要几年，如亚马逊的云计算：

自 20 世纪 90 年代晚期开始，创始人杰夫·贝佐斯（Jeff Bezos）坚信亚马逊需要将自身定义为科技公司，而非零售商，想要找到方法让亚马逊开拓出新方向。他不断聘请各路技术专家，开发出了书内搜索算法。贝佐斯总结，"你必须从某处开始，你爬上第一座小山，就能从山顶上看到下一座山"。仍没大成，直到 2002 年图书出版商蒂姆·奥赖利（Tim O'Reiuy）说服贝佐斯，"企业需要考虑的不仅仅是他们自己能从新技术中得到什么，还应该让别人从新技术中获利"，让亚马逊开放应用编程接口给第三方。而恰好亚马逊此前有这项技术研究，于是很快开发出来并于 2003 年春天举办了第一次开发商大会，将这项服务命名为亚马逊网络服务系统（Amazon Web Service, AWS），这就是虚拟计算的观念，2006 年被命名为"云计算"。[2]

技术创新的可能来源

把第一工具"上中下"与第二工具"左中右"连在一起，排除科学家或工程师的个人兴趣或灵机一动，审视技术创新的可能来源，总结为图 19-3。

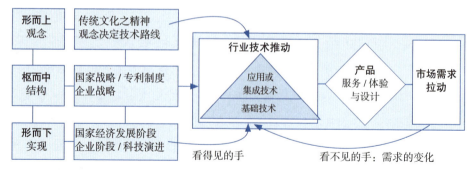

图 19-3 技术创新的可能来源

技术创新的总体约束

"形而上"：传统文化中有关科技的观念

儒家修齐治平、只重礼乐的经世致用传统，视科技为奇技淫巧。科技史大家李约瑟言及中华文明在 16 世纪前的发明创造一直领先于西方。被誉为中西交流第一人的明朝徐光启，在与耶稣会传教士利玛窦合译《几何原本》的过程中，将之与《九章算术》比较后认为，"其法略同，其义全阙"，即中西的算法大致相同，但我们并未将其进一步抽象成"学理"。清朝同文馆数学总教习李善兰则认为，我们未走上"数学化"的道路，发明的主要目的是实用，知其然而不深究其所以然。[3]

"枢而中"：国家知识产权与专利制度

为什么工业革命前后的各项技术创新如雨后春笋般涌现？诺贝尔经济学奖得主道格拉斯·诺斯解释道："人类在其整个过去都在不断发展新技术，但速度很慢，而且时断时续。主要原因在于，发展新技术的刺激偶尔才发生。一般而言，创新都可以毫无代价地被别人模仿，也无须付给发明者或创新者任何报酬。技术变革缓慢的主要原因就在于，直到相当晚近的时期都未能就创新发展出一整套产权。只是到 1624 年通过了垄断法令，英国才有了一项专利法……只有在专利制度下，鼓励技术变革和将创新的私人收益率提高到接

第七部分 "左中右"——创新的实体关系模型"技术推动—产品驱动—需求拉动"

近于社会收益率的一整套激励机制才能形成。"[4]

1624年英国以法律形式建立了人类第一个专利制度,规定把专利权授予最早的发明者,专利有效期为14年。以瓦特蒸汽机为例:第一项专利是1769年的"在火力发动机中减少蒸汽和燃烧消耗的新方法"(英国专利号913);第二项专利是1781年的"太阳和行星"齿轮联动装置(英国专利号1306);1782年设计的双作用式蒸汽机获第三项专利(英国专利号1321);1784年设计的三杆平行传动连杆机构获第四项专利(英国专利号1432);1788年发明的自动控制蒸汽机速度的离心调速器获第五项专利。[5]直到1800年第一项专利的专利期满(期间延长了一次),早已跃跃欲试的各路发明家才能对蒸汽机进行下一轮创新,而瓦特早已成为富豪并于1785年入选英国皇家学会院士。

国家中长期战略、大学的前瞻研究,与企业中短期的技术创新互补互促。互联网、全球定位系统、高超音速飞机、无人驾驶汽车……美国最好的创意工场不是贝尔实验室、硅谷、MIT媒体实验室,而是五角大楼领导的绝密军事机构DARPA(国防高级研究计划局),它是由美国前总统艾森豪威尔建立的军事部门,创建目的是回应苏联的太空计划。

在揭示DARPA模式的文中,中国科学院计算机技术研究所前所长李国杰院士援引弗雷德·布洛克(Fred Block)的论文《被隐形的美国政府在科技创新中的重大作用》指出"过去30年来,尽管新自由主义思想在美国政治意识形态中一直起主导作用,但是事实上联邦政府在资助和支持私营企业新技术商业化方面依然大大加强了自身的干预作用"[6]。李院士呼吁,"当今的科研已不完全是爱迪生时代的以个人发明为主的小科研,必须小科研和大科研同时并举。所谓大科研就是国家目标导向的科技,具有大目标、大协作、大平台、大产出的特点"[7]。

"形而下":技术创新与国家经济发展阶段的关系

哈佛大学商学院教授迈克尔·波特将一国经济的发展分为四个阶段:第一阶段是生产要素导向,主要使用广泛流传、容易取得的一般技术,竞争优势在于价格。第二阶段是投资导向,企业具有吸收并改良外国技术的能力,但关键产业和支持产业仍主要依赖于国外技术和设备。竞争主要依赖于规模经济和低成本优势。第三阶段是创新导向，企业除了改善国外技术和生产方式，本身也有创造力的表现，导致企业在技术、产品、流程、营销等方面不断提升，开始创造技术。第四阶段是富裕导向，企业目标集中在并购，技术输出转为资本输出，创新优势开始丧失，经济逐渐步入衰退。[8]

2017年世界经济论坛发布的《2016—2017年全球竞争力报告》，提出了国家发展的三个阶段的划分标准：人均GDP小于2 000美元的第一阶段是要素驱动阶段；人均GDP在3 000—8 999美元的第二阶段是效率驱动阶段；人均GDP大于17 000美元的第三阶段是创新驱动阶段；中间的人均GDP在2 000—2 999美元以及9 000—17 000美元则是转换阶段。[9]

综上所述，基于2020年中国人均GDP预计超过10 000美元，大致而言，中国正处在由投资驱动、效率驱动转为创新驱动的阶段。

企业可控部分

"形而上"：观念决定技术创新的路线

2019年8月，在中石油集团西南天然气公司年会上，我做了主题为"如何思考科技创新"的报告。接待晚宴上，主管勘探的副总和科技处处长就其团队在四川盆地发现超大规模页岩气一事的经过向我印证一个困惑：人类科技史上的成果，究竟是先从思想中来，还是先从经验中来？我的回答是，就我读过的科学哲学如亚历山大·柯瓦雷（Alexandre Koyré）的科学史分析等而言，是强调思想优先于经验；就我所从事的信息科技领域而言，而且在我的认知中，也是思想第一位，经验第二位，如同是面向对象编程语言的Java对C++是公平对效率，当今网络经济的底层协议TCP/IP对电信X.25亦然，如下面的案例。他们表示验证了他们此次发现的过程。

第七部分 "左中右"——创新的实体关系模型"技术推动—产品驱动—需求拉动"

> **案例**

IT 与 CT 的路线之争

20 世纪 60 年代，随着计算机产业的崛兴，出现了联网的需求。如何联？计算阵营（IT）与电信阵营（CT）发生了路线之争。在"形而上"的观念层面：CT 人信奉集约式控制，如此可简化终端设计，为消费者提供简洁而高效的通信服务。而 IT 人认为，人生而平等，故计算机也生而平等，奉开放平等、人人互动、自由参与为圭臬。

观念差异导致了"枢而中"的结构设计差异：CT 人将尽可能多的智能与控制设计在网络中，主张网络与业务无须分离，从而最大限度地降低终端的复杂性，此即 X.25 协议。而 IT 人的 TCP/IP 实现，是将与通信相关的 IP 网络部分与上层应用或终端分离，最大限度地简化 IP 网络的设计，将自主控制权交给终端与消费者。

两大阵营缠斗二十余年，IT 阵营因 1989 年蒂姆·伯纳斯·李发明万维网、1993 年马赛克浏览器（Mosaic）问世，以及 1994 年网景流览器（Netscape）发布等重大创新次第而出，TCP/IP 最终胜出，两位创新者罗伯特·卡恩（Robert Kahn）和温顿·瑟夫（Vint Cerf）获 2004 年度图灵奖；而 CT 电信运营商渐失对终端与应用的控制权，后续几经挣扎，试图力挽颓势，创新出 ATM 异步传输模式、IP 电信网、NGN 下一代网络等，依旧无力回天，运营商完全沦落为管道。

"枢而中"：企业战略中设置技术创新并由领导层负责

企业战略之于技术创新的影响最大，如"贸工技"与"技工贸"之争即在此层面。本书第 15 章列举了《2018 年全球创新企业 1 000 强研究报告》中总结的顶级创新企业的六大特质，排名前三项的均与此相关：创新战略和业务战略高度匹配；企业文化大力支持创新；领导层积极参与创新计划并高度赞同创新项目。

一旦企业战略中确定了技术创新,则须技术洞见先行,即思想观念第一。以将人类从工业文明时代带入信息文明时代的 IBM 为例,小托马斯·沃森(Thomas J. Watson Jr)接任 CEO,在 1961 年做出了一生中最冒险的决策——投资 50 多亿美元围绕"兼容"这一革命性的技术洞见豪赌 System 360,并因此而名垂青史,将 IBM 一举转型为计算机公司。

此前每台计算机有自己的指令集,每开发一台新机器须重写程序,"兼容"意味着一旦开发完自己的业务系统,它将不随硬件的更换而重写。"我们仅在工程开发方面就花费了 7.5 亿美元,然后又花了 45 亿美元建工厂,增添设备和机器。我们还新雇了 6 万名员工,增开了 5 座工厂。《财富》杂志的记者说,这项投资大于第二次世界大战时制造原子弹计划的投资。"[10]

IBM 于 1964 年 4 月大获成功,包括获得了 300 多项专利,发明了世界上第一个内存芯片、第一个关系数据库系统、第一个高级编程语言等。商业模式上,IBM 采用纵向一体化的类福特模式,把处理器、硬件、操作系统、应用软件、渠道销售等业务全部拿来自己做,一举垄断全球计算机市场,取代了福特汽车、通用汽车而成为美国精神的新象征,将人类带入信息文明时代。

纵观 IT 史,立志引领时代的企业,如 IBM、苹果、微软、英特尔、谷歌、亚马逊等无不是技术创新驱动,正如谷歌在评估自己的产品线时发现,最优秀的产品是靠技术因素而非商业因素赢得成功的,而那些不尽如人意的产品则大多缺少技术洞见的支持,其结论是:依赖技术洞见,而非市场调查。如果把市场调查看得比技术创新还要重要,那就本末倒置了。[11]

兹事体大,事关创始人的格局与企业的立意。总结人类文明史,可以得出以下结论:只有技术推动才能开创大事业,甚至改变世界、推动人类进步,方有名垂青史的可能性。需求驱动的企业只是在现有格局内小修小补,无非市场占有率和股票的涨跌,赚点钱而已。

"枢而中"的三类结构性错误。第一类是技术正确,但技术过于领先市场,而市场发育尚未抵达或市场异动,须技术与市场正反合。第二类是技术错误,即误判技术大势。第三类是技术大势正确,但新技术过于超前于现有技术。

第七部分 "左中右"——创新的实体关系模型"技术推动—产品驱动—需求拉动"

成立于 1895 年的此前世界最大的电信设备商北电网络（Nortel Networks）的倒闭是三者皆误。

北电网络的基因是技术创新，其发展高潮是在 20 世纪 90 年代到 2000 年间，在该阶段它率先研发出每秒 10G 比特传输速率的光传输设备，一举成为行业头牌；巅峰时期，2000 年 7 月其市值高达 2 500 亿美元，员工有 9.3 万名。其研发费用在 2007 年高达 17.23 亿美元，占当年营业收入的 15.7%，企业文化精神就是要做就做到最好，其中 75% 的研发资源投给了最新、最热的技术。不料北电网络在高歌猛进之后频频失误：

- 在 10G 产品成功后，北电网络马不停蹄地投入巨资开发 40G 产品，犯了第一类错误，彼时恰逢互联网泡沫破灭，需求异动，产品开发出后即成为高达 40 亿美元的库存。
- 2003 年下一代网络 NGN 初露端倪，北电网络研发出的产品在业界最领先，但在各厂商都转向 IP 网络时，北电网络仍认为其 ATM 异步传输是主流，犯了第二类错误，即上文所述的 IT 与 CT 的路线之争。
- 第三类错误在无线领域。2004 年，当 3G 逐渐在全球大规模商用时，爱立信和华为等企业一方面加紧研发 3G 设备，另一方面将 3G 技术转移到 2G 设备上，最大限度地降低客户的转移成本。而北电网络认为，无论 2G 或 3G 都是过时技术，不仅不再投入，而且还在 2006 年将最主流的 3G 技术通用移动通信系统（UMTS）出售给阿尔卡特，因为北电网络将研发资源投入到了长期演进（LTE）和全球微波接入互操作性（WiMAX）这些 4G 技术上。不料，2G 和 3G 仍然顽强生长，爱立信和华为大获其利，而 LTE 和 WiMAX 却迟迟无法成熟商用。由于卖掉了 3G 技术，北电网络很难帮助客户从 3G 向 4G 平稳过渡。2008 年，加拿大最大的两家运营商——加拿大贝尔集团和加拿大电讯公司（Telus）欲建一个能从 3G 平滑过渡到 4G 的网络时，竟弃北电网络而选择了诺西和华为。全球最大的 WiMAX 运营商 Clearwire 在选择设备商时也不考虑北电网络……2009 年 1 月，北电网络申请破产。

"形而下"：技术发展背后的逻辑

为什么有的技术长盛不衰，有的昙花一现？高德纳咨询公司发布的2008—2016年间IT战略性技术的演进如图19-4所示，即云计算、大数据及分析技术、软件和网络技术不断升级，因为它增强了对信息资源的获取、聚合、分析和应用的能力；各类社交与移动应用快速发展和成熟，因为完全由需求拉动，故形成了大规模个性化的服务；物联网、3D打印、智能机器、人工智能等方兴未艾，因为它扩展了信息资源应用和渗透的范围，最终是世界的全面连接，形成智慧社区、智慧城市、智慧地球，成为人、机、物三网协同的信息环境。

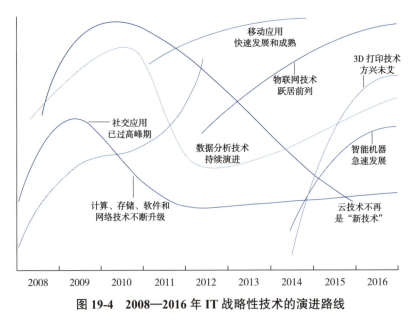

图19-4　2008—2016年IT战略性技术的演进路线

资料来源：gartner.com.

亦即，信息技术行业与其他行业一样，遵循"行业技术推动＋市场需求拉动"的总规律。具体演进脉络不妨仍以"反者道之动"的历史逻辑思考，即此前技术的缺陷将成为下一个新概念产生的源泉。我用第三工具"正反合"作图总结，如图19-5所示。从中可看出不少可能性，详见拙作《创经：人类

第七部分 "左中右"——创新的实体关系模型"技术推动—产品驱动—需求拉动"

创新主脉与结构之演进逻辑》,本书不予赘述。

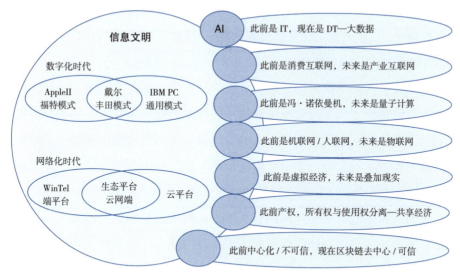

图 19-5 思考逻辑:此前系统的缺陷为下一创新之源泉

技术的本质

斯坦福大学经济学教授布莱恩·阿瑟(Brian Arthur)通过将"技术"分解,一直分解到原子水平的具有恒定和可重复性、独立于人类技术和科学而存在的自然现象或效应,即"从本质上看,技术是被捕获并加以利用的现象的集合,或者说,技术是对现象的有目的的编程"[12]53,具体地,"技术(所有的技术)都是某种组合。这意味着任何具体技术都是由当下的部件、集成件或系统组件建构或组合而成的。其次,技术的每个组件自身也是缩微的技术……第三条基本原理是,所有的技术都会利用或开发某种(通常是几种)效应(effect)或现象(phenomenon)"[12]19。

中国科学院前院长路甬祥院士则从技术进化视角,将其与生物进化类比:生物物种经历了起源、进化、灭绝的过程;生命通过渐变、突变、重组,适应环境的生命物种生存了下来,不适应的则被淘汰或边缘化;生命呈现了从简单到复杂、从单一到多样的绚丽图景;环境规定了生命进化的方向与极限。

相类似，技术的进化也历经环境和竞争的选择，也经由渐变（改进）、突变（发明）、重组（系统集成）而进化；技术要经受市场环境和社会环境（包括宗教信仰、价值观念、文化和道德伦理）的选择，适应的得以传承与发展，不适应的则被淘汰或边缘化。[13]

清华大学人文学院吴国盛教授从哲学层面指出了技术的人文本质，即技术是人类的存在方式。因为不像动物一样有先天的规定性，人是一种出生下来完全无助、没有本质的动物，人的本质是后天自我构建出来的，这种先天缺失是人类技术的起源，这个"构建自我本质"的工具就是技术，即工具的运用是因人类先天功能缺失而导致的生存策略。[14]

人的自我塑造首先是身体的自我塑造，利用最基本的身体技术，如穿衣遮羞、手脚协调等对身体的控制表达了控制的理念。身体的成型过程中也伴随着心灵的成长，这是社会技术规训人的自我。还有自然技术，即工具使用到什么程度取决于社会技术允许的范围。如中国四大发明中有三个（造纸术、指南针和印刷术）与文教相关，反映了中国是文教治国。牛顿的绝对时空意味着秩序与效率等，所以人性的结构与技术的意象结构同构，技术与人性相互规定，即你是什么样的人取决于你采用什么样的技术，你怎么看待技术决定了你会怎么看待人。

企业技术创新之路：使用技术 → 改进技术 → 创造技术 → 持续创新

2018年4月，央企中被公认为最具企业家精神的两位带头人之一，前华润集团和中粮集团董事长、现中化集团董事长宁高宁先生（另一位是中国建材集团董事长宋志平，见本书第26章）发表了雄文《科学至上：关于中化集团全面转型为科学技术驱动的创新平台公司的报告》。在赴京参加受聘中化集团客座教授的仪式前，我仔细读了全文，令人感佩。该文曾被我放入2018—2019年商学院的案例教学中。

改革开放四十余年来，中国企业中通过规模经济实现成本领先者居多，

第七部分 "左中右"——创新的实体关系模型"技术推动—产品驱动—需求拉动"

通过人脉关系进行资源整合者亦不在少数，通过低买高卖的贸易或金融杠杆炒买炒卖的也不乏其人，但各领风骚三五载，持续成功者寥寥。持续成功何以可能？由热力学第二定律可知，企业经营的本质是减熵，即主动用负熵的增加（有序化）来对抗系统自发的熵增（无序化），这个有序化的要旨就是持续提高生产率，而持续的方法有且仅有一种——持续的科技创新。

不过我仍表忧虑，在每年给中化后备干部的培训课上，在中化大讲堂的演讲中，在宁总颁发聘书仪式和产品复盘会上。四十余年来，技术创新战略路径清晰的仅华为、格力，以及新秀 BAT 等少数企业，从跟踪模仿到重点突破，再到自主创新；次一级的如海尔、美的、TCL 等，它们围绕应用技术进行整合式创新，即每样技术都是现成而非原创，但通过设计将其系统集成，也颇有建树；但绝大多数还是机会主义的战术级成功，依靠"三板斧"——"短平快"模仿基础上的低成本制造＋广告营销＋渠道分销，极少具有前瞻开创性或战略长期性的部署和投入。

我的疑问其实也体现在宁总的报告中了：中化集团以外贸起家，往实业转型已经很难了，往科技企业转型怕是一厢情愿吧？在 2018 年 6 月聘任仪式结束离京的航班上，我回放了会场上宁总关于人生动力系统的讲话，感其家国情怀而赋：

《飞·渡》

尘昏引雁孤，声正自传殊。

遥寄慈恩塔：浮屠不渡乎？

高雁逐梦，雁塔题名。不妨看韩国三星的发展之路，如表 19-1 所示。三星坚守数字化战略，依次采取引进消化、低端切入、低成本替换、模块切入、合作切入、反向工程，到最后的跟踪研发、重点突破、技术收购、自主研发等，从专注于一个关键功能、占据一个细分，到开发整套系统、占领整个领域，最后自主创新并为自己的新品创造市场。2019 年 12 月我在给中国最大的照明企业欧普照明讲解此案例时，发现其发展之路与欧普之路不谋而合，所以不妨将其作为一个后发国家的后发企业技术创新的路径典型。

表 19-1　三星的技术创新之路

战略定力	行业技术推动	产品适配驱动	市场需求拉动
数字化战略	行业及技术推动	产品	市场及需求拉动
60 年代末拷贝战略：技术、产品设计、零部件依赖外界供给，定位为先进企业的组装车间	不掌握起码的电子技术，有彩电技术的外商不转让，黑白电视技术公开，黑白散件有提供	1969 年进入电子行业，从 12 寸黑白电视机起步，从索尼进口散件及组装技术，贴三洋品牌，打入巴拿马市场	开发在发达国家进入衰退期，但在韩国和发展中国家仍有大量需求的产品
70 年代末模仿战略：消化外来技术，提升自身技术和产品档次；开发成熟期或成长期产品	与海外技术公司合作；逆向工程；启用韩籍海归；招聘海外退休工程师；在硅谷/东京设研发中心；开展内部产品线竞争	掌握了部分不是自己发明的关键技术，模仿产品的主导设计，对零部件改进创新，1976 年推出 14 寸彩色电视机	开发满足韩国市场和发达国家低端市场需求的产品
80 年代末紧跟战略：紧跟技术领先者；开发导入期产品	技术转让；收购技术企业；与拥有尖端技术的企业结盟	1984 年推出 64K DR-AM，比美国晚 40 个月；1986 年推出 256K DRAM，比日本晚 24 个月，1M DRAM 比日本晚 1 年，4M DRAM 几乎与日本同时	占领中高端市场
90 年代末引领战略：用领先技术开发导入期新产品或开发全新产品	以自己的专利技术与世界先进企业交叉授权	首创的硬盘数码摄像机、GSM 和 CDMA 双模手机、高清电视用 DVD、Galaxy Note	满足高端市场需求，创造新需求和新的高端市场

资料来源：李金龙，张三保．三星自主创新之路［J］．企业管理，2006（5）：48。

技术创新是不归路。"开弓没有回头箭"，持续技术创新都未必能确保竞争优势，更不用说"老虎打盹"。宝兰软件（Borland）曾是我的最爱，大学时使用其 Turbo Pascal/C，在美国进微软前用其 Borland C/C++，风风雨雨，

第七部分 "左中右"——创新的实体关系模型"技术推动—产品驱动—需求拉动"

陪伴我多年技术职涯。未料其一着不慎、满盘皆输。

1983 年,法国人菲利普·康(Philippe Kahn)和安德斯·海尔斯伯格(Anders Hejlsberg)到美国创业成立 Borland。第一款产品 Turbo Pascal 即获成功,"小荷才露尖尖角"。第二款产品 SideKick 大卖,"天下谁人不识君"。第三款产品 Turbo C 风靡,"欲与天公试比高",跻身世界前十。这时,微软推出 MFC 1.0,但仍在 DOS 环境。"快马加鞭未下鞍",Borland 推出第一个视窗下的集成开发环境 Borland C/C++ 3.0,大获成功,再从其他公司购买框架后于 1992 年推出巅峰之作 3.1,一举击溃微软,"登临绝顶揽众小"。

人生如梦。在 3.1 独步天下后,菲利普竟然"挥刀自宫,不练神功",歇息两年,不去持续创新以解决未完整封装所有 Win API 的隐忧,以及下一代的完全可视化组件集成开发环境。两年后,微软 Visual C/C++ 1.0 上市,不但在编译器方面能与 3.1 抗衡,集成开发环境更是大幅领先,还能自动产生 MFC 代码,好评如潮。

菲利普大梦惊醒!立马组织 4.0 大军反攻:开发全新的集成开发环境、完全重写框架、大幅修改最优化编译器、整合 VBX,每项都是大工程,但霸王硬上弓,一年半 4.0 即告完成。4.0 刚推出后订单满满,但又急速退货,质量是硬伤!因急于求成,版本未修正诸多错误,又未经最后联调,框架采用全新的多重继承架构而与旧版不兼容,最优化编译器产生了错误的编译代码,太多新技术的采用导致一些 VBX 无法使用……"风萧萧兮易水寒",Borland 王朝没落,安德斯被盖茨亲自挖进微软,后来主持开发与 Java 对抗的 C#。

技术创新过犹不及。我此前的工作平台 Novell 则是过于强调技术导向而遭致失败。

Novell 成立于 1979 年,1983 年即濒于倒闭,投资人雷·诺达(Ray Noorda)将其转型于网络操作系统,凭借独特的允许用户在局域网上共享文件和打印,且能跨越以太网、令牌总线网、令牌环网等平台而一炮走红,重创行业领袖 3Com 公司，打得微软和 IBM 无力招架，在互联网 TCP/IP 流行前的 20 世纪 80 年代中晚期到 90 年代中期，其 IPX 协议主宰了局域网。

成也萧何，败也萧何，Novell 从此完全被技术精英掌控，将市场看作需要处理的问题而非机遇，不注重用户需求，不研究竞争对手，无视管理层要求。彼时最重要的需求是将文本界面改为图形界面，但技术大腕们认为图形操作无法彰显技术含量，坚称不需要。直到 1993 年微软图形界面 Win NT 面世，以其易操作、易配置的特性，减少了巨额的培训与维护开销，同时微软向开发社区大笔投入，提供各种开发工具。

面对微软的无情进攻，Novell 无动于衷，继续鄙视开发社区，其企业文化精神是：如果想要在我们的平台上开发应用，也应由我们自己开发，并关闭了全球唯一的第三方支持中心。Novell 意识到其技术优势不足以迎接微软用户体验创新的挑战，于是病急乱投医，在 1993 年年底从 AT&T 买下 UNIX 系统，想强强联合生成 Win NT 杀手，结果两个团队互不买账。更要命的是，1995 年爆发的互联网革命标志着局域网时代的结束，Novell 节节败退，最后被转让而成为历史遗迹。

行业的本质是什么？ 哈佛大学商学院教授西奥多·莱维特（Theodore Levitt）认为，"行业是一个让客户获得满足的过程，而不是生产物品的过程。一个行业始于客户及其需要，而不是专利、原材料或者销售技巧。明确客户需要之后，行业才能以倒推的方式进行准备"[15]。不妨回看市场需求。

本章参考文献

[1]〔美〕托马斯·库恩. 科学革命的结构[M]. 金吾伦，胡新和，译. 北京：北京大学出版社，2003.

[2]〔美〕布拉德·斯通. 一网打尽：贝佐斯与亚马逊时代[M]. 李晶，李静，译. 北京：中信出版社，2014：176—190.

第七部分 "左中右"——创新的实体关系模型"技术推动—产品驱动—需求拉动"

［3］陈方正.继承与叛逆：现代科学为何出现于西方［M］.北京：生活·读书·新知三联书店，2011：XIII—XV.

［4］〔美〕道格拉斯·C.诺斯.经济史上的结构和变革［M］.厉以平，译.北京：商务印书馆，2016：186—187.

［5］戴吾三.技术创新简史［M］.北京：清华大学出版社，2016：7—8.

［6］〔美〕迈克尔·贝尔菲奥尔.疯狂科学家大本营［M］.本书翻译组，译.北京：科学出版社，2012：V—VI.

［7］李国杰.创新求索录：二集［M］.北京：人民邮电出版社，2018：73—74.

［8］〔美〕迈克尔·波特.国家竞争优势［M］.李明轩，邱如美，译.北京：华夏出版社，2002：530—543.

［9］The Global Competitiveness Report 2016—2017［EB/OL］.www.weforum.org/reports/the-global-competitiveness-report-2016-2017-1：38.

［10］〔美〕小托马斯·沃森.父与子：IBM发家史［M］.北京：新华出版社，1993：342.

［11］〔美〕埃里克·施密特，乔纳森·罗杰伯格，艾伦·伊格尔.重新定义公司［M］.靳婷婷，译.北京：中信出版集团，2015：53.

［12］〔美〕布莱恩·阿瑟.技术的本质［M］.曹东溟，王健，译.浙江：浙江人民出版社，2014.

［13］路甬祥.创新的启示［M］.北京：中国科学技术出版社，2013：57—62.

［14］吴国盛.技术哲学讲演录［M］.北京：中国人民大学出版社，2009：2—23.

［15］〔美〕西奥多·莱维特.营销想象力［M］.辛弘，译.北京：机械工业出版社，2007：173.

第 20 章

"右"之需求拉动：市场趋势与需求洞察

仍回到第二工具"左中右"，产品的三大驱动力：技术推动、需求拉动及产品驱动，哪个占据主导地位呢？

不妨看独角兽企业的创新类型统计：源于技术推动，即拥有原创技术，或企业创造价值的主要来源是技术的，美国占 39%，中国占 10%；而源于市场拉动，即价值创造的主要来源是提供内容、应用及模式创新的，美国占 61%，中国占 90%。[1]另据此前引用的普华永道创新千强企业的六大特质，除去与战略相关的前三个，第四个就是"聚焦客户洞察"，这是创新构思阶段最重要的能力，即企业价值创造的主要来源是需求拉动。

创新标杆乔布斯也有微调。1997 年他在世界开发者大会上说，"You've got to start with the customer experience, and work backward to the technology. You can't start with the technology and then try to figure out where you are going to sell it"（你得从用户体验开始，然后反向整合技术，不能反之）。晚年则听从自心，"有些人说：'消费者想要什么就给他们什么。'但那不是我的方式。我们的责任是提前一步搞清楚他们将来想要什么。我记得亨利·福特曾说过'如果我最初是问消费者他们想要什么，他们应该是会告诉我，要一匹更快的马！'人们不知道想要什么，直到你把它摆在他们面前。正因如此，我从不依靠市场研究。我们的任务是读懂还没落到纸面上的东西"。[2]518

我以为其早年是市场驱动（market driven），晚年是市场导向（market oriented）。前者是市场需要什么就做什么，满足当前用户的当前需求，限于格局内。后者是对未来需求变化做出预判，然后根据竞争优势去整合技术、提前卡位，从而引导甚至创造市场，是开新格局。

总体而言，"左中右"模型中，"右路"的市场需求拉动主要思考两大范畴：一是宏观层面的市场，二是微观层面的需求，由此则是以客户为中心的研发，如图 20-1 所示。

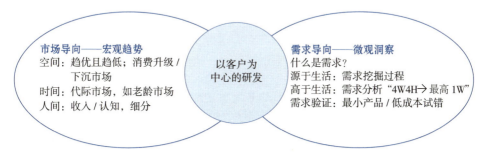

图 20-1　宏观市场与微观需求

市场导向：宏观趋势

类比中美市场的结构性变化。1945 年第二次世界大战结束，大批军人返美，和平时代到来。1946 年，美国新生婴儿数达 340 万……在此后的十几年间，美国共有 7 590 多万名婴儿出生，约占当时总人口的三分之一……这就是著名的"婴儿潮"世代。60 年代、70 年代，他们正处于青少年时期，带动了玩具、卡通、流行音乐的发展；80 年代、90 年代，他们步入结婚活跃期和消费黄金期，带动了房地产、汽车、国际航空、运动休闲、PC、互联网的景气；21 世纪，他们步入老年，医保养老成为最热门话题。"婴儿潮"世代就是一部美国市场趋势与消费结构的变迁史。

中国的市场结构演变中经历了改革开放与互联网革命，所以自呈特色。国泰君安的报告比较了中、日、美的代际消费趋势，表 20-1 是基于消费者的收入与认知；表 20-2 则是基于收入与认知的细分及其特征。

表 20-1　中国人口结构特征及消费结构变迁

消费阶段	小于 5 000 美元 大众消费阶段	5 000~10 000 美元 品牌化消费阶段	大于 10 000 美元 品质、简约消费阶段
两大驱动力	收入水平较低，消费认知能力不高，价格敏感，购买的品类较单一	收入有了较大的提升，品牌化意识强，消费认知能力还处于不断提升阶段	收入虽高，但增速开始放缓。消费认知能力提升到一个较高的水平
消费特征	消费品类为必需品、耐用品，注重性价比，有价格考量上的品牌意识	注重品牌，面子消费	回归理性，追求品质化、个性化
代表业态	百货公司、超市、C2C 电商、社交电商	购物中心(多业态/娱乐)、B2C 电商（品牌消费）	专业连锁店（品质化）、便利店、新零售（品质需求、体验消费）
传播方式	电视广告	电视广告＋网络营销	新媒体、自媒体、精准营销
大致分布	4.4 亿，占 32%，其中约 2.1 亿城市人口，集中在五、六线城市	5.6 亿，占 40%，其中约 3.3 亿城市人口，集中在三、四线城市	3.9 亿，占 28%，其中约 2.7 亿城市人口，集中在一、二线城市

表 20-2　中国各年龄层人口结构及消费习惯和消费特征

出生年代	所处阶段	消费能力/消费意愿	消费特征	消费品类	人口数量（占比）
2000 年之后	学生时代 从小接触移动网	消费能力弱 消费意愿较强	辨识力有限 跟随潮流	教育/娱乐	3 亿（21%）
1995—1999 年	大学时代 从小接触移动网	消费能力一般 消费意愿强	矛盾体 要个性	电子/娱乐/服装	1 亿（7%）
1980—1994 年	事业上升期，赶上经济高速增长与互联网时代	消费能力较强 消费意愿强	爱比较，重品质，善于筛选比较	服装/化妆品/电子产品/耐用品/运动	3.3 亿（24%）
1965—1979 年	事业有成，物质充裕，享受改革红利	消费能力强 消费意愿强	务实派，认品牌，看重便利和体验	奢侈品/化妆品/旅游/休闲/日用品	2.2 亿（16%）
1950—1964 年	事业晚期或退休，由于历史原因成长环境较差	消费能力一般 消费意愿一般	简约节省，尝试网购	旅游/医疗保健/日用品	3.8 亿（27%）
更早	晚年	消费能力弱 消费意愿弱	朴素节约，在意价格	医疗保健	0.6 亿（4%）

第七部分 "左中右"——创新的实体关系模型"技术推动—产品驱动—需求拉动"

密歇根大学教授罗纳德和维恩在1981年、1990年、1995年和1999—2000年主持的对全球60多个国家、涵盖75%人口的价值调查表明：当人均GNP（国民生产总值）为1万美元时，人们会从传统世俗理性的价值观变为注重自我表达的价值观。前者强调对权威的尊崇，强调社会利益至上和个人自我约束，社会主体关注的是不惜任何代价发展经济。后者强调个人在社会中的参与和表达，对政治民主和社会透明度的要求，对人性尊重和文化多元性的包容，对和谐发展、环境保护、弱势群体和生存质量的关注，强调人的思维创造、潜质开发、幸福感和自我发展。[3]

波士顿咨询公司西尔弗斯坦等人发现：消费者总是希望在大多数类别的商品中省下钱来，好让他们可以在少数具有重要意义的商品类别中挑选更多自己想要的东西，即市场消费趋势呈趋优与趋低两极分化。趋优消费指消费者对能够满足其情感需求、看得见的高品质和具有时尚感、设计感与个性化等令人心动的独特性商品愿意花更多的钱去购买；而趋低消费指消费者购买更低价格与更好质量兼备的商品；中端市场却在一点点萎缩，因为趋优商品往下大口吞鲸，趋低商品往上慢慢蚕食。[4]

《麦肯锡中国消费者调查报告2020》证实了上述结论，统计结果是多数消费者出现了消费分级，升级的同时有些更关注品质，有些更关注性价比。60%的受访者即使感觉比较富有，但仍希望把钱花在"刀刃上"，这一比例高于2017年的52%。究其原因，麦肯锡认为，2012—2018年，中国城市居民人均消费增长率为65%，远超通货膨胀率和GDP增长率，而同期的收入增长率已经从2012年的13%下降到2018年的9%。[5]

总之，中国地域辽阔，收入差异大，不同区域处于不同的消费阶段，进而导致了各层消费者升降级方向的不同。整体而言，中国处于消费升级的大潮中，不同区域处于不同的消费阶段，长尾效应明显；同时，低线城市市场（下沉市场）、"90后"市场、中老年市场潜力巨大。

以老龄市场的结构性变化为例。中国历史上首次出现了大规模有消费能力的老龄人，即首批中产阶层即将步入退休，这一群体主要集中在50岁至65岁的区间（1955—1969年出生）。进一步细分为以下人群：1977年恢复高考后接受高等教育的群体，他们借助知识技能和技术优势，成为各个政府机构及企事业单位的中高层；1978 年改革开放后发家致富的群体，以民营企业家和高管为主；以及城市化进程中，在资产价格还未上涨时解决了房子问题的群体，包括首批从农村流动到城市的人口。另外，由于长期的计划生育、不断延长的人口寿命，以及人口年龄的累积，我国的人口老龄化程度将不断加剧，这是千年市场的重大结构性变化的历史机遇。

需求导向：微观洞察

什么是需求？ 七情六欲贪嗔痴，需求的根本是人欲，其概念来自经济学的供求，指在一段时间内有能力购买某种商品的愿望。心理学视角的需求是一种用户尚未被满足又希望被满足的愿望，或需求是因欲求未能满足而引发的某种动机，因为欲求未能满足导致身心平衡态的打破，于是产生了需要；需要引导着寻找消除非平衡态的目标，一旦发现目标则产生动机，如果有能力去行动以达成目标，则需求形成。简言之，需求是用户在场景约束下解决其问题的需要，可以从以下几个维度分析：

- 空间性，即需求是场景的函数。如福特说用户需要一匹更快的马，他指的是更快的交通工具以解决出行效率，但如果福特是在赛马场上这么说，则真的指马。
- 时间性，即需求是时间的函数。如中国消费者对空调的前三位需求，在 1995 年排序是省电、价格、低噪，进入 2000 年则是价格、品牌、服务。
- 人间性，即有效与无效，表层与深层。如想住五星级酒店是欲望，但付不起则不是有效需求；也有咬牙住或借钱住的，面子则是深层需求。总体上需求是随着生活水平的提高而不断升级的。1954 年创立的麦当劳在 2002 年首次出现季度亏损，因为从 1998 年开始，大量文章指责它是导致美国人健康问题及肥胖的祸首，同时年轻一代更喜欢有机

第七部分 "左中右"——创新的实体关系模型"技术推动—产品驱动—需求拉动"

食品。麦当劳于2003年进行整改,对优质食物做标注,并增加了蔬菜、沙拉等健康食品,2004年恢复增长。

需求挖掘过程与需求分析:源于生活、高于生活。

2020年1月2日,在新年上班的首日,上海交通大学安泰经济与管理学院在其微信公众号发布了"12位教授荐书",作为其"技术创新"课程的外聘老师,我推荐了自认为千年写杜甫最好的三本书《杜诗详注》《杜甫》《杜甫评传》,在推荐原因中写道:我崇拜杜甫,认为他是中华文明千古创新创造第一人。我向杜公在天之灵立过誓,此生为他重写一传,阐明杜公之创新何在及如何指导当代的企业创新,所以我每次回国一定会去杜甫走过的一段路去体验和缅怀。

其实这就是产品创作中"源于生活,高于生活"的方法,诸如狄更斯扮乞丐,巴尔扎克尾随散场后的观众以旁听对话,鲁迅为写好阿Q的赌博场景,拜赌徒为师学习规则并去观赌……这是放诸四海而皆准的通用方法。

"源于生活"就是需求调研。如图20-2的左部所示,需求调研有两种方式:一是右脑式的直觉,这需要亲临现场,与目标用户在一起,进行零距离交互和沉浸式体验,调动同理心感同身受用户的痛点与诉求,这时自己的痛点大概率是用户的痛点，通过观察、模仿和实践逼近现实，最后用直觉获得洞察。

这个阶段的常见问题，是调研者一般是专家用户，秉持了先入之见，对普通用户居高临下，浅尝辄止之后就想当然地臆造，结果获取的不是用户需求，而是自己认为的用户需求；所以必须去除思维定式、去除自己的知识背景，把自己想象为"小白"，才能排除自我与用户间的隔阂。

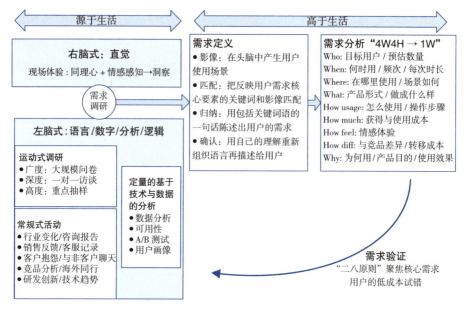

图 20-2 "源于生活，高于生活"：需求获取与分析过程

二是左脑式的语言、数字、分析和逻辑，它包括运动式调研、常规式活动，以及定量的基于技术与数据的分析等。这一阶段的主要问题有两个：一是获取不到深层次需求。究其原因，尽管多数用户可以直接说出需求，但如果按照多数人说出的来做，基本可以断定是平庸的产品，因为对于隐含的需求，用户一般不知道或说不出，这就是乔布斯为什么不听用户意见的原因。二是问错了问题，即福特问用户要什么，那用户一定回答的是一个具体的产品或服务；甚至，与用户沟通都会不自觉地诱导用户给出我们希望的答案，如"你觉得这个功能还行吗"。

其实听取用户意见的最佳方法是问他们想要的最终结果是什么，即产品只是工具，是用来解决用户问题的，用户看重的不是产品本身，而是产品的

第七部分 "左中右"——创新的实体关系模型"技术推动—产品驱动—需求拉动"

目的和使用效果，产品人应根据这个效果来设计方案，而非让用户自己提出具体的方案，毕竟用户不是行业专家。如福特案例给我们的启迪是"快"，"马"是用户基于自身知识对解决"快"这个问题的自设方案，产品人还可以设计诸如直升机、自行车、电子马等，评估后觉得大约汽车是最简洁的方案。

总之，企业对用户须"正反合"——既要以用户为中心，又不能完全以用户为中心。用户的想法只能作为一种提示以引发直觉而非必做的方向，用户的建议只能作为一种手段而非绝对的目的，重要的是在实践中对用户需求产生的原因、背景和动机做出洞察和预判。

"高于生活"就是需求分析与定义。如图 20-2 的右部所示，是把涌现于心的想法概念化并形成产品定义的过程。先在头脑中产生使用场景图——影像，从而产生反映用户需求核心要素的关键词——匹配，然后用包括关键词的一句话陈述反映需求——归纳，最后用自己的理解重新组织语言再描述给客户——确认。最后，将市场调研所得的结论，与咨询公司报告、企业内部知识、竞品调研、海外同行调研等进行充分整合，对心中设想的产品属性逐步求精，提出产品假说或属性假说，形成需求定义文档。需求定义文档不妨借鉴记叙文的六要素——时间、地点、人物、事情的起因、经过、结果，也即管理学中的"5W1H"（Why, What, Where, When, Who, How）模型，基于该模型增加一些要素和修改一些解释即可用在需求定义中，总结为**"4W+4H→最高 1W"**：

- **4W（Who, When, Where, What）**：Who 是目标用户及大致的预估数量，即有多少人有这个需求；When 是用户何时使用产品、每次使用的时长，以及每天使用的频次；Where 是场景，即用户在什么场合使用，如果使用场景有限，则基本可以断定是伪需求；What 是产品形态，即产品应做成什么样子。

- **4H（How usage, How much, How feel, How diff）**：How usage 指用户按何种步骤操作，与其习惯或直觉是否吻合；How much 指获得这个产品的成本与使用成本如何；How feel 是用户的情感体验；How diff

指是否有不同于竞品的令人兴奋的功能，该功能从竞品迁移到自己的产品的成本如何。

- **最高1W（Why）**：Why指用户为什么要用你的产品，它们解决了用户的哪些核心痛点；需求在被满足之前是怎样，满足之后又是怎样；满足的需求其重要性如何，其紧急度如何。如果一个产品在初始阶段配备了太多功能，一般是没抓住本质。

需求验证——最小产品、低成本试错、快速迭代。在完成需求分析后，形成了产品假说，落地为初步的产品功能或解决方案，这时可以采用"二八原则"——80%的用户只用20%的功能，将核心功能做成最小可用的产品形态并推向试点市场，进行可用性试错，验证其是否能打动目标用户，再根据用户反馈和运营数据进行调整优化与迭代，如果不行则需要重复此前的过程。

总之，产品在用户使用前都是假说，给用户使用叫假说验证，所以产品定义是在把产品给第一个用户使用时才开始，一般要经过多轮可用性试错，反复寻找方向才能定义好。面向大众市场的产品一般要修改三个大版本，如Win 3.1、Borland 3.1、dBASE III、Novoll 3.11等；面向机构用户的产品一般是卖到了十几个客户时才能定义好，等假说验证完毕后才能大规模推广。

案例

唯品会的起承转合

我在2013—2014年为唯品会学员上了几次课，并在其移动电商部"蹲点"数天，参加了部门与公司级别的所有会议。简言之，唯品会的创立首先来自市场需求洞察，其次调整于行业竞争格局，最后又拘于自身"一命"基因的定位而被拼多多超越。

创始人之一的沈亚彼时居于法国，从事中法贸易，一天发现太太乐此不疲于一个法国电商的品牌商品抢购，于是直觉上觉得这种模式在中国也应有市场，因为当时在国内假货、A货横行，其初衷为让大家能放心地买到正品。

第七部分 "左中右"——创新的实体关系模型"技术推动—产品驱动—需求拉动"

接下来从下面三个维度分析。

（1）需求拉动。考虑到国内中产阶级的崛起，其初始定位是切入高端奢侈品，后来发现这部分需求一是人数较少，二是更多会选择线下购买，因此定位调整为大众品牌，而抢购须是大家认为的性价比高的货品，但当季货品如果打折促销会和线下冲突，因此定位继续收窄到品牌的尾货。

（2）行业竞争。轻资产、纯平台模式的淘宝，全品类覆盖，但假货充斥；重资产、全自营模式的京东，假货少，但当时主要是3C品类，以男性细分市场为主；同时，两种模式都是常态售卖。二者的"正反合"恰是特卖抢购模式，聚焦女性细分市场，精选品牌正品。唯品会初创时的经营模式是轻资产，与前向供应商达成协议，卖不出去可退货，后向仓储物流则采取外包与租赁。上市后其战略重心移到用户体验，并搭建了自有的物流配送体系。

（3）战略演变。2014年智能手机市场爆发，唯品会将战略重心从PC端转到移动端，正是我在刚刚成立的移动事业部"蹲点"的时机，该部门负责人此前任职于腾讯，当年部门战略大获成功；2015年唯品会抓住海淘新政，再创佳绩。同年，唯品会开始做团购业务，初始也如火如荼，但彼时微信还没有今天这么火，且团购的新客基本客单价较低，与品牌特卖的"一命"冲突，一年多后该业务被叫停。却不想同年成立的拼多多以团购起家，通过微信的社交裂变不到三年就超越了唯品会。其实唯品会可以通过第18章的二元体制机制创新而开拓诸如团购这类看似与自身基因冲突的新市场空间。

以客户为中心的研发和创新

2019年12月，我采访了传音手机创始人竺兆江。传音手机聚焦非洲市场，根据当地客户需求进行创新。例如非洲手机运营商众多，同一运营商内通话便宜而不同运营商之间通话较贵，传音以一机双卡、三卡、四卡应对；非洲人民喜欢自拍，但黝黑的肤色在光线较暗时效果不佳，传音手机以眼睛和牙齿定位人脸，通过取洁白的牙齿对比增加曝光度；非洲人民载歌载舞热情奔放，传音手机加入大喇叭的设计；非洲供电不稳，传音手机配置双电板设计；非洲人民在户外时间较多，相应地传音手机实现了超长待机。竺总特别提及如何实现超长待机：当时市场份额第一的诺基亚手机，电池容量是950毫安，传音手机用了1 350毫安的电池但标注为950毫安，诺基亚在做拆机分析时未能察觉……由于立足于当地需求，再配以强力售后，传音手机于2008年起步即售出200万部，2009年销量为400万部，2010年销量达到805万部成为非洲市场的第三……2018年销量达到1.2亿部，以48.71%的市场份额位居非洲市场第一。

管理学者拉里·塞尔登（Larry Selden）和伊恩·麦克米伦（Ian MacMillan）通过对标准普尔500家公司的数年研究发现[6]，尽管许多公司（如通用汽车和IBM）斥巨资于产品和技术研发，但并未得到市场认可，它们的市盈率连市场平均水平都未达到；而市盈率始终高于市场平均水平的公司（如星巴克、戴尔等）对传统的产品和技术研发往往投入较少，它们更多的是把重点放在客户研发工作上，为此它们提出了由能获得客户信息的一线员工，而非总部的研发工程师参与的"客户中心型研发和创新"流程。这个流程包括三个阶段：第一阶段，建立和发展核心客户，并制定出相应的价值主张，使公司的产品或服务与客户期望更加合拍。第二阶段是延伸。一是通过延伸公司能力，为现有的核心细分开发新产品；二是延伸细分市场，发掘潜在客户，先延伸到与现有客户存在类似需求的客户。第三阶段是开拓。一是开拓公司能力，先要确定自己要发展哪些新的能力，要开发哪些新的产品或服务；二是开拓细分市场，要开拓的细分市场应该与公司的核心客户毫不相关，但是公司可以利用现有的能力满足这个市场的需求。

余韵尾声

总之，行业技术推动与市场需求拉动是人类演进的总路线，且后者占绝大多数，但只有前者才有可能引领时代、开创人类新格局，才有可能达到"伟大"量级。甚至，那些引领过人类文明的伟大企业，一旦转为市场导向，也

第七部分　"左中右"——创新的实体关系模型"技术推动—产品驱动—需求拉动"

就泯然于众，转型之后的IBM就是如此。

20世纪90年代初，IBM遭遇PC与客户端/服务器模式的两轮打击而即将破产，来自纳贝斯克食品公司的CEO郭士纳执掌IBM，他认为IT行业必须停止技术崇拜，上任伊始就强调"市场决定我们的一切行为"[7]，虽然他在短期内把IBM救活，但我认为，IBM输给了未来，它已成为一家无足轻重的企业，不可能再引领时代了。这也印证了乔布斯的评价：

> 我的激情所在是打造一家可以传世的公司，这家公司里的人动力十足地创造伟大的产品。其他一切都是第二位的。当然，能赚钱很棒，因为那样你才能够制造伟大的产品，但动力来自产品，而不是利润……像IBM或微软这样的公司为什么会衰落，我有我自己的理论。这样的公司干得很好，它们进行创新，成为或接近某个领域的垄断者，然后产品就变得不那么重要了。这样公司开始重视优秀的销售，因为他们是改写收入数字的人，而不是产品的工程师和设计师。因此销售人员最后成为公司的经营者。IBM的约翰·埃克斯（John Fellows Akers）以及早已离开苹果的约翰·斯卡利（John Sculley）、微软的史蒂夫·鲍尔默（Steve Ballmer）是聪明、善辩、非常棒的销售，但是对产品一无所知……我认为只要鲍尔默还在掌舵，微软就不会有什么起色。[2] 518-519

所以技术推动与需求拉动的终极目标是创造伟大产品……那么伟大产品何以可能？

本章参考文献

[1] BCG、阿里研究院、百度研究中心与滴滴研究院. 解读中国互联网特色 [EB/OL]. http://image-src.bcg.com/Images/BCG_China Internet Report_Sep2017_CHN_tcm9-170392.pdf：23.

［2］〔美〕沃尔特·艾萨克森.史蒂夫·乔布斯传［M］.北京：中信出版社，2011.

［3］Ronald Inglehart, Wayne Baker. Modernization, cultural change, and the persistence of traditional values[J]. American Sociological Review，2000(2).

［4］〔美〕迈克尔·西尔弗斯坦，约翰·巴特曼.顾客要买什么［M］.方海萍，译.北京：中国人民大学出版社，2006：10—13.

［5］麦肯锡中国消费者调查报告，2020年P9—11；2017年P14—17，mckinsey.com.cn

［6］Larry Selden, Ian C. MacMilan. ［M］哈佛商业评论，2006(8).

［7］〔美〕郭士纳.谁说大象不能跳舞？［M］.张秀琴，音正权，译.北京：中信出版集团，2003：125.

第 21 章

"中"之产品驱动：产品创新、服务创新、体验与设计创新

伟大产品何以可能？这是欲为伟大产品人的终极大问！

乔布斯引用冰球明星韦恩·格雷茨基之言，"要向着冰球运动的方向滑，而不是它现在的位置"[1]320，即预判下一个！

例如我的偶像杜甫把我们后人的路几乎封死，我除了对其全部1 458款"产品"做了"竞品分析"，还对杜甫之后能成为大诗人者做了"大数据"分析，再归总新路。诸如内容创新，杜甫未学过数理化和IT，所以我创作诸如"青春赋值debug world"；又如形式创新，五言、七言后还有其他吗？我将戏剧与歌剧跨界写了多幕诗剧；冰球方向能在冰球之外吗？仍将计算范式用之于诗歌产品，不妨做人类演进图谱（图21-1）：

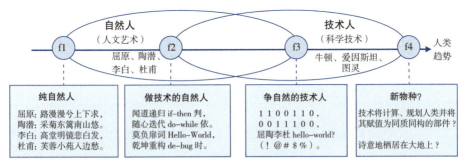

图 21-1　人类演进图谱

人类从屈原、陶潜、李白、杜甫自然人（f1态）向技术人方向演进，我们现处"做技术的自然人"（f2态），随着人工智能和虚拟现实技术等的发展，

未来新人类将变为"争自然的技术人"(f3态)？乃至终成新物种(f4态)？一种莫名之大悲悯油然而生，须赋诗为其代言：

《七绝　迷惘新人类》

１ １ ０ ０ １ １ ０，

０ ０ １ １ １ ０ ０。

屈陶李杜 hello-world？

（！＠＃＄％）。

注：这是严格的七绝。押韵合规，")"在"0"键上。平仄合规，1仄0平，第四句第四字"#"在"3"键上是平。括弧引胡塞尔—海德格尔现象哲学，存而不论括之弧。

回到产品，其时空全程如图 21-2 所示，类比一般熟知的生命周期曲线，能拉出来的是极少数，绝大多数产品在上市之日就是灭亡之时，伏笔是在规划与设计创新阶段，本章述其要旨。

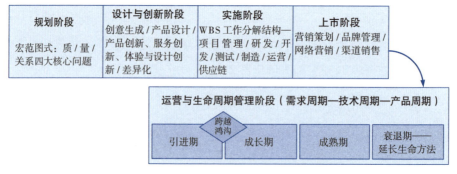

图 21-2　一个成功产品的时空全程

产品的创新创造需回答四大问题：（1）满足哪些用户的需求？（2）满足用户的哪些需求？（3）如何满足用户需求？（4）如何差异化地满足用户需求？其实就是图 21-3 的"面"字模型。

第七部分 "左中右"——创新的实体关系模型"技术推动—产品驱动—需求拉动"

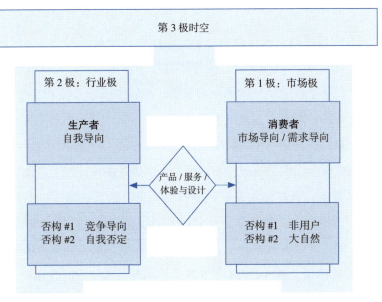

图 21-3 "面"字模型——产品创造的四大核心问题

第一大问题：满足哪些用户的需求？（市场导向）

因为不可能创造出一款产品能满足所有用户的所有需求，所以将复杂问题分而治之，以消费者的某些特征为依据细分市场，使同一个细分市场内个体间的差异减到最小，不同细分市场间的差异增至最大。了解市场趋势，特别是市场出现的重大结构性变化，选择并定位好目标市场和目标用户。了解目标用户并建立用户画像，即分类、分层标记用户的属性信息与行为特征。同时思考如何存取目标用户，他们怎么能了解你的产品（营销覆盖），你的产品怎么能抵达他们的手中（渠道销售），所以企业与目标用户的正向、反向与冷热连接是一种竞争优势。

这些要点主要是营销课程的内容，即所谓的 STP：细分（Segmenting）、瞄准（Targeting）、定位（Positioning），在此不展开，只略微强调一下连接。正向连接是生产者触达消费者的方式；反向连接是消费者主动成为企业的粉丝，甚至参与到企业价值创造的过程中；冷热主要取决于连接的效率。

如总部在西雅图的开市客（Costco）是全球最大的会员制量贩式零售商，

会员卡是它与会员的连接点：一是录入会员信息时提供的家庭地址和邮箱，它据此每月按地址邮寄折扣商品目录，由此触达并召回客户。当然这种工业文明时代的做法不能做到实时，故称之为"冷连接"。二是购物时需要刷会员卡，由此积累了该会员采购的全套数据，为后续服务提供了想象空间。

网络时代的消费者通过自组织形成了社群，同时又由朋友圈将这些社群串接起来，于是刷朋友圈几乎是引爆流行的唯一方法。对企业而言，与这些社群的有效连接就成为面临的挑战，不妨称之为"热连接"，因为它能实时响应。

以小米为例，其连接主要有四个核心通道：论坛、微博、微信和QQ空间。其中，微博和QQ空间都是一对多的强媒体属性，主要做事件传播；微信传播是一对一，做客服平台；论坛更多的是用来沉淀老用户，虽是一对多，但即时性没微博快。截至2014年6月，小米论坛有2 000万用户，QQ空间有3 000万用户，微博和微信的用户都超过600万。其反向连接就是所谓的"粉丝经济"，用户反向参与到公司的产品研发与测试提交迭代。[2] 152-153

如此一来，在此前实施的是"以用户为中心"，但主导整个过程的依然是设计者，只是由所选的用户进行适度配合，所以用户更多的是一种被动式参与，参与度较低，且参与多在后半程而较少在前半程的设计阶段。移动互联网时代，用户在前半程主动地参与共创成为可能，如此才是真正参与了设计工作；而在后半程则与设计者一起解决问题；很多在设计中不是非黑即白的灰色地带则交由网络测试，让用户数据来决定。这就是消费者共创模式。

第二大问题：满足用户的哪些需求？（需求导向）

通过"痛点洞察—产品假设—落地验证"，探索用户需求并确定产品价值。通过"源于生活，高于生活"，从独特视角提出产品假说，抽象出给用户的价值。用最小速成法或快速原型法将可行产品推到场景与目标用户一起验证假说，特别是能找到关键少数或种子用户作为切入点。这一过程可能还需要快速重构与多遍验证。

产品给用户的价值可表述为：

第七部分 "左中右"——创新的实体关系模型"技术推动—产品驱动—需求拉动"

$$用户价值 = \frac{利益}{成本} = \frac{物质利益（如功能）+信息利益（如象征）+能量利益（如情感）}{（金钱成本+时间成本+精力成本+体力成本）+转移成本}$$

用户价值俗称"性价比"，即性能除以价格。所以提升用户价值，无非是：增加用户利益；降低用户成本；既增加利益又减少成本；利益与成本皆增加，但利益增幅比成本增幅大；利益与成本皆减少，但成本的减幅比利益的减幅大。

还需强调，有一个转移成本。很多时候虽然产品改进明显，但消费者仍不买账，原因可能是新产品要求消费者改变其日常行为习惯，忽视了其心理转移成本。一般消费者会高估已拥有的产品的价值，而创新者也会把新产品的功效夸大，二者叠加，创新者的预估需求与实际需求之间会有加倍的扭曲，所以设计产品时要考虑消费者行为会做出哪些改变，因为消费者行为改变越大，所遭致的抵触可能越强。

与之相反，具有先发优势的企业应通过增加转移成本而构筑竞争壁垒。例如浏览器的网景与微软 IE 之战，彼时网景采用了简单、易用、开放的 HTML 格式先发制人，到 1996 年 3 月时占据了 70% 全球的市场份额，微软的市场份额接近 30%。但网景没有开发自己的专有数据格式，所以对用户而言没有转移成本，微软推出 IE3.0 后，以"现在和将来永远免费"疯狂阻击，并以向 PC 制造商和互联网服务提供商付费的方式将 IE 预装或设为默认浏览器，其后更将 IE 与 Win98 捆绑而大获全胜。

接下来辨析几个概念。市场是消费者的集合。消费者中使用了你的产品的叫用户（user），或进了门店的叫顾客（client），统称为用户；未使用产品的或没进门店的叫非用户；而客户（customer）是付了费的用户（如图 21-4 所示）。从全球市场来看，非用户一定比用户多；同时用户与非用户"正反合"。传统行业一般是以客户为中心，只服务付了费的人；而互联网行业一般以用户为中心，只要用我的产品，都是我要服务的对象（因为大部分产品是免费的）。

图 21-4 概念辨析

"二八原则"在产品中非常明显，如 80% 的用户只使用 20% 的功能……找准关键少数是成功的基础。如视频网站能上传内容的用户，在中国约占 1%—3%，在美国约占 7%。电商网站的用户如此分层：达人是基于品牌宣传营销，5% 左右的超级用户是有能力创造优质内容的，活跃用户是不一定能创造内容但能传播的，以及逛逛买买的大众，前两类是关键少数。

在产品起步阶段的关键少数常称为"种子用户"，是产品初始成功的保证。如小米 MIUI，第一版在 2010 年 8 月发布时的"种子用户"是最初参与测试的 100 个用户，是一个一个从第三方论坛"人肉"拉来的。产品发布时，这些用户的论坛 ID 写在了开机页面上；产品获得成功后，小米在 2013 年专门拍了微电影《100 个梦想的赞助商》以示感恩。[2] 30, 81

第三大问题：如何满足客户需求？（自我导向）

在洞察出有价值的市场空间和用户需求后，下一步就是通过澄澈的分析，计算带给用户的各项价值，确定产品概念，用创意设计和创新产品去抢占这个定位，并将企业内外资源与能力进行有效的整合及配置，抓好初始根据地建设并运筹布局扩张之路。

创意的可能来源。创意需要在灵光一现与无穷搜索这两个极端之间"正反合"，表 21-1 总结了创意的可能来源。

表 21-1 创意的可能来源

创意来源	Inside-out 与 Outside-in
点 企业内部	企业内部的高管、科学家、工程师、设计师等；销售代表、客服等掌握客户需求和第一手资料的人；大数据挖掘

第七部分 "左中右"——创新的实体关系模型"技术推动—产品驱动—需求拉动"

（续表）

创意来源	Inside-out 与 Outside-in
线 企业生态链	与企业利益直接相关的上游供应商，下游的分销商、中间商；竞争对手；客户（创意中起源于客户的占比最高）
面 行业级	行业领袖企业动态、行业媒体报道、行业意见领袖、行业咨询公司的数据与报告、行业技术大会、行业顶级大会
体 任意维度	建立信息搜寻网或解决方案网；大学；风险投资动态与趋势；专利机构；发明家；金融分析报告；跨业观察（参加其他行业的年会/阅读其他行业的咨询报告）

设计的原则。将中国古代美术"产品"的评价标准谢赫六法嫁接过来："一曰气韵生动，二曰骨法用笔，三曰应物象形，四曰随类赋彩，五曰经营位置，六曰传移模写。"

从后往前解释：传移模写是仿制，模仿是创新创造的基础；经营位置就是产品各项细节的考量、各个组件的摆放，功能到位，做工精致；随类赋彩就是颜色搭配，美轮美奂；应物象形指外在表现、风格设计等；骨法用笔指产品结构、布局、格局等；气韵生动指产品展现出来的精神气质、情味韵致，是情感与符号属性。

"根据地"建设。企业应集中优势"兵力"拿下第一个细分市场作为"根据地"，并筑好"护城河"，全力守护。如小米的初始定位是"为发烧而生"，主攻男性技术"发烧友"细分市场，产品设计为"性能怪兽"；而OPPO的主打定位则是追求时尚及现代生活方式的年轻消费人群，特别是"80后""90后"的年轻女性，她们喜欢看综艺、追明星、聊八卦、赶潮流。

扩张的第一维是细分扩张。逻辑扩张如Facebook，其"种子用户"是哈佛大学的学生，然后扩张到斯坦福大学、常春藤盟校、全美大学、海外以英文为主要语言的大学，之后是中学等。地域扩张如共享单车，先拿下北上广深等一线城市，再二线、三线往下打。

总之，因为非用户总比用户多，所以企业应思考：非用户不买或不用我们的产品的原因是什么？他们想买什么？非用户的认知价值是什么？市场中是什么使得我们的用户与别人不一样？我们失去的用户与我们得到的用户有什么关键区别？哪些是我们的竞争对手做到而我们却没能做到的？

扩张的第二维是产品扩张。谷歌于2005年7月进入中国市场，彼时与百度的市场份额各为百分之三十几；不幸，四年后的2009年7月，百度的市场份额扩张至68%，谷歌则收缩至29%，并于2010年1月退出中国。主要原因是百度继搜索之后围绕"全、准、新、快"四大原则进行了系列产品创新：2003年推出"贴吧"，依据用户搜索的相同关键词来构建兴趣社区；2005年推出"知道"，针对网友的发问，让网友或运营团队回答，再通过人工来过滤萃取，因为人比搜索算法给出的答案更精准；2006年设计"百科"，由网友或运营团队编辑词条，因为水平搜索对需求的满足度不是太好，因而把词条单独优化；2009年建立了"文库"——文档分享与下载平台；同年推出"框计算"，如搜天气，原来是各天气网站的链接，现在第一条记录直接给出所在地四天的天气，实质是开放接口，让供应商的数据接入。

第四大问题：如何差异化地满足用户需求？（竞争导向）

竞争层级。竞争理论认为竞争分为四个层级：产品之争是处于同一品类下的不同品牌间的竞争，你必须证明你的产品比对手的要好。品类之争是使消费者相信你这种产品形式是品类中最好的。替代品之争是使消费者相信你的这种产品是满足需求的最好方式。消费者预算或决策之争是使消费者相信你的这种产品带来的利益是花相同钱所能带来的最好享受。

竞争格局。它可以分为三个层级，最低的是"think differently"，其次是乔布斯的"think different"。区别是前者是对同一件事情采用不同的做法，后者是做一件不同的事情。

例如，阿里的支付宝2004年已然上线，先行多年，占据了近九成的市场份额。腾讯的财付通亦步亦趋都吃力，遑论"think differently"。2014年8月微信支付上线，开始依然是常规操作、不愠不火，随着B2B式推广如在滴滴等打车中接入，或B2C式推广如朋友间转账，慢慢获取了用户的账户信息。

直到2014年春节前的一个"think different"的偶然想法——发红包（包括普通红包和拼手气红包），这个两周多就完成的没有什么技术含量的小功能，

第七部分 "左中右"——创新的实体关系模型"技术推动—产品驱动—需求拉动"

一举引爆市场。从除夕到新年的仅一天时间,已有 500 多万用户使用,整个春节期间共计发出了四五千万个红包。一年后的 2015 年春节,红包数量暴涨到 10 亿个……腾讯连续三年每年打掉支付宝 10% 左右的市场份额,最终在移动支付市场与阿里巴巴平分秋色。

竞争格局的最高层级应是对前两者"求反"。前两者的共同特征是都需要跟别人比较,何必如此?其实人生最大的对手正是自己,所以最高的差异化是自否定,或自以为非。这种另辟蹊径、开创崭新格局的做法不妨仍从三个维度——技术推动、需求拉动与产品驱动来思考。

- 技术推动方面,一般情况下,延续性技术是更好地满足需求的线性增长的工具,而颠覆式技术有可能创造崭新的格局(详见本书第 28 章)。
- 需求拉动方面,如非用户市场的战略级开拓,美国次级贷款就是开拓原本不符合购房门槛的低端用户(会在后文的服务创新中详述)。
- 产品驱动方面,以世界胰岛素巨头诺和诺德为例,它原来从事的是胰岛素生产,用户是医生。当它发现市场趋于饱和、未来无路可走之后果断进行转型,从生产工厂变成了病人护理公司,将用户群由医生转向了患者。它于 1985 年发明了简单方便的诺德笔,为患者提供注射器,通过自我否定而使企业得到超常规的增长。

竞争本质。竞争的本质不是与对手正面对攻,不是与对手亦步亦趋,颠覆者从来都是"反者道之动"。例如微软超越了 IBM,不是通过和 IBM 一样做硬件,而是通过做软件;谷歌后来超越了微软,不是通过做桌面操作系统,而是通过搜索引擎……所以在大趋势中要看对不同的呈现方式,更要看对大势,如索尼 Betamax 与 JVC VHS 之争以及索尼蓝光与东芝 HD-DVD 之争,最终不管谁赢,都输给了网络流媒体,亦即前瞻思维、战略思维的着眼点不是效率、不是规模,而是预判大势,提前布局。

产品创新

仍是将复杂问题分而治之,将产品以属性切分,再对各类属性进行"不变—改进—全新"的组合思考,用工匠精神将一个个属性在可能性维度上打磨至极致,如表 21-2 所示。其中"变换矩阵"一列的具体变换手法参见表 21-3,是参考头脑风暴法发明人亚历克斯·奥斯本(Alex Faickney Osborn)的检核表。这两张表相当于两个齿轮,属性走一格,变化走六格。最后提醒:这是在现有格局之内打磨,不是开创崭新格局。下面按符号排序分述各项创新的要旨。

表 21-2　产品创新:产品属性与变换矩阵

大类	产品属性细类		变换矩阵
形式	A1:	外观,如造型、颜色、款式、界面、包装等	增加,减少,变换,替代,换序,重组。(详见表 21-3)
形式	A2:	名字,如品牌、隶属的品类名等	
形式	A3:	结构,可以是形式,也可以是内容	
形式	A4:	风格,一种独特的审美或文化意义	
内容	B1:	设计,如设计理念、设计原因等	
内容	B2:	构造,如原料、散件、组件、系统、附件等	
内容	B3:	功能,如做什么用、效果如何、关键功能等	
内容	B4:	使用,如时间、地点、场景、活动、操作过程等	
内容	B5:	其他,国情化、个性化、智能化、平台化、动词化、延伸化等	
情感	C:	符号价值,如象征、身份、形象、情感等	

表 21-3　变换矩阵

怎么变	变什么
增加	时长、尺寸、强度、耐用、功能……
减少	减轻、变薄、缩短、省去、删除……
变换	形状、颜色、款式、气味、功能……
替代	材料、零件、能源、内容、色彩……
换序	上下、左右、前后、内外、正反、目标手段、假设结论
重组	叠加、复合、化合、混合、综合,重组零部件、材料、方案

第七部分 "左中右"——创新的实体关系模型"技术推动—产品驱动—需求拉动"

A1：外观属性。"人不可貌相"，潜台词是：人是貌相的，即人与人见面的第一印象——颜值、穿着、举止、谈吐等外在形式至关重要；至于人这款产品的功能——才能，那得"辨才须待七年期"；而人这款产品的质量——人品，更得"吹尽狂沙始到金"。

同理，消费者看到产品的第一印象，不是质量，不是服务，而是外观或那个与众不同的创新。人是视觉的动物，对外观的观察理解源出本能。苹果早年的投资人迈克·马克库拉（Mike Markkula）教导乔布斯，"人们会根据封面来评判一本书的好坏"[1]317。于是所有的苹果用户都享受这种感觉：打开精致的盒子，产品总是以迷人的方式躺在里面。"……在包装上花了很多时间，"总设计师艾弗说，"我很享受打开包装的过程。一旦拆包被设计成一种仪式般的程序，产品也就变得特殊起来。包装就像一座剧场，它能够制造故事。"[1]317

A2：名字属性。名字是信息与人脑的第一触点，按营销说法，名字是抢占消费者心智的"语言的钉子"，甚至能在头脑中产生"视觉的锤子"，故能将品牌与定位关联是最好。至少取名的核心是降低传播成本，让人望文生义，如能朗朗上口，带有情感更佳。

注：网称普林斯顿大学研究发现，纽约证券交易所那些名字朗朗上口的公司，比名字读起来拗口的公司业绩好很多，我表示怀疑。也有引 *Journal of Marketing* 称，名字有叠音的公司具有更强的品牌渗透力，我未能查证，但因叠音语感强力，读音响亮，符合降低传播成本的原则，确是好的命名方法，如 Jelly Belly、当当、滴滴、QQ、阿里巴巴等。

A3：结构属性。小米插线板大获成功后，我于2019年1月采访了其出品人林海峰。他将该产品的成功归于三大要素：外观设计、结构设计和性价比。他对产品的要求是：既要"金玉其外"，亦须"腹有诗书"，即细腻独特的外观设计需要极致的结构设计相辅。青米在结构设计中的创新包括：推出了新铜带一体化，保证了内部结构的紧凑，空间小到小蟑螂无法藏身，拆机之结构效果惊艳，如图21-5所示。

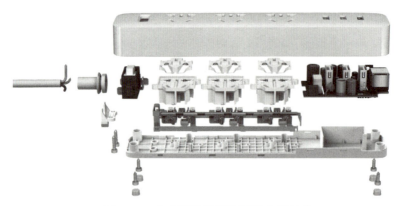

图 21-5　小米插线板拆机后的内部结构

同时，产品各结构间的结合引入了中国古建筑中的榫卯结构及挂钩形式，而非传统插座的焊接结构；为了让内部更加紧凑，模块与正壳之间采用热熔方式，极大减少了传统插座采用螺钉而占有的空间。最后为了插孔、铜带的均匀分配，集成电路板也进行了大量调整，包括变压器放置在插座后端而非前端，并采取隔离的方式与一体化铜带融为一体又相互分离，目的不是220V电压的转化，而是让外形更加美观，从而让产品更加凸显出一体化。

A4：风格属性。风格对产品而言是一种审美属性，我认为是产品形式创新之巅，或曰"无风格，不伟大"。简言之，一看产品的整体感觉就知道是谁的作品或哪家企业的产品。美国如苹果，日本如索尼，国内如小米，其系列产品都打上了自己的风格烙印。

推至广义的产品。电影艺界，如周星驰、姜文的电影等，一看即是其作品。诗词艺界，如杜甫之诗沉郁顿挫，千年独此无二；李白之诗"清水出芙蓉，天然去雕饰"，一见犹人。

B1：设计理念。以集装箱革命为例。1937 年，24 岁的马尔科姆·麦克莱恩（Malcom Mclean）还是一名卡车司机，他驾驶卡车将货物运往码头，以便将货物装上货船。彼时的卸货工人卸下每辆卡车上的箱子和货物，并搬到船边的吊舱里；同时码头工人再将吊舱里的每样货物搬到货舱的适当位置。当时航运业的创新方向是建造速度更快、燃料更省和配人最少的轮船。麦克莱恩回忆道："我突然有了一个想法。码头上像这样卸货装船太浪费时间和金钱！如

第七部分 "左中右"——创新的实体关系模型"技术推动—产品驱动—需求拉动"

果我的货车能直接吊上货船放好,无须工人们搬动,那不是很好吗?"[3]547即设计理念是装货与装船分离,进港前预先装货,进港后将事先装好的集装箱装船,货轮只是物料装卸设备而非"船"。

不过道阻且长。麦克莱恩直到 40 岁才试验,他当时已是成功的企业家,拥有自己的卡车公司。1955 年他买下一艘油轮进行改建,先在甲板上装配了一个金属平台,将两辆拖车重叠起来置于其上,但车轮增加了不安全性,于是取下车轮底座,加固拖车以应付海上风浪,这是人类第一个"集装箱",与拖车大小一样,还能装进铁路平板车厢里,加上底盘还适合于公路运输,到此试验成功。1956 年 4 月 26 日,第一艘集装箱船首航成功……此前商船的运费要占货物价值的一半,集装箱航运使运费降至货物价值的 1/10,到 70 年代超大型集装箱巨轮出现后,运费降至不到货物价值的 1/100……一名卡车司机改变了世界。

B2:构造属性。索尼随身听是现有产品系统的新构造,而非一个全新产品,其内部的所有组件无一是新的技术创新,都曾在其他产品上使用过。需求来自创始人井深大,他需要一种小型优质的卡带式播放器,以便在长途飞行过程中享受音乐。于是设计团队以一个已经存在的、专为新闻记者设计的轻型便携式录音机"新闻人"为原型,将其修改为体积更小的机器。他们去掉了录音功能,拆掉了录音线路和喇叭,装上一个小型立体声扬声器,再配上一个轻便的耳机,整个机器就完成了。因为没有喇叭,可把机器做得很小,对功率的要求也大大降低,于是可使用小型电池,使机器更轻。最后,重量 1 磅、结构全新的索尼随身听于 1979 年 2 月诞生。

在另一创始人盛田绍夫的主导下,该产品于 1979 年 7 月 1 日投放,定位于青少年市场,主打青春活力与时尚,一面世就风靡日本;1980 年产品使用"Walkman"为品牌推向全球,开创了耳机文化并改变了年轻人的生活方式,在 1998 年 MP3 播放器出来之前,全球销量突破 2.5 亿台。

B3:功能属性。人性本贪。据统计,尽管消费者都知道一个产品的功能越多就越难使用,他们开始购买时仍会选择功能多的产品;即使按自己的需求来定制,消费者也会尽量增添功能,只有在用过之后,易用性的分量才会比功能性要大。那么，企业为什么追求功能齐全的产品？一是竞争使然，大家都这么做；二是规模经济，因为功能丰富、满足各类需求的产品的总需求大，所以其生产成本要低于生产特定功能、满足特定需求的细分产品。

于是企业需要权衡产品战略，是应设计消费者青睐的多功能产品，以便尽量提高初期销售业绩，还是应限制功能数量以提升客户的终身价值？不妨看瑞士军刀的百年数据，其卖得最好的既不是那款有几十种功能的大杂烩，也不是极简主义的单刃折刀，而是中间产品。所以产品的功能组合应有一个"度"的正反合态，既不能加进太多功能，也不能只配备极少的功能。

功能的细分延伸。可以通过功能微调，改变当初设计这款产品所针对的细分市场，去争取那些不太可能购买或使用这款产品的非客户。如一次性纸尿裤原是针对大小便无法控制的婴幼儿市场，金佰利如是创新：好奇牌训练内裤（HUGGIES）是针对刚刚脱离尿不湿的儿童做的一个正常厚度的自动吸水内裤；好奇牌一次性儿童用游泳裤是因为改变了使用场景；高洁丝（Kotex）是女性经期用护理品或内裤；得伴（Depend）针对各种大小便失禁的老年人细分市场。

功能的任务统合。给产品的现有属性增添一项新任务，把两项属性统一在一个部件中。如中国台湾把所有的电线杆编号，并与经纬度建立对应，如果你在野外遇险，只需找到最近的电线杆，告知号码，直升机即可来救援。类似的还有汽车挡风玻璃上的雨刷，可以添加收音机天线的功能。

B4：使用属性。仍参照记叙文的六大要素——时间、地点、人物，事件的起因、经过、结果，通过对使用属性的"反者道之动"进行微创新，例如：**时间"反者道之动"**，选择与当前习惯相反的消费时间，如廉价的"红眼航班"，专门夜间飞行。**地点"反者道之动"**，如比哈尔滨纬度还高的加拿大埃德蒙顿把热带的水上活动建在购物中心，四季运营。**场景"反者道之动"**，如环球影城的虚拟现实过山车，坐在房间的椅子上，眼睛看投影墙面，它将过山车的运行设置成投影，座椅跟着投影场景的变化上俯下冲、左旋右晃。**流程经过的"反者道之动"**，如不同于一般自动售卖机，Gumball 糖果自动售卖机，在投入硬币后，糖果会沿着螺旋形的通道"叮叮咚咚"地跑上一阵才出来,出货速度慢,但因有了这个新奇小装置,其销售量比同类产品高出几倍。

B5:特殊思考。耳熟能详的产品个性化、智能化不述,产品国情化如礼文化的"今年过节不收礼,收礼只收脑白金",高中低端延伸化如丰田汽车的高端品牌雷克萨斯,中低端品牌凯美瑞、花冠等。此外还有产品平台化、产品动词化,分述如下:

产品平台化。任何产品都可以变成平台产品,关键是想象力。如搜狗输入法,除了字词录入,甚至还可以对z、c、s与Zh、Ch、Sh不分的人予以"模糊"输入;更进一步,当你输入"联想""李宇春",结果是把官网或其博客列出;在浏览器网址栏上输入汉字,其下拉备选的第一项,如果敲"回车"则是打开搜狗自己的浏览器,此外它记忆了你的输入词语的偏好,与云端服务器交互,对你进行了用户画像。

产品动词化。产品是个名词,如果把产品的使用过程设计进产品之中就是动词化。如图21-6左部的螺丝刀,在把柄上做了微创新,让用户使用更省力;右部的油漆刷,当用户刷到一半累了想休息时,就不会再为随地铺张报纸放刷子发愁了。

图 21-6　产品动词化:把使用过程设计进产品

C:符号价值。指在产品本身的形式与内容之外,提炼并附加一个符号意义,通过产品认知、品牌感受和文化渗透与消费者产生共鸣,让消费者产生诸如感动、愉悦、自豪、虚荣、炫酷、性感等情感,从而激发其购买行为。

浙江纳爱斯1999年推出广告:一位下岗的母亲焦急地寻找工作,八九岁的女儿看到妈妈唉声叹气,想给妈妈一个惊喜,趁妈妈不在时洗衣服。女儿拖出一大堆衣服，放洗衣粉时只舀了一勺，还用小手将量勺抹平，女儿自言自语道"妈妈说，雕牌洗衣粉，只要一点点就能洗好多好多的衣服，可省钱了"，强调物美价廉的实在功能。晚上妈妈回家，看到晾好的衣服，看到因劳累在沙发上熟睡的女儿，看到女儿稚气的字语"妈妈，我能帮您干活了"，妈妈泪眼婆娑，目标客户——全国的妈妈们也都热泪盈眶。产品的情感设计与1998—1999年国企改制而致使全国五六千万职工下岗的社会大环境强烈共鸣，广告一经播出，产品当即拿下全国销量第一。

服务创新

服务通常以一个服务包（service package）的整体出现，其构成要素如下：

- 显性服务：它是服务的核心，是客户即时感知的价值。如坐飞机飞一趟。
- 隐性服务：它是客户模糊感知的心理收益。如航班正点率如何，延误了怎么办，飞完后常旅客卡是否自动快速累加里程并即时通知。
- 可得产品：指服务中提供的有形物品、耗材等。如飞行中的餐食、饮品等。
- 支撑服务的物理设施及其位置、外观、布局、风格等。如提供大飞机还是小飞机，一般客户的心理是飞机越大越安全；机场自助值机设备等。
- 信息：指客户数据，便于达成高效或个性化服务。如自助登机时，常旅客卡号是否自动出现，是否根据客户喜好自动分配窗口或过道位置等。

服务与产品的主要区别如表21-4所示：

第七部分 "左中右"——创新的实体关系模型"技术推动—产品驱动—需求拉动"

表 21-4 服务与产品的主要区别

维度	产品	服务	备注
空间	有形的结果，是物质的，购买后所有权发生变更	无形的过程，是非物质的，购买后所有权不发生变更	不像产品创新，服务创新没有专利，必须赶在对手模仿前大规模实施
时间	无时间依赖性，可存储	有时间依赖性，无法存储	产品可试用而服务不可，在实验服务创新时一旦失败可能损害客户关系
人间	产品生产与消费者分离	服务生产与消费者有一定程度的互动	同一员工的服务态度多变，而产品是严格按规范生产而无变动性

服务创新的思考。仍将复杂问题分而治之，用第三工具把服务创新"正反合"分为三类：一是在现有服务格局内的创新，二是打破现有服务格局，三是服务与产品的转化与整合（如图 21-7 所示）。

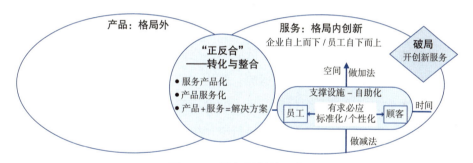

图 21-7 服务创新的思考

第一类：在现有服务的格局内做创新

空间维度。关于服务的思维定式，如餐饮业的微笑服务、设备业的保修服务、银行业的快捷服务、零售业的免费送货等，都把服务限于有求必应的范畴，满足于被动适应客户需求。服务创新不妨以此为基线，往上做加法是主动、超前预测、个性化，往下做减法是合理约束客户预期；前者服务质量好、客户满意度高但成本也高，后者"反者道之动"。总之在质量与成本间权衡，各举例如下：

基线的标准化：麦当劳的快餐生产与传送是采用制造业流程，在一个整洁有序、服务态度良好的环境中提供统一的食品。它的原材料全部来自供应商和第三方物流商；门店以产出为导向，完成最后的工序，如牛肉饼煎制38秒、鸡翅炸6分钟，采用全电脑控制，饮料设备提供多个出口，按一下就能保量流入杯中。在自动装饮料时，员工还可同时做其他事情，一切都是服务于提高食品的生产速度这个目的。

做加法：《财富》500强企业之一、总部位于西雅图的高端百货店诺德斯德龙（Nordstrom），其服务无结构无模式，完全依靠销售人员与客户的关系；组织体系是客户第一，销售第二，然后依次是销售支持、部门经理、店长……董事会在最底层；公司政策就一句话"随时基于你的最佳判断"；每个销售人员随身带一本"客户名录"，记录自己的客户信息，给客户寄送贺卡、鲜花无预算，时薪是对手的两倍，另加6.75%的提成，好的销售人员年产值超过200万美元。

做减法：如春秋航空，定位于低成本航空，一般情况下两地之间其票价最低，机上不设公务舱，全是普通舱；两排座位间距较小，伸腿不太舒服，舒服的位置如靠过道需另多付费；机上的餐饮服务也需付费，另有小推车装着各种食品、礼品沿过道兜售；随机行李严格规定尺寸，超标则要求托运并另外收费。它就是用便宜机票来降低客户对其服务的预期。

时间维度。服务的形态是流程，而流程的时长是成本，故须尽量压缩流程时间，分为物理与逻辑两法。物理方法如：

- 并发：餐馆厨师的做菜流程是每桌做一个菜，轮完一圈再做下一轮，这样每桌的顾客都可以边吃边等，而不是先把一桌的菜品上齐了再接着做下一桌。
- 调序：旅客的登机速度影响航空公司的成本。据美国西南航空统计，如果每趟航班登机时间延长10分钟，则要另增40多架飞机才能满足当前需求。为此它采用分区登机，不设座位号，上飞机后旅客自行按区找座位就座。

第七部分 "左中右"——创新的实体关系模型"技术推动—产品驱动—需求拉动"

- 挤压：减少流程间和流程中各项活动间的间隔时间，因为依据帕金森法则，工作会自动膨胀到占满所有可用的时间。

逻辑方法是利用人类心理，如：

- 若无法缩短等待时间，就分散顾客的注意力。如在等待区播放电视节目，派员工与等待区的顾客攀谈或预处理，在写字楼电梯前放置镜子。
- 服务接触的结束阶段比开始阶段重要，因为结果支配着顾客印象。如在会议的最后举行抽奖，飞行结束阶段的行李快捷提取。
- 分割满意，整合痛苦，即坏消息一次说，好消息慢慢挤。如医院服务方面，即使延长看病时间，也应减少看病次数。
- 由顾客自主控制流程可让其忽略等待时间并增加其满意度。如自动取款机取款、机场自助值机等。

人间维度。以1994年创立于四川简阳、2019年于香港上市的火锅连锁企业海底捞为例，其服务之佳被戏称为"人类已无法阻止海底捞"，枚举一二：吃前等位时有免费美甲、擦鞋服务；就餐过程中，服务员随叫随到，且可以给顾客加赠菜品，甚至免单。简言之，其服务超越了消费者预期。我曾在微信中与长江商学院EMBA学员、海底捞首席发展官唐春霞交流，确认了这些各式各样的个性化服务都是自下而上由员工自发创造的，而非公司自上而下的设计。这是如何做到的？

先看"形而上"的观念。海底捞的核心理念是"双手改变命运"，它认为在完全竞争的餐饮业，消费者体验是第一位的，而它又是由员工来完成的。只有通过确立核心理念才能凝聚员工，员工接受这个理念才是认可企业，才会发自内心地对顾客付出。

再看"枢而中"的结构。海底捞一手抓顾客满意度，一手抓员工努力度。员工通过核心理念能认识到其职业路径可以通过自己的努力从基层服务员一级级往上走。在激励机制中，海底捞采取了一项大胆放权的措施，即老员工被赋予给顾客赠送菜品甚至免单的权利，这种设计使员工觉得自己成了企业的主人而非只是服务员，有助于员工果断判断并现场解决矛盾，避免因突发事件处理不及时而导致顾客流失。

另一位长江商学院 EMBA 学员、四川海底捞餐饮股份有限公司总经理梁杨兵在作业中总结道："在公司发展壮大的过程中，我们一直在思考餐饮业的核心竞争力究竟是什么。环境、口味、食品安全、服务品质？最终发现这些都不是。我们认为人力资源体系对餐饮企业至关重要，如果企业能把这个人力资源体系打造好，它会形成一种自下而上的文化，这个应是海底捞未来的核心竞争力。"

第二类：打破现有的服务格局，开创新服务

中国以曾国藩为例。自古中国以农为本，国家税源主要为土地税、农业税、盐铁专卖税等。自宋代至清代，工商贸易甚至外贸经济愈加发达，但却未成为政府的主要税源。著名的宋代王安石变法、明代张居正变法等都是在现有格局中推陈出新，这一"蓝海"直到晚清被曾国藩发现并利用。

曾国藩在其母过世回湖南老家丁忧守孝期间，恰逢 1851 年太平天国运动爆发，他受命组织抵抗，但中央没有资金支持。依靠募捐筹款做启动资金创立湘军后，为维持组织运营，曾国藩于 1853 年创造了厘金服务，即湘军卡住国道桥梁，向过路商贾收取过桥过路费，收费标准为省际贸易额的千分之一，相应地履行在收费路段保护商贾安全的职责。当时的战区正好是中国商业活动最发达的地区，这项举措一举解决了资金难题，1861 年由清政府推广至全国并沿用至今。W. L. 贝尔斯引用帕克关于清政府 19 世纪最后十年的税收数据：总收入约 8 849.5 万两白银，其中厘金 1 193 万两，仅次于 2 588.7 万两的土地税、2 148.2 万两的涉外关税、1 260 万的盐税而位列第四大税种。[4]曾国藩之所以能开创新局面，是因为他彼时正在格局之外筚路蓝缕，而不像王安石、张居正等仍居格局之内，正所谓"不识庐山真面目，只缘身在此山中"。

美国以 CNN 为例。在泰德·特纳创立 CNN 之前，CBS、NBC 和 ABC 三大新闻网几乎垄断全美。当时的一份盖洛普民意调查发现，2/3 的人认为三

第七部分　"左中右"——创新的实体关系模型"技术推动—产品驱动—需求拉动"

大新闻网是大部分甚至全部新闻资讯的来源。而当时的新闻播出是在固定时间，消费者慢慢就习惯了这个行规，而忘了新闻及时性、真实性的产品本质。特纳独具慧眼，洞察到了这一崭新的服务格局，欲创立一个24小时连续实时滚动播报纯新闻的电视网。

专业人士们大唱反调："在电视上尝试做24小时新闻，无论从新闻工作的角度来看，还是从技术的角度来看，都是荒谬徒劳的。即便新闻上、技术上可行，这种新闻也不会有人看。如果他们做了，绝少有新闻迷和广告商光顾，电视台会破产。那是无用的电视。"[3]636

耗资仅2 000万美元的CNN在1980年6月1日正式开播。出乎意料的是，其深入、快速的卫星新闻实况让消费者耳目一新。CNN大受追捧，成为三大新闻网之后的又一巨头，也是世界上最早出现的国际电视频道。特别是1991年海湾战争爆发，当美军开始轰炸巴格达时，三大新闻网的国际电信线路全部被切断，伊拉克当局命令驻巴格达的所有外国记者离境，而独留CNN记者全球独家直播战争实况。经此一役，CNN名扬世界，特纳也成为1991年《时代周刊》（*Times*）的年度人物。

第三类：服务与产品的转化与整合

服务的产品化。以美国次贷危机为例。美国的抵押贷款市场分为优惠贷款和次级贷款，其发放以借款人的信用作为划分标准，信用低的人申请不到优惠贷款，只能寻求次级贷款，但次级贷款的利率通常比优惠贷款高2%—3%，所以次级贷款对放贷机构来说是一项兼具高风险和高回报的业务。20世纪90年代中期，资产证券化兴起，金融机构将次级贷款服务打包并产品化，变为标准化的金融衍生产品销往全球，同时也将风险分摊至世界。

90年代中后期正值互联网革命兴起，经济形势大好，美国利率下降至40年来的最低，与此同时房价持续上涨，在房价不断走高时，即使借款人靠现金流并不足以偿还贷款，也可以通过房产升值获得再贷款来填补资金缺口，因此次级贷款一直增长至2007年危机爆发。

而在走出互联网泡沫后，美联储在2004年开始加息，在截至2006年6

月的两年里连续17次加息，将联邦基准利率从1%升到5.25%，利率的大幅攀升加重了购房者的还贷负担；另外，2005年第二季度以来美国房地产市场大幅降温，这样，购房者就难以将房屋出售或通过抵押获得新融资；二者叠加，大量的次级贷款借款人无法按期偿还借款，只能违约。银行依据违约条款强行收回房屋，原想可以在拍卖或出售后收回银行贷款，却不料在房地产市场下行期，房屋卖出得到的资金弥补不了当时的贷款，于是大面积亏损发生，引爆次贷危机。

产品的服务化。产品型的企业，一般较少提供服务项目或只是基于产品的售后提供维修等简单服务。而随着企业的发展，可在产品之上设置增值服务，如延长产品的保修期，总揽集设计、产品和施工于一体的"交钥匙"工程，提供基于产品的差异化与个性化服务。

以飞机发动机制造商为例，此前发动机是作为飞机的一个零部件，卖给飞机制造商，是简单的产品经济；现在是将发动机作为一个服务平台，只租不售，按为飞机提供的动力单位或时间向航空公司收取服务费，从而实现了多达十倍于产品的利润。

再进一步就是脱离产品的专业化服务：企业可以将自己领先于市场的研发、供应链、网络营销等运营能力向外延伸，作为服务提供给其他企业。研发方面如英国嵌入式芯片设计公司ARM的技术授权服务；供应链方面如京东的仓储物流作为独立法人企业向全行业提供服务，以及阿里小贷的供应链金融服务等。

产品与服务的整合。一种整合形式如B2B业务，企业成为服务导向的解决方案提供商，服务成为企业的核心竞争力。企业一般通过着力挖掘和洞察企业客户需求，利用强大的服务体系解决直接影响客户的业务增值或成本问题，如IBM从计算机硬件公司转型为解决方案公司，用友从财务软件的产品公司转型为SaaS服务公司，亚马逊从B2C电商拓展为全球最大的B2B云服务公司。

另一种整合形式如B2C业务，企业成为"硬件＋软件＋互联网服务"三位一体的端到端的生态型企业，或者产品服务体系（Product Service System，

PSS），如苹果的"iPod + iTunes"或者"iPhone + App Store + APP"。

用户体验与设计创新

"枯藤老树昏鸦，小桥流水人家，古道西风瘦马……"元代马致远《天净沙·秋思》，三张风景照，九个名词，纯天然、去雕饰，每组一个意象铺陈，结句"夕阳西下，断肠人在天涯"点睛，蒙太奇出人生沦落、凄凉萧瑟的用户体验。我2005年去了北京郊外的马老故居和它村口外的古道野岭体验产品生活，"一道残阳映秋黄"，连翻三座荒山，唇焦舌燥，腿抖筋颤，"半山静谧半山凉"，喘歇在风化的千年茶马古道蹄印旁，几声乌鸦叫划破时空，心中咯噔着天涯沦落的愁。

产品、服务、体验与设计三位一体，总体而言，最终落实到用户的，就是从购买到使用产品与服务的整体感觉，这就是用户体验，不妨下定义：用户体验是用户对其需求满足过程产生的心理感受或价值判断。

构成用户体验的要素与价值。有的人认为是可用性（让用户达成预期目标）、易用性（达成目标的成本要低，效率要高，简单易学）、稳定性（产品发生异常的概率要小，发生之后还能容错），最终是超越消费者的预期。有的人认为是"Don't make me think"，即别让用户思考，只需因势利导地顺从用户的直觉与习惯。有的人认为是极简主义，因为简单是复杂的最高境界。如此等等，不一而足。

基于"科技 + 人文艺术"融通的视角，我把体验与设计的价值定义为"三境"：物境、情境和意境，如图21-8所示。这里类比借鉴了唐代王昌龄的《诗格》："诗有三境：一曰物境。二曰情境。三曰意境。物境一。欲为山水诗，则张泉石云峰之境，极丽绝秀者，神之于心。处身于境，视境于心，莹然掌中，然后用思，了解境象，故得形似。情境二。娱乐愁怨，皆张于意而处于身，然后驰思，深得其情。意境三。亦张之于意而思之于心，则得其真矣。"

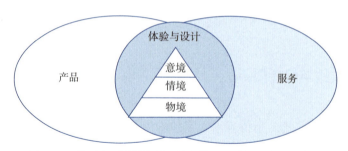

图 21-8　体验与设计的"三境界"：物境—情境—意境

"**物境**"就是主客体分离，主体"处身于境，视境于心"，对客体事物的特征如实描述，于是"了然境象，故得形似"。具体到一般产品，如功能、价格、质量、款式、技术优势等物理特征。具体到诗歌产品，如王之涣《登鹳雀楼》的前两句"白日依山尽，黄河入海流"；孟浩然《宿建德江》的前两句"移舟泊烟渚，日暮客愁新"。

"**情境**"是主客体正反融合，张于意、处于身而得其情，所以物境偏客体，情境偏主体，情境的审美对象不是客体，而是主体的人生经验或感慨。

诗歌就是客观场景与作者人生经历或生活感受的契合。孟浩然《宿建德江》后两句"野旷天低树，江清月近人"，物境描写空旷野外，天比树低，而在此天地间穿行的孤独穷客举目无亲，最远的月亮投影江中，反而离人最近，将羁旅孤愁淋漓尽致地表达出来，与前两句情景交融。

商业上，情境对应于购买产品或拥有服务所引起的精神愉悦或情感价值，如美国西雅图派克市场上的飞鱼表演。

始建于 1907 年的西雅图派克市场是美国最古老的农贸市场，星巴克的第一家门店就开在这里。一进市场正门是一摊鱼档，常常是从早到晚围满了观众，因为它在平凡的卖鱼场景中增加了娱乐化体验，变成了飞鱼表演。

如某顾客买鱼，店外小伙子抓起一条四五公斤重的大鱼，抛向约四五米开外的店内伙计，店内伙计顺势把鱼接住，然后所有店员同时大声吆喝一段顺口溜，再进行正常的切割、称重、包装流程。我采访了这个鱼档，他们告知在夏季高峰，一天能卖出一千多磅的鱼。

第七部分 "左中右"——创新的实体关系模型"技术推动—产品驱动—需求拉动"

如果说情境的审美对象只是主体的人生经验,在"形而下"或"枢而中"层面,则"**意境**"的审美对象是主体"形而上"的观念、精神与价值,所谓"张之于意而思之于心,则得其真矣"。

如王之涣《登鹳雀楼》后两句"欲穷千里目,更上一层楼",字面义是想看得更远,须站得更高,引申义则是根据个人的观念与价值,如欲获更大的成功,须付出更多的努力。所以情境只是主客体融合于经验层面,而意境则是主客体融合到精神价值的豁然贯通,在观念与思想层面的悟道与升华,于是物我两忘、义理圆融通透,从"得其情"升华为"得其真"的生命律动。

例如,听课时老师的一句话突然让你醍醐灌顶,不由感叹"听君一席话,胜读十年书";或在产品使用过程中的极为特殊时点,将情感上升为刻骨铭心的回忆。如美国前进保险公司,承诺一旦出险(如撞车),它的理赔人员将迅速赶到现场,他们被授权可以处理任何紧急情况,对当事人的情感需求做出第一反应。首先,无论何时先安排一辆拖车和客户备用车,然后用电脑通过网络现场办公,连接好公司数据库,查证投保记录,核实事故场景,绝大多数情况下会当场将支票交到投保人手中。通过简化审批流程,他们将客户在交通事故的无助与痛苦转为英雄扶危救困的正义体验。

总之,相由心生,境亦由心生,体验更由心生,三境由实渐虚,物境可见,情境可感,意境则须思悟而得。

设计的本质。在我看来,设计也有三个境界。以美国十大建筑设计之一的越战纪念碑为例。它是一条几百米长的黑色大理石墙面,上面刻着五万多名阵亡将士的姓名;从与地面平齐开始一路楔形向下,最深处离地表约三米高,然后再楔形向上重与地面平齐;从空中鸟瞰则是一道裂痕,如图21-9所示。按照华裔设计师林璎的释义,它象征着地球被战争"砍了一刀",留下"大地的伤痕"。明媚阳光下的生者与黑暗寂静中的逝者在此相会,倾听逝者控诉战争的苦难,寄托人类和平的憧憬。

图 21-9　美国越战纪念碑的产品设计

在这里，基于事实的物境层级是黑色墙面、大理石材等，它对应求真层，源于生活，即在生活中洞察事物，发现生活的不合理，从而捕捉产品的本质，并找到简单、经济、实用的方法解决问题。此时设计是解决问题的战略方法。

基于情感认同的情境层级是肃穆、哀伤等，它对应求美层，给消费者带来感动、愉悦、自豪、虚荣、炫酷、性感等情感体验，既源于生活又高于生活，情景交融。此时设计是气韵生动的体验。

心理学家弗洛伊德将人格结构分成本我、自我和超我。本我处在潜意识态，如食、色等原始欲望，引导人按快乐原则行事。超我代表良知、社会准则和自我理想，是人格的高层领导，引导人按至善原则行事，以维持个体的道德感，指导自我，限制本我。自我处于前两者之间，是理性与情感的有意识的部分，引导人按现实原则行事，监督本我给予其适当满足。故本我与超我"正反合"于自我。

产品的本质是自我的投影，自我依靠象征意义来平衡本我与超我间的矛盾，所以企业运用各种"无招胜有招"的营销告诉你：我卖的不是化妆品，是一张美丽的脸；我卖的不是车，是身份地位；我卖的不是教育培训，是改变人生命运的机遇……

如果物境与情境仍在"象内"，"象外"则是价值认同的意境层级，或超我层级，如缅怀人类苦难、憧憬世界和平，它对应求善层，用良知良能唤起人类能够共同感受到的精神与价值。此时设计是精神与价值的传递，是臻美至善的人生态度，其目的不是产品，而是人，如图 21-10 所示。

第七部分 "左中右"——创新的实体关系模型"技术推动—产品驱动—需求拉动"

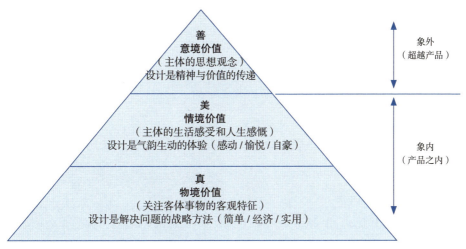

图 21-10　设计的本质

产品是构成生活方式的要素。随着生活水平和阅历认知的提升,消费者从只重功能、耐用和性价比的"物境"阶段,跨入注重社会身份、审美价值、精神愉悦、情感需求和心理满足的"情境"阶段,即消费者重视的不是产品能够做什么的经济价值,而是产品意味着什么的符号价值。最高的境界是达到自由意志与自我表达,审美对象由外而内、回归自我的精神与价值层面,即"意境"阶段。此时产品只是为"我"服务的工具,自由意志之"我"才是目的本身。

改革开放走过四十余年,体验与设计开始大行其道。美国学者 B·约瑟夫·派恩(B. Joseph Pine Ⅱ)和詹姆斯·H.吉尔摩(James H. Gilmore)甚至认为,体验经济是继农业、工业、服务业之后的第四个经济阶段,或是服务经济的延伸,它提供一种让客户身临其境、体验过程并难以忘怀的感受。此时,产品只是"道具",环境成为"舞台",客户成为"主角",服务人员作为"配角"为之服务,通过场景与主题设计,使客户身临其境,以客户作为价值创造的主体,将其融入产品中,为之创造一种独特的经历,当客户的理智与情感达到特定水平时,意识中就会产生一种愉悦、难忘的感觉。[5]

2012 年女儿过生日邀请了她的好友 Clare、Melina 等几个小朋友去西雅图住所附近的Build-a-Bear Workshop（小熊制作工坊）。这个店铺售卖半成品的玩具小熊，小朋友选好小熊的款式后，售货员现场给它充好填充物，让小熊"长大"，然后引导小朋友为小熊起名，并挑选各种服饰把小熊装扮起来，以此人格化小熊。在此截取女儿事后写的作文中的"起名"一段：

I named my bear "Sprite". Clare named hers "7-Up"…Seeing every bear has a name, Melina, a shy little girl, still hasn't come up a name yet. She murmured, looked around, as if she's searching some clues nearby. I whispered to her and suggested "Coke". She said, "I don't like beverage …. I like …. I got it." Suddenly, she jumped up and shouted, "I got it. I name it BOY. " "What! B-O-Y? You like BOY?" We could NOT help laughing at her.

小朋友们参与了小熊从半成品到人格化成品的价值创造过程，玩得很"High"，收获了难忘的回忆，当然账单也"High"：小熊每只29.99美元，各种配件如衣服9.99美元、裤子9.99美元、鞋子5.99美元不等。

设计的理念。从物理学视角来看产品，产品＝物质（质料/功能）+信息（形式/设计）+能量（情感/体验），于是等式右边形成三大设计方向，分别是功能主义（对应于物境层）、式样主义（对应于情境层）与情感主义（若向外则为情境层，若向内审视自己的精神与价值则为意境层）。我用第三工具作图21-11加以总结，如此，设计也走完了"正反合"之路。

功能主义
形式追随功能/极简
（Less is more）

情感主义
形式追随情感
跨越技术与美学的局限，以文化、激情和实用性来定义产品

式样主义
形式大于功能/MAYA
（Less is bore）

图21-11 设计理念的"正反合"

第七部分 "左中右"——创新的实体关系模型"技术推动—产品驱动—需求拉动"

功能主义始于 19 世纪末,发展于 1920—1930 年,全盛于德国"包豪斯"时期,20 世纪 60 年代趋于没落,互联网时代又有所复兴。代表理念如路易斯·沙利文(Louis Sullivan)的"形式追随功能",路德维希·密斯·凡德罗(Ludwig Mies Van der Rohe)的"少就是多"等。功能主义认为美是朴素的高雅,简单是宇宙的精髓,主张通过技术与设计的统一达到生产的标准化和高效率,反对过度装饰,其表达的观念是功能基础上的纯粹、洁净、简单、完美。

功能主义的流行与千篇一律导致"反者道之动",之后的式样主义信奉"形式大于功能",认为丑货滞销,立足新颖,但又不能太标新立异,因为根据消费心理学,只有像旧产品的新产品才会有市场。总原则是既要新潮又要能被接受(most advanced yet acceptable, MAYA)。最后发展为直觉的、感性的、个性化的后现代设计。

情感主义认为"形式追随情感",因为人类的生物本性是视觉和感觉的生物,如青蛙设计公司创始人哈姆特·艾斯林格(Hartmut Esslinger)的设计哲学为"跨越技术与美学的局限,以文化、激情和实用性来定义产品",既保持设计的严谨简练,又带有后现代主义的新奇、怪诞、艳丽,甚至带有嬉戏的色彩。

总体而言,我们处于"纯物质社会"与"纯精神社会"的"正反合"。在从物质社会向虚拟社会的过渡中,例如随着各种虚拟现实技术的出现,网络游戏、第二人生等基于以虚拟网络为中心的生活,逐渐使设计脱离物质层面,向纯精神层面靠近,产品开始从物质化转为虚无化与精神化,设计甚至可以追求不可预料的和纯抒情的价值,创作种种能引起诗意反应的物品或准艺术品,消费者根据感性和意向来选择商品,进入文化和精神消费时代,如图 21-12 所示;或设计达成康德所谓的"无目的的合目的性"?

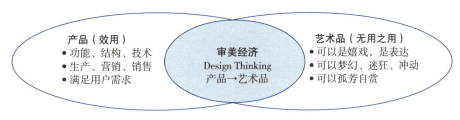

图 21-12 物质与精神的"正反合"

总之，创新创造一款好产品或好服务都不是成功的保障，设计者必须重视消费者从购买到使用的全过程，并尝试在其间的每一步为他们提供与众不同的愉悦体验，而最好的产品正是使用简单而又给人赏心悦目之体验的产品，正如设计教育家唐纳德·诺曼的总结，"所有伟大的设计，都是在艺术美、可靠性、安全性、易用性、成本和性能之间寻求平衡与和谐"[6]。

本章参考文献

[1]〔美〕沃尔特·艾萨克森.史蒂夫·乔布斯传［M］.北京：中信出版社，2011.

[2] 黎万强.参与感［M］.北京：中信出版社，2018.

[3]〔美〕哈罗德·埃文斯，盖尔·巴克兰，戴维·列菲.他们创造了美国［M］.倪波，蒲定东，高华斌，玉书，译.北京：中信出版社，2013.

[4]〔美〕W.L.贝尔斯.左宗棠传［M］.王纪卿，译.江苏：江苏文艺出版社，2011:20.

[5]〔美〕B·约瑟夫·派恩，詹姆斯·H.吉尔摩.体验经济［M］.夏业良，鲁炜，等译.北京：机械工业出版社，2008.

[6]〔美〕唐纳德·诺曼.好用型设计［M］.梅琼，译.北京：中信出版社，2007.

第八部分
"前中后"——运营的三端流程
"输入—处理—输出"

企业日常活动中的创新,包括从"前端输入参数"的内容、原材料、采购与供应链的创新,到"中端处理参数"的生产制造、实施运营、工艺流程、业务系统的创新,再到产品生产出来之后的营销、销售、售后、客服等"后端输出结果"的创新。

第八部分 "前中后"——运营的三端流程"输入—处理—输出"

不妨借鉴柏拉图的理想国想象，去想象一个理想企业的形态，它应是全网络、全智能、全流程，如下图，以解决经营的根本矛盾——追求效率的供给侧相对刚性与追求效用的市场极需求的波动性的对立统一。

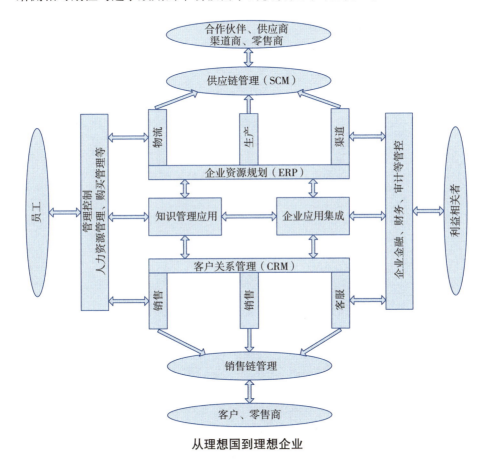

从理想国到理想企业

可到达理想态的路径筚路蓝缕，毕竟创业创新与战争一样，是充满着意外的盖然性事业。我在国内教学期间，一般会在课前去企业采访，课后与企业家小酌，对敢于创业创新的企业家充满敬佩，故上承《史记·货殖列传》，创作了大型诗剧《货值新传》为企业家群体立传，不妨抽取典型企业家"强哥"的创业创新历程：

《诗剧·货值新传》第一幕：企业家"强哥"出场

（一）

酒至微醺花半开，金声对月一抒怀：
All-in 一赌尘和土，煌煌乎大挺经哉！
有格局者格局造，无聊赖人聊赖衰。
相信相信之力量，怎道愁随月徘徊……

周教授，君不见，这两年，颇后怕：
楼起楼高楼又塌，魔瘟俱下潘多拉。
浮生有道"浮"为道，命运无涯"命"作涯。
当断绝断"亏"则断，应抓硬抓"赚"就抓。
人皆有己活为己，听我呕哑又嘲哳……

（二）

诗书礼易春秋几？同创弟兄叹今夕。
一生岂思人从众，怀揣梦想二叽叽。
终老尘埃虽一末，愿尝失败一次机。
焉做他人眼中你，惟做心中我自己。

家电地产互联网，风水转轮大王旗。
双击一展 PPT，炫完天使套 VC。
生态化反蛋碰蛋，钱公钱母 P2P。
上市敲钟逐大梦，蒙眼狂奔梦窒息。

天苍野茫路人甲，江湖弥漫江湖息。
风投搞定推产品，正要夹菜盘转急。
收了定金催尾款，是个甲方拖账期。
刚安上顿愁下顿，却见山寨铁骑袭。

第八部分 "前中后"——运营的三端流程"输入—处理—输出"

靠山山倒靠人跑,绕树三匝何枝依。
发展才是硬道理,人若犯我远亦击。

此火刚灭彼又起,创业唯艰百战疲。
地中海式脱掉发,金字塔型便秘急。
一载苦憋三百六,高光璨璨三五期。
攘外还得常安内,自诩爆款鸣天鸡。
奈何屡败屡再战,惟道且行且珍惜。
五经易得终难守,To be not be 活为 Be。

（三）

稻粱菽粟麦黍稷,友商同行竞高低。
新浪搜狐又网易,BAT 后 TMD。
欲取先予曰模式,以退为进占先机。
你浓我蜜多巴胺,转身一记后攻击。

你卖加多宝,他售王老吉。
凉茶壶里起风暴,却道上火凉茶驱。
你欲麦当劳,他又肯德基。
正反合化三明治,却喻天地夹良机。

颠覆创新被颠覆,说故事人故事欺。
你研我创城河筑,友谅友闻友正直。
你偷我诉贱行业,友柔友佞友便辟。
不服就干生死淡,绝对最坏莫之一。

上顿手抓饼,下顿肉夹馍,
"创业若此"声一慨,鸡汤岂总泡饭喝。

半面创新 创新的可计算学说

你推新爆品,他开山寨模。

"竖子安敢"又一慨,诗在远方月在荷。

屎没变黄算努力?屎不坚硬算拼搏?

有枕不愁没瞌睡,咸鱼欲翻不粘锅。

不屑俗庸乱矫情,强哥也谋稻粱活。

六谷五味供产销,哥欲强领创新最强哥!

注: All-in 是"奋力一搏";VC 是风险投资;P2P 是点对点网络金融;BAT 是指百度、阿里、腾讯;TMD 是指头条、美团、滴滴;to be not be 是引莎士比亚名句。

第一幕涉及的创业创新过程,包括游说投资、推新产品,与供应商、客户、仿冒商、竞争对手缠斗等,参考下图的国际供应链协会的供应链运营参考模型 SCOR。本部分将此模型截为供应、生产、销售三段,分别是:"输入参数"的前端流程,简要讨论供应管理创新;中端流程的生产制造、运营工艺;"输出结果"的后端流程,讨论产品的营销与销售。

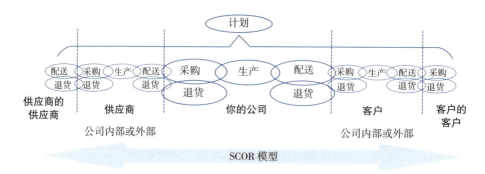

SCOR 模型

第 22 章
前端输入：供应链体系创新

供应链创新的最佳实践。 高德纳咨询公司（Gartner）每年从《财富》500强与《福布斯》2 000强中按主客观打分评选供应链诸强，主观指标根据"供应链成熟度模型的七大要素：供应链战略、绩效驱动、供应链网络设计、供应链运营、客户订单履行、需求管理、产品生命周期管理。客观指标为公司最近三年的资产收益率、库存周转、收入增长、社会责任等指标。2019 年排名情况如下：

第一层级为 5 家供应链大师级企业：苹果、宝洁、亚马逊、麦当劳和联合利华，对其评价显示了创新的关键领域或成果，不妨摘其评价要点：

- 苹果在高端芯片和元器件上持续高投入，并依赖研发和供应链的双轮驱动，与软件、硬件和服务供应商进行高效协同，为客户提供解决方案。
- 宝洁持续发展其数字能力和数字价值链，认为数字化和自动化能够加速协同和提升效率。为满足快消品客户对于响应速度的需求，宝洁使用了细分供应链战略，采用更加客制化、区域化的方式来满足不同类型和地区客户的需求。
- 亚马逊通过复杂的信息技术、广泛的仓储网络、多层级的库存分布和卓越的运输能力，打造了一个全球最高效的供应链网络。它持续强化其在客户交付上的快速响应能力，给竞争对手以巨大的压力，并改变和重新定义了整个行业对于供应链速度和服务的运作模式。不仅如此，亚马逊还自己生产了大量的产品，通过大规模生产来进一步降低商品的价格。这种将制造和零售结合的模式有效地推动了亚马逊营业收入的增长。

- 麦当劳将自己定位为打通外包商、供应商、自营门店、特许门店的管道，通过委员会会议的形式来与合作伙伴进行产品和技术的协同创新。麦当劳特别关注后台的运作效率，通过发现和重新定义未来的流程和配置来减少订单延迟和提高订单准确性。为提升其数字化能力，麦当劳收购了一家决策技术公司并成功推行了供应链数字化的决策。
- 联合利华通过数字化供应链转型，在端到端流程、自动化、数字科技和机器学习决策等方面卓有成效。在销售与运营流程中，通过流程简化、技术驱动、中心化的计划系统建设，大幅提升了其预测的准确性。在制造端采用物联网、先进分析和机器学习，从而打造其制造端的数字化能力。

第二层级是供应链25强，依次为：高露洁棕榄、Inditex（Zara的母公司）、雀巢、百事可乐、思科、英特尔、惠普、强生、星巴克、耐克、施耐德电气、帝亚吉欧、阿里巴巴、沃尔玛、欧莱雅、H&M、3M、诺和诺德、家得宝、可口可乐、三星、巴斯夫、阿迪达斯、阿克苏诺贝尔、宝马。

其中，阿里巴巴凭借强劲的财务绩效和专家投票而首次位列25强榜单，排第13位。与其欧美竞争对手类似，阿里巴巴将物流放在了其供应链的核心战略中。为了给更多的客户提供服务，阿里巴巴与第三方物流合作伙伴共同构建了覆盖中国的物流网络体系，并通过数字化平台——菜鸟网络进行运作。

阿里巴巴在2013年5月与十几家物流快递公司合股组成菜鸟网络，彼时阿里巴巴持股47%，通过大数据平台整合同一地区的配送来提升服务的速度和效率，即这些快递公司在用户点击下单前是竞争关系，点击下单后则是合作关系。菜鸟大数据平台将不同快递公司的包裹根据地点整合在一起配送，这意味着每分钟投递的更多，是基于大数据配置资源的规模经济。

以菜鸟网络2016年的数据为例，其日均送货6.57亿件，比上年增长

第八部分 "前中后"——运营的三端流程"输入—处理—输出"

41%,占当年中国日配送包裹数量的70%。而亚马逊和京东则是传统的自建仓库和订单履行中心。亚马逊的员工人数为23万,日处理订单580万件;京东的员工人数为7万,日处理订单350万件。如按同比例放大,若想处理阿里巴巴每日3 300万件的订单,则传统方式下需要上百万名员工,而菜鸟网络只有1 200名员工。

第三层级是荣誉提名,国内有联想、海尔、京东三家上榜。特别一提的是京东,其高效物流服务向全社会开放。创始人刘强东在《第四次零售革命》一文中认为:零售的本质"成本、效率、体验"始终未变,但零售的基础设施一直在升级,即信息流、商品流和资金流的效率在升级,其大趋势是"三流"的提供者从内部自己做,走向外部的第三方专业化及社会化,也只有社会化大分工才能导致规模经济与效率提升。[1]正如此前提到的资金流方面如银行、互联网金融的专业化,商品流方面如亚马逊FBA(Fulfillment by Amazon)与京东的开放物流实践,而信息流方面如沃尔玛里程碑式的Retail Link零售数据分享平台。

案例

内外协同第一家——沃尔玛

沃尔玛的核心价值"天天低价"的背后,是把全球的配送中心、连锁店、仓储、货运车辆,以及合作伙伴供应商等,用一揽子供应链管理信息系统一网打尽,形成了高效灵活的产品生产、配送和销售网络,使得供应链成本始终控制在低位,把节省后的成本让利于消费者,从而获得了巨大的成功。其实沃尔玛本质上就是基于IT系统的供应链大数据处理公司,走到今天历经了"三步走":

第一步是创业。创始人山姆·沃顿进店时会问自己,假如我是客户,最大愿望是什么?应是用最少的钱买到最多的商品,不是赶上打折才如此,而是天天如此,由此确立了企业对顾客的核心价值——天天低价。

第二步是连锁扩张。战略上避开竞争激烈的大城市,在小城镇开店,为当地收入不高的居民提供折扣；并利用大量连锁店的规模采购开发了高效供应链，极大地降低了成本，客户也可以更低的价格采购。

第三步是高效供应链伙伴运营体系的协同。沃尔玛对自身重新定位：不是传统的等货上门、组织配送的零售商，而是直接参与供应商生产计划，并与之共商产品计划、供货周期，甚至帮供应商进行新品研发和质量控制；也不单是将商品从厂商传递到消费者手里、再将消费者意见反馈到厂商的"二传手"，而是实时将消费者意见反馈给厂商，并帮助厂商改善产品。

为此，沃尔玛建立了一个与几万家供应商共享的零售数据分享平台 Retail Link，将销售、库存、门店数据等与合作的供应商进行共享，帮助他们对商品的生产、配送、定价、促销等一系列活动进行优化。这标志着零售数据不再是某个企业的专有资产，而是大家可以共享、共用的公共资源。其结果是，供应商不仅减少了本企业的库存，还减少了沃尔玛的库存，实现了整个供应链的库存最小化。对沃尔玛来说，则省去了商品进货，能够专精于销售，并能事先得知供应商的商品生产和促销计划，以较低的价格进货。

沃尔玛其实就是跨越了企业的内外范畴，形成了以自身为链主、链接供应商与客户的全球供应链体系，它是全球第一个实现 24 小时计算机物流网络化监控的企业，使采购、库存、订货、配送和销售一体化，同时，利用信息系统的数据挖掘可以迅速得到所需的货品层面数据、销售趋势、存货水平和订购信息等。

京东师法沃尔玛和亚马逊，其供应链协同战略也是打破企业内外壁垒，提升供应链链主与上下游企业合作的效率。例如，京东在 2014 年与美的建立了深度供应链协同的战略合作，实现了电子数据交换，完成了从销售计划到订单预测以及订单补货的深度对接。

供应链创新的目标与趋势。供应链是商品流、信息流、资金流的集成，所以创新目标就是提升"三流"效率的，系统化的实施可参考国际供应链协会 SCOR 模型，它将业务流程改善、绩效标杆设定、供应链最佳实践分析及组织运营参考模型等集成到一个跨功能的框架中。

第八部分 "前中后"——运营的三端流程"输入—处理—输出"

供应链创新的趋势,从几次工业革命来看,依次是:工业革命1.0时代的蒸汽机、工业革命2.0时代的电力是驱动大规模制造;工业革命3.0时代的信息革命使得制造过程数字化,并支持大规模定制;而未来的工业革命4.0时代,则是通过物理信息网络促使实体世界与虚拟世界的深度与广泛融合。不过万变不离其宗,仍是围绕提升速度、降低成本、提高效率的本质。

具体来说,供应链创新包括:持续改善并降低采购、库存、运输等前中后各环节的成本;在产业链上定位并专注于核心业务,将非核心业务外包或离岸外包;与供应链上的各个合作伙伴紧密协同,形成开放的生态系统;利用信息技术与网络技术穿透并不断优化生态链各环节的运营;通过由外而内的方式,以客户需求倒逼生产,采用准时制贴近即时需求,缩短产品生产时间。

关于当今全球供应链创新的新趋势,Gartner总结为:大规模个性化;与生态系统合作;驱动业务导向的数字化战略。

一是大规模个性化(personalization at scale)。专注个性化以提升用户体验是每家企业的首要任务,然而大规模个性化更是关键的竞争优势,它要求一定程度的灵敏性、供应链的灵活度和企业拥有的底层技术支持,通过数字化的方式捕捉客户需求,灵活地将设计转换为实物产品和包装,并迅速将其交付给客户。

二是与生态系统合作(leveraging ecosystems)。供应链创新正面临着一系列新挑战,如培养本地高级人才、减少塑料废物和海洋污染等社会责任。它需要与外部生态系统的伙伴开展合作,而不能仅仅出于商业目的。

三是驱动业务导向的数字化战略(driving business-led digital strategies)。各种新技术浪潮如人工智能、物联网、机器人、数字孪生、虚拟现实/增强现实、区块链等在供应链中盛行,领先者是新概念和新技术的先行者,它们正重新拥抱以业务为导向的数字化供应链,当然是从客户需求倒推相应的流程和技术变革。

本章参考文献

[1] 刘强东.第四次零售革命[J].财经,2017(7).

第 23 章

中端处理：生产与运营创新

流程也是"正反合"：农业文明时代有事件序列，如"八字宪法"：土、肥、水、种、密、保、管、工，但不要求严格的时序。工业文明时代"反者道之动"，将事件切为工序，再把工序并发与连接，福特流水线首开其端，丰田精益再接再厉，开启严丝合缝的时序流程。信息文明时代把事件或工序用时间流程串联起来，或顺序或并发，但没工业文明时代那么精密，用第三工具作图，如图 23-1 所示。

图 23-1　流程演进的正反合

生产制造的流程创新。2006 年，我在世界工厂苏州第一次看了流水线：盛夏的车间不开空调，温度近 40℃，一进车间汗水就被吸进 T 恤紧压全身，工业大电扇嗡嗡轰鸣，震得风扇铁网上凝结成线的灰丝展翅待飞，电扇搅拌着模具散发出的焦糊味、传送带上半成品的铁腥味、工人身上的汗水味……流水线上拧拧装装，动作简约又简单，企业主将人工等同于原材料，我脑海不时冒出卓别林的电影《摩登时代》。当然也有高端流水线，如这几年参观的常熟的奇瑞捷豹路虎、上饶的爱驰新能源车、南昌的江铃汽车、郑州的思念水饺、连云港亚新钢铁厂、佛山的尚品宅配、吴江的欧普照明、宁波的公牛电器、苹果电池代工厂深圳欣旺达等。

革命性的流水线，历史学家普遍认为是福特汽车的员工威廉·柯兰（William Coran）提出的，查福特的自传只有一句话，"这种想法来自芝加哥食品包装厂用来加工牛排的空中滑轮"[1]。不妨还原彼时场景：柯兰参观芝加哥的牲畜屠宰厂，看到了拆卸生产线上动物肢解与传送带传送的过程，工人沿着生产线排开，生产线运送动物的尸体，每名工人固定操作一个步骤，个体工人重复切片的高效率给了他灵感。

> 1913年4月1日，我们第一次试验了一条装配线。我们用它来试验装配飞轮磁石电机……以前一个工人干完全部工序，一天9小时能装35到40台，或者说每20分钟装一台。他所做的全部工作后来被分解成29道工序，这样就把装配时间减少到13分10秒。然后我们把流水线的高度提高了7英寸——这是在1914年——把时间降低到了7分钟。对工序转移的速度做了进一步实验，使时间降低到了5分钟。总之，得到的结果是：在科学研究的帮助下，一个人现在能完成相当于几年前4倍多的工作。

零部件之后是整车，汽车底盘在传送带上以一定速度从一端向另一端前行，前行中逐步装上发动机、车厢、方向盘、仪表、车灯、玻璃、车轮，一辆整车就组装完成了。其原理就是把一个重复的过程分解为若干子过程，每个子过程和其他子过程并发。结果是，质量和产能大幅提升，原来只有少数技工才能生产汽车的历史被颠覆。

随后，流水线的革命意义超出了福特汽车这家企业，超出了汽车这个行业，与大规模生产绑定的规模经济与范围经济，以及相匹配的现代科层制组织的控制集中化与资产集约化，还有战略事业部分权模式等现代职业化管理的方法扩张到了全行业乃至全世界，成为整个人类文明的工商制度框架，成为大众消费时代为消费者创造价值的经典路径。

第二次世界大战结束后，市场趋势出现了结构性变化，需求进入多样化

第八部分 "前中后"——运营的三端流程"输入—处理—输出"

阶段,要求供给侧向多品种、小批量方向发展,丰田模式应运而生。其背景是1950年丰田英二和大野耐一对福特汽车的考察,当年已有十几年历史的丰田汽车年产汽车3 000多辆,而福特汽车的一个厂日产汽车7 000辆,但他们却发现了大批量生产方式的缺点:

> 生产设备制造了大量产品堆放存储,要稍后才会被送到另一个部门,以更大的设备处理此产品,然后又堆放储存一阵子,再送到下一个环节。他们看到这些间断的流程步骤都是以批量生产为基础,各工序之间的脱节导致大量材料变成等待输送的存货……而传统的考核制度奖励那些生产更多原料与零部件,并使设备与员工不停忙碌生产的经理人,这导致了生产过剩和流程的不均衡……这种工作场所缺乏组织与控制,到处可见大型的起货卡车搬运大批原料,工厂看起来更像是仓库。[2]

于是,"彻底杜绝浪费"的丰田模式的基本思想诞生了,而贯穿其中的两大支柱就是准时制生产(JIT)和自动化。

JIT用于常态处理。其思想是在通过流水线装配汽车的过程中,所需要的零部件在需要的时刻,以需要的数量,不多不少地送到生产线旁边。其实质是对福特模式的"反者道之动",即福特模式是由前一道工序把零部件送到后一道工序,丰田模式是由后一道工序在需要的时刻去向前一道工序领取需要的零部件,它通过在各道工序之间轮流传递"看板"来控制需求量。

自动化是处理异常态。其思想始于丰田自动织布机,它在经线断了一根或纬线用完时能够立即停止运转,因为装上了使机器能够判断状态好坏的装置,亦即在机器正常运转的时候用不到,只在机器发生异常的情况下人可以干预、停止机器,把问题找出来改正。这也是对福特模式的"求反",福特模式是流水线一开就不能停,一旦中间出现故障,生产的这一批次就都是次品。

流程创新方法。比较福特汽车与丰田汽车的流程创新方法,可总结为表23-1。其流程创新过程可分为三步。

表 23-1　流程创新方法

方法	需求驱动	发现问题 ——→ 解决思路 ——→ 流程形成	持续改善
福特汽车	少品种、大批量	手工作坊 ——→ 增加产能 ——→ 工序切割，并发与串联	价值优化 ——→ 简化 ——→ 自动化
丰田汽车	多品种、小批量	浪费严重 ——→ 分解浪费类型 ——→ 减少浪费的 JIT 和自动化	

第一步：需求驱动。大野耐一强调："需求是发明之母：如果对没有需求的地方进行改进，不是改进的设想成为泡影，就是改进的效果达不到投资的预期目标。而需求是等不来的，必须每时每刻主动去寻找，有时甚至把自己逼到走投无路的境地，这时才能发现什么是真正的需求。"[3]

第二步：发现问题，推出解决思路，形成流程。问题就是现态与理想态的差距，解决之道是立足于揭示问题根源，找出长期对策。德鲁克指出："一般基于流程的创新需要五项基本要素：不受外界影响的流程，一个薄弱或欠缺的环节，一个清晰而明确的目标，解决方案可以清晰地加以界定，大家对应该有更好方法的接受度很高。其实，组织中的每个成员都知道流程中有不尽合理的地方，但通常没人行动。一旦创新出现，使一个业已存在的流程更趋完善，或替换其薄弱环节，或用新知识重新设计，就会立刻被视为理所当然而接受。"[4]

第三步：持续改善。改善的理念最早来自 PDCA 模型，即计划（plan）、执行（do）、检查（check）、处理（act），被质量管理大师 W. 爱德华兹·戴明（W. Edwards Deming）用于丰田的成功而风靡全球。

信息时代的流程创新。软件系统是人类所创造的最复杂的系统，最初的软件开发带有强烈的个人色彩，没有系统方法、没有需求规格、没有团队概念，开发人员把头脑中的代码写好交给客户，客户不满意再改，如此反复。

直到 1968 年软件危机发生，软件工程的概念和方法才被提出，即将系统化的、规范化的、数量化的工程原则及方法应用于软件的开发运维，最初是**瀑布模型**，也是软件工程教育的经典，历经系统需求、软件需求、分析、设计、编码、测试，最后上线运行，其主要问题是最终发布的可运行产品在开发过程中很迟才能看到，很可能产品做好之日就是客户不满之时。

于是"反者道之动"，为了提早获得可运行版本，**增量模型**出现，即先实现一些功能，发布一个版本；再实现一些功能，再发布一个版本……每个增量包括分析、设计、编码、测试等阶段并交付一个可运行版本。再后，**快速原型模型**出现，即用交互的、快速建立起来的原型取代形式的、不易修改的规格说明，用户可实际运行和试用原型而提供反馈。其优点是使得用户在设计阶段即可参与，降低了产品失败的风险。

最终，起承转合终之于**螺旋模型**，它采用瀑布模型＋快速原型模型＋周期迭代。每个阶段使用瀑布模型，包括需求定义、风险分析、工程实现和评审四个阶段，再由这四个阶段进行迭代。其优势是设计上可在项目的各个阶段进行变更；以小的分段来构建大型系统，使成本计算变得容易；同时客户始终参与每个阶段的开发，保证了可控性，如图 23-2 所示。

图 23-2　信息时代流程创新演进的"起承转合"

基于基础模型组合的信息行业有四大主力流程，分别是能力成熟度模型、统一过程模型、微软解决方案框架、敏捷过程极限编程。对其需要进一步了解的读者可搜索 51CTO 或 CSDN 的"软件开发过程 (CMMI/RUP/XP/MSF) 是与非"，本书不作展开。

流程创新与运营中的适配。其实，没有一种流程、没有一种技术能放诸四海而皆准地解决所有问题，关键是要适合！适合自己，适合组织，适合国情文化，所以需要在实践中摸索与验证，并结合组织的特点来改进流程，这样才能立于不败之地。同时流程是有成本的，一个产品的最佳流程应是这个产品所能负担的最小流程成本，所以不妨兼容并包、以实践为本，在无流程与过于结构化的严格流程之间"正反合"，并与企业"一命"甚至国情文化适配。

正如，为什么美国创新出了福特流水线，及后来基于数理统计的六西格玛，而日本创新出了丰田精益生产，及后来综合生产的佳能单元方式？因为它们符合各自的文化传统：欧美人关注事物，奉行结果导向，讲究科学规则，以分解分析即专业化见长，车工是车工，焊工是焊工；而东方人关注人，讲究和谐，强调过程导向，以综合化见长，如在日本每个操作工人都掌握多种生产技术。

东西方文化的区别在于：西方主要行普遍主义，强调建章立制，用法律制度、规章流程指导行为，奉"法律面前人人平等"为圭臬，对事务采取客观公正立场。如个案发生，则思考如果今后类似情况出现应如何应对，怎样的解决方案才具有普遍意义，以及怎么处理才对所有人公平。而东方常行特殊主义，强调"具体问题具体分析"，解决问题因时制宜、因人制宜、因地制宜，常绕过普遍规则或正式渠道，从普遍中找特殊，于是乎"上有政策，下有对策"。

为此，华为在1998年以IBM为咨询顾问，启动了IT策略与规划项目，规划华为未来数年需要开展的业务流程变革，包括集成供应链、集成产品开发、IT系统重整、财务"四统一"等，创始人任正非用"削足适履"描述变革意志：历经削足来穿好美国鞋的痛苦，换来的是系统顺畅运行的喜悦。华为声称要革自己的命，要享受触及自己灵魂的痛苦，摒弃所有折中式的、适合国情的思维方式，明确了变革的指导方针是"先僵化、再固化、后优化"。僵化就是让流程先跑起来，固化是在跑的过程中理解和学习流程，优化则是在理解的基础上持续优化，要防止在没有对流程深刻理解时的优化。

互联网时代具体问题具体分析的国情。中外企业在中国市场竞争的大致格局，是跨国公司的技术、产品、品牌、资金和标准化流程的空中优势对抗本土企业的渠道与快速响应的地面优势，在前三十年的工业时代外企尽显摧枯拉朽之势。但进入互联网时代，美国互联网公司在华全军覆没，《解读中国互联网特色》报告认为本土企业的成功正是依靠具体问题具体分析的国情式运营，具体有以下四点[5]：

一是本土化定制能力，即基于对中国本土用户的深刻理解，贴近市场，

第八部分 "前中后"——运营的三端流程"输入—处理—输出"

树立高度的市场导向,善于结合具体场景进行应用驱动,提供符合中国市场特色的产品和服务;而国际巨头往往重视标准化、可复制性、全球运营。如淘宝与 eBay 之争。

二是快速的市场响应能力,即充足的本土资源投入和授权,确保短平快的决策过程,将需求变化快速反映在产品变化上。而国际巨头往往采取全球产品开发模式,决策权限多在全球总部,在中国市场多偏重销售和运营,产品研发资源投入及授权不足,从而导致决策链条冗长、效率低下,对于本地市场的快速响应能力受限。如 QQ 与 MSN 之争。

三是线上线下结合能力,即中国互联网企业能够管理大规模的地面推广与运营团队,这是中国特色的市场发展阶段、基础环境所提出的要求。然而,对于大部分从成熟市场走出来的国际互联网巨头而言,习惯了线上为主的商业模式,线下运营经验有限,对中国线下市场复杂度和难度的认识不足。

以外卖 O2O 为例。一方面,中国的餐饮行业高度分散,很多商家从未接触过网络订餐,一开始比较抗拒,因此运营团队需要付出很多努力与线下餐馆沟通对接,而要实现这一点就需要管理庞大的遍布中国几百个城市的销售团队。另一方面,菜系五花八门,餐食品类繁多,且包含大量的冷热饮、汤水等高难度品种,对配送的速度和质量都形成了挑战,因此需要众包或自建物流配送,发展外卖生态,确保送达时间、服务和用户体验。

于是日常能看到满大街的美团、饿了么,加上顺丰、"四通一达"的外送员们开着摩的穿街走巷,边行驶边打电话通知客户来取,晚到则请求客户原谅并给个好评,然后马上导航至下一客户。

2018 年 5 月我骑着共享单车刚到十字路口,与还未变换绿灯就突然启动的外送员对撞,双双倒地,他的手机被甩到路中,我的小腿也撞出了血印。我先爬起,心想是我的错,因为我是逆行,于是赶紧帮他把手机从路中间捡回来交给他,并想挽他起来。只见他惊慌失措,立刻双手护头团胸做自我保护状,显然以为要挨揍了,看来剐蹭挨揍应是常态,令人唏嘘。回家敷药坐定,赋诗为记。

> **半面创新** 创新的可计算学说

《七律·外送阿哥》

2018 年 5 月 24 日

导航通话驾的摩,外送阿哥派件多。

穿雨穿风穿陋巷,抢单抢配抢时梭。

晚耽乞"给良评"可?剐蹭哀"抬贵手"何?

十字街灯红欲绿,闪奔砰撞仰翻车。

四是生态建设能力,即要深耕中国互联网市场,充分适应中国互联网的各种生态体系,寻求与生态伙伴的合作共赢。对国际互联网巨头而言,最大的挑战在于其在全球市场的生态积累在中国市场未必能够充分发挥作用,需要从头来过,且需要根据中国线下市场不同应用场景和垂直领域构建各种线下生态。如滴滴与 Uber 之争。

余韵尾声

根据热力学第二定律,封闭系统熵增,所以流程的持续创新、在运营中的持续改善就是降熵。当然过犹不及,流程化运作的标准化和持续创新的特点,决定了其负面效应就是对创造力的约束。所以,应当筹划创造性工作的各个阶段,并确定每个阶段所需的不同流程、技能组合和技术支持。特别是,以效率为重的流程管理不应用于创新与探索阶段。亦即强调格局内外,流程创新一般在现有格局之内,而非开拓格局之外。

本章参考文献

[1]〔美〕亨利·福特. 我的生活与工作[M]. 梓浪,莫丽芸,译. 北京:北京邮电大学出版社,2005:57.

[2]〔美〕杰弗瑞·莱克. 丰田模式:精益制造的 14 项管理原则[M]. 李芳龄,译. 北京:机械工业出版社,2016:23—24.

［3］〔日〕大野耐一．丰田生产方式［M］．谢克俭，李颖秋，译．北京：中国铁道出版社，2016：20—21．

［4］〔美〕彼得·德鲁克．创新与企业家精神［M］．蔡文燕，译．北京：机械工业出版社，2007：64—65，60．

［5］波士顿咨询公司，阿里研究院，百度研究中心，滴滴政策研究院．解读中国互联网特色［EB/OL］，26—31．

第 24 章

后端输出：营销与销售创新

行业的演进一般都是从供给短缺走向丰饶，大致分为三段，用第二工具"左中右"及第三工具"正反合"，作图 24-1，标识从"销售时代"到"营销时代"。

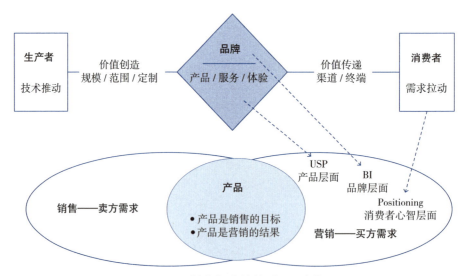

图 24-1　销售与营销的"正反合"

在供不应求阶段，生产为王，典型代表如 20 世纪 10 年代的福特汽车、通用汽车及 20 世纪 80 年代改革开放初期的海尔、长虹等，此时为卖方市场，企业无须营销，建好渠道终端即可。企业竞争以争夺供应链为主，实施成本领先战略，打造流水线制造的规模经济。

在供求相当阶段，渠道为王，企业开始争夺渠道与终端。标志性事件如 1962 年沃尔玛、凯马特创立，1987 年国美创立，1990 年苏宁创立，1994 年娃哈哈及后来的格力自建覆盖全国的销售网络。厂家以精益生产为主，三大

第八部分 "前中后"——运营的三端流程"输入—处理—输出"

基础差异化技术——独特销售主张（unique selling proposition, USP）、品牌形象（brand image, BI）、定位（positioning, PO）次第而出，营销时代到来。

在供过于求阶段，用户为王，此时为买方市场，再加上进入网络经济与大数据时代，网络平台或电商渠道产生颠覆。企业注意深耕客户的价值链，借助关系构建、口碑传播等手段，基于用户画像与大数据分析开展精准营销，实行按需生产甚至未来的一对一生产。

再来看销售与营销的区别。哈佛大学教授莱维特认为，"销售着眼于卖方的需要，营销着眼于买方的需要；销售注重的是卖方把产品转变为现金的需要，营销注重的是通过产品以及与产品的创造、交付和最终的消费相关的一整套活动满足客户的需要"[1]。下文对此均有涉及并按 B2C 和 B2B 分述。

面向大众消费者的营销与销售

经典营销的思维框架。"4P-4C"模型如图 24-2 所示，即先站在消费者的角度用"4C"思考，再站在生产者的角度用"4P"执行，其中产品参见本书第 21 章，渠道与定价的正反合参见本书第 17 章，不再赘述。本章聚焦差异化的正反合及中国市场的特色创新。

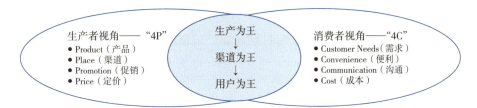

图 24-2　经典营销框架的"正反合"

差异化三大技术的"正反合"。20 世纪 50 年代罗瑟·瑞夫斯（Rosser Reeves）提出独特销售主张，即产品带给消费者的利益，如"喝了娃哈哈，吃饭就是香"。60 年代大卫·麦肯兹·奥格威（David Mackenzie Ogilvy）提出品牌形象论，因为消费者同时购买的是产品的物质利益和心理利益，但后者不是产品固有的，是需要厂商持续注入的价值形象，如可口可乐的"经典、传统"形象。百事公司将其"反者道之动"为"新一代的选择",诉诸青春一代、独树一帜、渴望无限的精神价值。70年代艾·里斯(Al Ries)和杰克·特劳特(Jack Trout)提出定位论,即价值无论软硬,重要的是要被消费者接受,要让你的品牌在消费者心智中占据一个合理的位置,如"青花郎——中国两大酱香白酒之一"。按其历史演进逻辑,用第三工具作图 24-3。

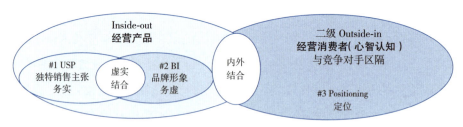

图 24-3 营销三大差异化技术的演进逻辑

概言之,USP 和 BI 是 Inside-out,自内(产品或企业)而外思考;而定位是 Outside-in,从消费者心智及竞争导向视角思考。USP 是在"形而下"里找特性,BI 拔高到"形而上"的价值,而定位则是在消费者心智中见缝插针。当然这些都是在产品不断趋同的大势之中求异(这属于第一阶段的同中求异。竞争的更高境界应再"正反合"到第二阶段的异中求同,如求同到品类,让品牌成为品类的代名词,如"百度一下,你就知道")。

最终,三大技术与"面"字模型的四大导向结合,得到表 24-1 差异化落地矩阵的上部,可针对每个方向打磨并在局部市场试点试错,择优即可得出最终的差异化命题。表 24-1 的下部是继续"反者道之动",是根据历史逻辑的推演,读者不妨一试,此处不述。

表 24-1 差异化落地矩阵

三大技术 & 再求反		"面"字模型的四大导向 + 产品				
		自我导向	竞争导向	产品/服务/体验与设计	市场/用户导向	需求导向
三大技术	USP					
	BI					
	Po					

第八部分 "前中后"——运营的三端流程"输入—处理—输出"

(续表)

三大技术 & 再求反		"面"字模型的四大导向 + 产品				
		自我导向	竞争导向	产品/服务/体验与设计	市场/用户导向	需求导向
再求反	整合市场/横向营销/蓝海战略					
	短头→长尾/窄告/精准营销					
	整合传播					
	感官品牌					
	国情式策划					

中国市场的渠道结构。如图 24-4 所示,一般企业需要确定一条主导渠道,辅以其他相关渠道形成组合。例如手机的销售渠道,有国美、苏宁的家电连锁;蜂星、普泰的国省地三级代理;品牌商自建的渠道;天猫、京东的电商渠道;三大运营商门店;水货、山寨货有自己的渠道;中域电讯、三联之类的专卖店;也有微创新,如中域电讯变为零售连锁平台+售后服务平台+公共分销平台;同时专卖店还可服务当地的 B2B 客户。

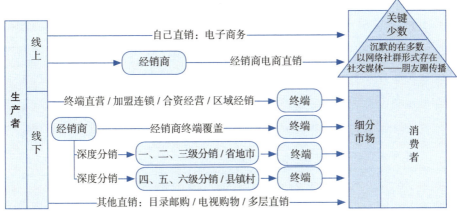

图 24-4 中国市场的渠道结构

渠道创新中最突出的是将跨国公司由争取最终消费者的以"拉"为主的战略转为推动经销商和终端的以"推"为主的战略,即渠道和终端比消费者重要,企业设定高价不是为了争取利润,而是为了争取渠道。与渠道配合的是本土实操派的"策划"式营销,虽然美国 4A 公司与学界对此不屑,但它在特定阶段有一定效果。根据其打法特征不妨定义,"策划"是利用中国消费者迷信权威媒体和名人的非理性,通过传播或事件营销打造全方位媒体轰炸的轰动效应,短期内快速地拉升销量或品牌知名度,总体而言是利用信息不对称和消费者选择的从众性。

> **案例**

OPPO 的渠道与终端创新

OPPO 的历史可溯及 1995 年创立的广东步步高,彼时下设三大业务:一是生产学习机的教育电子厂,后失败;二是生产电话的电话机厂,2005 年涉足手机领域后改为 vivo;三是生产 VCD/DVD 的视听电子厂,2004 年改为 OPPO,生产 MP3、MP4、蓝光 DVD 等,2008 年 5 月涉足手机领域,推出的第一款功能机 A103 销量即过百万,卖点是机身背面以笑脸式的图案把摄像头、自拍镜和外置扬声器合为一体。2011 年 OPPO 进军智能手机市场,时值安卓市场爆发式增长,首款智能机 X903 即邀请到奥斯卡影星莱昂纳多·迪卡普里奥。

OPPO 的成就归功于策划式的央视广告和综艺营销以及渠道与终端创新。渠道有两个极端:一是直营,但重资产,成本高;二是加盟,成本虽低但价格体系及管理容易失控。OPPO 将两者"正反合",其渠道及终端合作伙伴来自步步高过去的经销商和员工,在价值认同的基础上交叉持股形成利益共同体,从县镇家电市场开设专柜、专卖店开始,自下而上搭建渠道体系,渐渐做成省级代理,省级代理也大都是 OPPO 的股东,于是愿意对终端长期投入,自觉不打价格战不窜货,且配合央视广告在各地终端宣传推广。终端采用 FABE 推销法(Feature——特征、Advantage——优点、Benefit——利益、Evidence——证据),话术"1335+1",即 1 句最吸引客户的话、3 个独特功能、3 种体验方法、5 个技术参数,从而达成 1 个催单成交。

关于在终端时的用户决策,根据麦肯锡咨询公司在 2008 年的统计,中国

第八部分 "前中后"——运营的三端流程"输入—处理—输出"

消费者在购买前会花比较多的时间收集信息,其中"来自家人和朋友的推荐具有最大的影响力(37%),将下来是电视广告(29%)、报纸广告(9%)、赞助活动(6%)、杂志或报纸软文(4%)、互联网广告(4%)、杂志广告(4%)、互联网论坛博客(3%)、互联网上关于产品的文章(2%)、专业组织推荐(2%)";同时在购买中货比三家,"进店前做出购买决定的占比22%,在店里做出购买决定的占78%。有37%的受访者表示他们是基于店内促销优惠和最低成交价来做出自己的最终购买决定的"。[2]这一时期的广告宣传是以电视为主,辅以第一代网络营销,主要方法如表24-2所示。

表 24-2 第一代的网络营销常用方法

类目	具体形式及操作特征
广告展示	条幅/文本/弹出式/按钮式/多媒体广告;干扰度高/骗取点击/点击作弊
电邮/会员通讯	邮件/电刊;前提:认识并信任发件人/以前打开过觉得有价值/标题党
网络新闻	公信力/时效性;标题夺眼/内容给力
论坛 BBS	口碑为王/高强度互动/实用有趣/草根为主
搜索优化	SEO 方法/注册引擎/关键词广告/竞价排名/垂直搜索
网络视频	发布到视频网站+在论坛/博客/社交媒体上提及,推拉结合;有趣/有用/有效
博客/网站	相当于专业报纸,发布信息或观点,如新产品信息、促销信息
百科词条	维基/百度/互动百科;在搜索中排名很前
广告联盟	由中小网络媒体资源组成,通过联盟平台帮助广告主实现广告投放,依据效果收费
游戏内置	将广告植入游戏中与产品目标比较匹配的场景

十年之后范式巨变。麦星投资公众号在2019年的一篇文章"中国消费的范式变迁"中言及中国目前正处于两个阶段的交替期:工业文明时代,集约化的大媒体(以电视为主)和实体零售体系使品牌成为最高效的消费决策代理人;而在当今移动网络的碎片化时代,网红、直播、兴趣社群、数字广告、电商算法、社交裂变等新的消费决策影响渠道不断涌现,它们与品牌和朋友推荐一起成为消费者购买商品的决策代理。[3]图24-5是总括的营销与销售对消费者的影响。

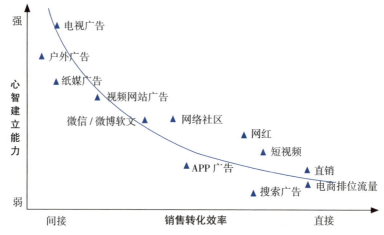

图 24-5 营销与销售的"正反合":消费决策的影响机制

我把移动互联网革命爆发之后的社会化网络划为第二代,它又分为两段:其一是新浪微博与腾讯微信以及基于此的社会化电商的崛起。微博定位为媒体,所以内容为王,需要及时更新和紧跟时事,但最初没有变现方法,如当时的微博"大V"如姚晨和韩寒等是不卖货的,而当今如张大奕等是电商网红,最后分化为自媒体或大号,即意见领袖主办的针对特定细分人群的兴趣社群。微信一般作为自媒体、公众号或客服平台,以刷朋友圈的方式来引爆流行。所以所谓的"社交",交流并非其旨归,社会化才是其目标,让用户把当事人推荐给其他人是关键,于是社交电商如拼多多、云集等裂变式崛起,这是范式之变,从此前基于搜索的购物变为基于推荐的消费,下一部分将以2015年创业的云集为例进行阐述。

其二是随着直播和短视频的出现,网红或关键意见领袖崛兴。上海交通大学营销学教授周颖认为,中国网红经历了四次迭代:1.0 时代是以芙蓉姐姐、凤姐为代表的话题网红,他们依托 BBS 和论坛,以恶搞赢得关注,没有变现模式。2.0 时代是以李佳琦和薇娅为代表的电商网红,他们依托淘宝直播、抖音等平台带货,通过其背后强大的多渠道网络服务团队和完整的网红产业链,实现流量变现。3.0 时代是以 B 站的洛天依和抖音的一禅小和尚为代表的 IP 网红,依托其优质内容吸粉,通过 IP 孵化扩大影响力,再通过广告、跨界合作等实现 IP 变现。4.0 时代则是以李子柒为代表的国风 IP 网红,代表着国货、

第八部分 "前中后"——运营的三端流程"输入—处理—输出"

国潮的中国文化,是通过对传统文化元素的挖掘与再现而形成的。[4]

综上,不妨引用《南华早报》2019年的偏好形式统计[5],如图24-6所示。

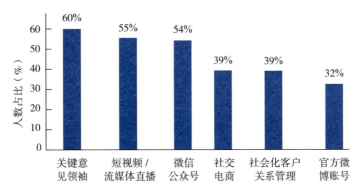

图 24-6　2019 年社会化营销的形式偏好

实证亦然。2019 年 8 月,我追随偶像杜甫在天水、陇南等处的行迹,顺便评审了长江商学院 EMBA 第 30 期龚炜莉、楼旭峰等 14 位学员集资 3 000 万元创立的公益项目"橄榄时光"。该项目缘起于地处北纬 33°的油橄榄黄金生长带的陇南,10 万名农民种出了与同纬度的地中海同品质的 60 万亩油橄榄树,但因无渠道未能致富。这些学员一片热忱助力农户脱贫,在陇南成立了公司并引入了意大利生产线,在保证品质之后于上海成立了销售公司。我跟踪观察了这个项目,目的是审视一个典型的创业型企业在当今时代如何营销与销售,最后总结其打法,如图 24-7 所示。

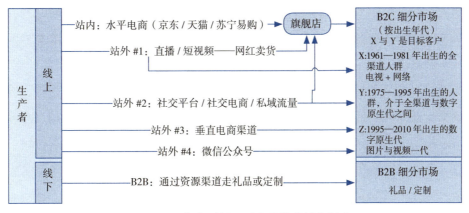

图 24-7　一个典型创业型企业的营销与销售

首先确定了目标客户是 X 和 Y 世代。营销和销售渠道有三种：线下采取 B2B 模式，线上则分站内和站外采取 B2C 模式。X 偏向线下和站内消费，Y 与 Z 更多地偏向站内和站外消费。

线下定位于礼品或定制，先利用长江商学院的同学资源。为此，炜莉写了《给企业家的一封信》，介绍了该项目的来龙去脉，我帮她做了修改并配诗如右。

> **《橄榄时光》**
>
> 2019 年 11 月 22 日
>
> 橄榄粹清新，
> 时光浸古今。
> 但滋人皎皎，
> 观国最彬彬。

线上的站内指淘宝、天猫、京东、苏宁易购等水平电商平台。先在电商平台上开旗舰店，其流量主要来自平台流量，整体流量虽大，但基本被知名品牌商占领，所以创业者刚上线时，虽然平台为支持新店给了一些流量，但几乎未"溅起水花"；即便打广告，消费者也未必到店观看；即使花钱把流量吸引到店，但如果店铺装修和传递的信息不及时有效，跳失率将非常高。所以，如果没有站外如抖音、快手等平台的引流，则中小企业在天猫等水平电商进退维谷：一方面，每年须缴纳固定的服务费，运营还要花大笔的钱，而流量却有限；另一方面，没有平台上的旗舰店将没有品牌的公信力。橄榄时光天猫旗舰店每天光顾者百人左右，但直播日会超过上万个，所以需要站外的协助。

站外指各种社交媒体、社会化电商平台、垂直电商、分享平台与私域流量，其主要特色是一群有差不多爱好的人聚集在一起，分享美食、运动、护肤、养生等资讯，平台提供软件供其分享，并提供专业知识，同时招商入驻一些相关产品进行售卖，如日日煮的分享卖货、云集的推荐卖货、小红书的种草。橄榄时光选择了与粮油和做菜有关的平台，以文字、图片和视频通过社交媒体来传播品牌。最有效的是通过直播或短视频的网红们卖货，同时把产品购买链接到天猫或京东的店铺，消费者会对产品进行点评，以快速积累粉丝。

取橄榄时光在京东旗舰店的运营数据对比（见图 24-8），2 月 25 日是直播日，3 月 13 日是正常日，直播日的主推产品之一橄榄菜在直播后力压海底捞火锅调料，登顶京东调味品榜单。

第八部分 "前中后"——运营的三端流程"输入—处理—输出"

橄榄时光在京东 2020年3月13日 店铺运营数据

全部渠道	访客数	浏览量	跳失率	人均浏览量	平均停留时长（秒）	新访客数	老访客数	下单转化率	成交转化率
全部渠道	48	138	50.00%	2.88	19.38	37	11	0.00%	0.00%
APP	43	126	48.84%	2.93	19.58	33	10	0.00%	0.00%
PC	2	5	50.00%	2.5	13	1	1	0.00%	0.00%
微信	2	6	50.00%	3	31	2	0	0.00%	0.00%
M端	1	1	100.00%	1	0	1	0	0.00%	0.00%

橄榄时光在京东 2020年2月25日 店铺运营数据

全部渠道	访客数	浏览量	跳失率	人均浏览量	平均停留时长（秒）	新访客数	老访客数	下单转化率	成交转化率
全部渠道	23343	112777	19.84%	4.83	71.63	21353	1990	26.47%	11.16%
APP	9939	60343	14.11%	6.07	89	8789	1150	48.46%	21.85%
PC	14	43	57.14%	3.07	474.21	11	3	0.00%	0.00%
微信	11	25	54.55%	2.27	22.64	10	1	18.18%	0.00%
手Q	2	3	50.00%	1.5	2.5	1	1	0.00%	0.00%
M端	13377	52363	24.03%	3.91	58.36	12542	835	10.43%	3.27%

图 24-8　直播前后运营数据对比

中国电商的新创新

中国电商起步于20世纪90年代末，从模式视角来者，如B2B的阿里巴巴，B2C的8848、当当等。2003年"非典"疫情爆发后，C2C的淘宝创立，同年B2C的京东成立，之后B2C的天猫从淘宝中分离。2008年后B2C迅猛发展，格局大致为：水平大平台如天猫、京东等，以及各细分领域的垂直品类电商，如旅行类的携程、母婴类的宝宝树等，再之后如会员制、严选模式、海外代购、社交电商等，用第三工具作"正反合"，如图24-9所示。

图 24-9　电商的"正反合"：水平与垂直之间的可能性

2019年12月初，我去云集总部杭州与长江商学院EMBA第32期学员、云集副总裁陈颖睿及创始人肖尚略先生做了调研，了解到云集是会员制精品社交电商，是"合"部的三合一。而基于时代范式的变迁视角，云集则处于对基于搜索的"求反"，如图24-10所示。

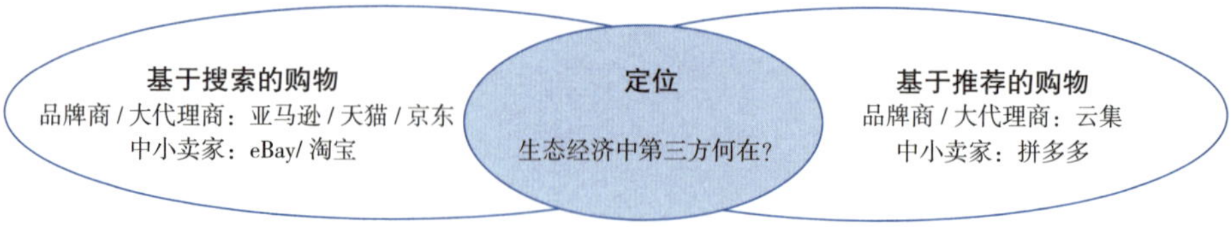

```
┌─────────────────────┐   ┌─────────┐   ┌─────────────────────┐
│   基于搜索的购物     │   │  定位   │   │   基于推荐的购物     │
│ 品牌商/大代理商：     │   │生态经济中 │   │ 品牌商/大代理商：云集 │
│ 亚马逊/天猫/京东      │   │第三方何在？│   │ 中小卖家：拼多多      │
│ 中小卖家：eBay/淘宝   │   │          │   │                     │
└─────────────────────┘   └─────────┘   └─────────────────────┘
```

图 24-10　时代范式之变

以第二工具"左中右"总括行业与市场两级之变而审视其创新：

需求拉动之变：互联网刚兴起时，消费者的需求是低价、货全和便捷的体验。而今天的问题不是货品短缺，而是选择过剩；不是价格虚高，而是品质良莠不齐；所以如果沿着当年"亚马逊们"的思路去扩张品类和控制价格，势必南辕北辙。云集采用有限品牌策略，即满足一个家庭七八成的消费需求，从每个品类中精选少量如前 5% 的品牌，或此前给大品牌代工的有质量无品牌却想做品牌的厂家，重点精选能赢得市场的爆款，定位于 25—55 岁的 2 亿多家庭主妇。

技术推动之变：过去要获取商品和服务信息，搜索引擎是连接供求的关键，水平如谷歌、百度，垂直搜索引擎如亚马逊、阿里巴巴等。今天消费者得到的信息中，六七成来自被动的推荐而非主动的搜索（包括微博、微信、头条等）、事件驱动或社交驱动的推荐，以及因技术驱动的基于消费者大数据画像的人工智能推荐。

云集目前偏社会化推荐，其会员构成中，约 0.1% 是网红，1% 是导购型，10% 是分享型，这些人其实是"粒度"最小的代言人和"粒度"最小的媒体。云集的想法是重新连接人、货、场，其连接的"粒度"从此前的公司形态变为个体的人，通过同类人在云端连接与协作，再靠人来连接商品和服务，相当于用云计算整合了大量碎片化、粒度很小的社会化分享力量、导购力量和代言人力量，本质是通过信任的推荐来连接供求，形成协作的规模经济而提升渠道效率，对于品牌商而言有很大的吸引力。

另外，传统互联网集聚了大量的资源和服务，但它们之间并没有打通，至少没有在两者之间建立最小粒度的结算，云集的设计是将这些要素在云端协作，在整个资源盘内形成最小粒度的结算。如在传统零售领域，一个品牌需要获得所有权才能获得销售权，但在云集，其每个月的几十亿元库存都能为会员销售所用，如此将社会资源的使用效率最大化。

面向机构客户：网络方式与国情方式

网络方式的 B2B 大致可归为三类：水平平台，如阿里巴巴、环球资源、敦煌网等，它们是跨行业的综合平台，具有水平的服务宽度，但在行业深度与配套上不如垂直平台；垂直平台，相当于是单一行业的 B2B 门户，其行业客户基本固定，如找钢网、我的钢铁网、科通芯城等；企业的专属平台，如思科、沃尔玛自己的 B2B，是定位于链主的供应链管理平台。

网络方式的 B2B 预计将会在"85 后""90 后"成长为决策者之后迎来爆发，但在当前中国社会更为普遍的还是国情式，本节是基于现实的概括，但涉及"形而上"的价值观念问题，故点到为止。

国情式营销。国人的行为模式不妨概为三步：第一步是关系判断，如生人、家人、熟人。第二步是决策法则，客观法则、需求法则还是人情面子法则。第三步是可能的心理冲突，特别在涉及"灰度"的时候。[6]用第三工具"正反合"作图 24-11 以简化之。面向机构客户的国情式营销主要针对"熟人"，这里的"熟人"是指双方彼此认识且有一定程度的情感关系，或是亲朋好友，或是都认识某个或某些第三方。

图 24-11　国人的行为模式

熟人关系按传统文化遵循礼尚往来的原则，并尽量避免人际冲突。一般的典型场景：通过某熟人居间牵线，你与资源支配者攀上了关系，后者不看僧面看佛面，双方以人情面子法则交往；你再通过进一步的送礼和酒宴等方式强化情感，礼物越重，宴会愈盛，则对方欠下的人情就越多；最后，当你请求资源支配者帮助时，他一般不太容易回绝，即使这次帮不上，亦可作为长期投资。如此，将实践总括为"一目标、二手段"：

一目标："CUTE"，指洞悉客户组织中的四种人员角色及其在组织内的需求与其个人需求。C 是 Coach（指导员），告知你组织内部的信息与盘根错节的人际关系，帮你联系或确认其他对销售的影响者，是成功的关键。U 是 User（直接用户），他关注你的产品能否有效地解决其工作中的问题。T 是 Techie（技术把关者），希望通过你的产品学到技术而获得职业成长，虽无"同意权"，但有"否决权"，会将他认为不合格的供应商排除；E 是 Executive（决策者），既希望为组织带来利益，也希望提升其个人绩效以获得更大的组织影响力甚至行业影响力。

二手段：如果希望 CUTE 按照人情面子法则对其掌握的资源做出有利于自己的分配，就须运用各种方法将对方套系在与自己有关的角色关系中。因为中国企业的特色是利用私人关系网络进行商业交易，圈子内多基于信任且效率很高。主要有两大核心技术：一是建立人脉网，目标是将生人变熟人，熟人变家人，故无事亦登三宝殿，在日常没有利益关系时建立为最佳，如果临时抱佛脚，则显得功利心太强。二是练达人情，核心在"利益"二字，要旨是《道德经》中的"将欲取之，必先予之"。

余韵尾声

所有章节都强调格局内外。对于营销和销售而言，格局内指满足需求，格局外就是创造需求。因为消费者的多疑、惰性、习惯和冷漠，试图影响并满足消费者现有需求已是小概率事件了，更遑论引导消费者并创造需求了。然而人类确实存在扭曲现实力场之人，例如乔布斯之于 iPod、iPhone、iPad，马斯克之于特斯拉电动汽车，贝索斯之于电子书 Kindle，即使这个新产品或新品类未必是他们率先创造出来的，但却是自他们手里引爆的，他们以消费者的实际购买行为与其内心真实需求之落差作为想象力的原点，源于现实生

第八部分 "前中后"——运营的三端流程"输入—处理—输出"

活,又展开高于现实生活的全新想象,然后根据想象再造新的现实。何谓人杰?眼光独到、特立独行之谓也!

本章参考文献

[1]〔美〕西奥多.莱维特.营销想象力[M].辛弘,译.北京:机械工业出版社,2007:163.

[2] What's new with the Chinese consumer[EB/OL].McKinsey Quarterly,2008年11月.

[3] 葛伊能.中国消费的范式变迁[EB/OL].麦星投资公众号,2019年11月.

[4] 周颖.IP网红李子柒,爆款背后的"KOL图谱"[EB/OL].www.acem.sjtu.edu.cn/faculty/teacherview/42408.html[2020-01-15].

[5] China Internet Report 2019[EB/OL].www.scmp.com/china-internet-report.

[6] 黄光国.面子:中国人的权力游戏[M].北京:中国人民大学出版社,2004.

第九部分
复合创新及创新属性

三大复合创新,包括跨行借鉴创新、产融结合创新及任意领域的跨界创新。属性链归总每个创新的属性及特征,包括原创式与模仿式、颠覆式与渐进式、封闭式与开放式、降本式与增值式、市场式与政府式、正向式、逆向式与全球整合式。

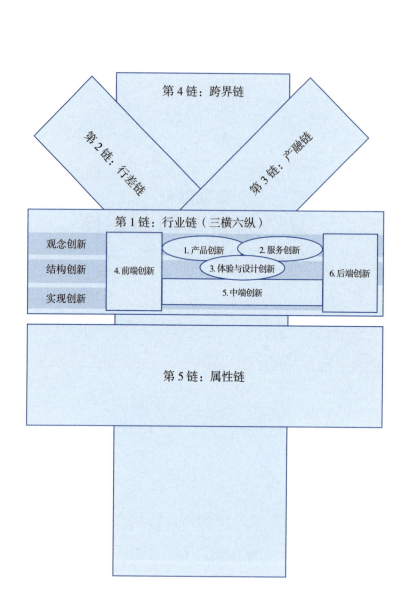

第 25 章

行差链：行业势差，他山攻玉

2019 年 11 月 8 日立冬抵达郑州，马不停蹄，参观了北大光华 EMBA 王亚飞同学任职的食品业思念集团，北大国发院 EMBA 张瞭原同学和光华孙良同学驱车带赴官渡古战场遗址（斩颜良诛文丑，曹操"宁我负人，毋人负我"），回程经停建业华谊电影小镇，访长江 EMBA 周明军同学任职的市政业一建集团，晚上与北大、长江各行业十几位学员一聚。

《七律·官渡咏古并与北大、长江各行业同学聚首》

2019 年 11 月 10 日

斩良诛丑败和成，宁我毋人鬼脸狰。

光影朱帷翻史剧，冬筋夜宴对新亭。

从来河厚滋苍赤，一往江长向海清。

古渡无舟何所济？鸟乘梓木亦枭雄。

隔行如隔山……然而，一个行业的老生常谈有可能是另一个行业的惊人洞见。

小米成功之因，其联合创始人黎万强认为是迎合了在消费者决策心理继功能式消费、品牌式消费、体验式消费之后的全新的参与式消费，"为了让用户有更深入的体验，小米一开始就让用户参与到产品研发过程中来……让用户参与，能满足年轻人'在场介入'的心理需求，抒发'影响世界'的热情"[1]19。

这种把用户当朋友、根据用户意见来改进产品的创意从何而来？不妨溯其"一命"到雷军、黎万强等人之前任职的金山软件。金山起步于创始人求伯君先生的 WPS 文字处理,"金山的整个业务以战养战:WPS 赚了钱,做词霸;词霸赚了钱,然后做毒霸和游戏;最后游戏赚了钱,金山才顺利上市"[1]5,金山成于网游,而网游如何做产品?一般由开发人员先做出原型,并投放到游戏社区进行公测,重度玩家玩后再给出下一步的升级意见和建议,亦即以网游行业他山之石,攻手机行业之玉。

将行业势差、他山攻玉命名为"行差链",不妨用第三工具"正反合"作图,如图 25-1 所示。

图 25-1 行差势差,他山攻玉

行差矩阵:跨行借鉴

不妨用穷举法,将跨行借鉴做成势差矩阵如表 25-1 所示:

表 25-1 行业势差矩阵

势差矩阵	农业	制造业	服务业	时代精神
第一产业: 农林牧副渔	上下游/横纵整合 如杆叶—饲料—肥料	×	×	×
第二产业: 制造业	农业机械化 如拖拉机、收割机	上下游/横纵整合 如钢铁厂向矿业或深加工延伸、代工	×	×
第三产业: 服务业	农业服务化 如农家乐	制造业服务化 如工业旅游	上下游/横纵整合 如金融混业经营	×
时代精神: 高科技/互联网+/智能+	信息农业 如算法选种/遥感地理信息系统分析土壤/地种匹配	信息化带动工业化 如光机电一体化、智能制造、工业 4.0	服务业的互联网化 如电商、O2O、互联网金融	上下游/横纵整合 如三网融合、生物芯片、纳米科技

"形而上"的行差借鉴。以经济型连锁酒店业为例:如家于 2002 年创立,

采用IT思维和轻资产模式，以租赁直营和特许加盟为主导模式，快速攻城略地，2005年即上市，两年走完原行业领袖锦江之星十年走过的路，后者于1996年成立，采用了大量持有物业的地产经营模式，发展缓慢。

"枢而中"的行差借鉴——价值链横纵整合。以效率提升来更好地满足需求。因为任何企业能向客户提供的价值都是有限的，一般通过产业链的分工，再与上下游企业协作方能完成，当然也相应地增加了沟通、时间等交易成本。可以考虑产业链的横纵整合：横向指通过对产业链上相同类型企业的约束来提高集中度，以资源共享、规模经济为导向，如宝钢兼并上钢、梅钢、马钢、八钢；纵向指通过对上下游企业施加约束，使之一体化或准一体化，以专业化为导向，如宝钢向上游的矿业或下游的深加工延伸。

案例

甲骨文公司的发展路径

作为世界上最大的企业级软件公司，甲骨文公司的发展经历了两个阶段：

第一阶段：术业专攻，夯实数据库根据地（1977—2003）。1970年，IBM研究员埃德加·弗兰克·科德（Edgar Frank Codd）发表了关系数据库模式的重磅论文。1977年拉里·埃里森（Larry Ellison）等三人读到这篇文章后在硅谷创业，主攻关系数据库软件，开发的产品取名Oracle（甲骨文），因商业策略直接命名为第二版。

他们的第一个客户是美国中央情报局，其因有不同类型的计算机，故提出了跨操作系统的需求。1983年的第三版增加了关键特性——可移植性。1984年的第四版是梦幻第三版，达到了工业级稳定性。1985年的第五版是首批支持客户端/服务器模式的产品，击败了Ingres。1988年的第六版惨遭滑铁卢，没测试好就发布，用户怨声载道，对手落井下石，导致1990年财报亏损，为此埃里森大力整顿并于1992年推出力挽狂澜的第七版，一举击溃Sybase。1997—1998年的第八版是我在美国AT&T做数据通信网络平台时用的版本，此时甲骨文已是互联网革命的旗舰。2001年的第九版集成了商务智能和XML数据库。2003

年的第十版支持网格计算。至此,数据库的布局基本完成。

第二阶段:横纵整合,收购式扩张(自2004年起)。始于2004年的收购战持续至2012年年底,甲骨文耗资500多亿美元用横纵二法收购了七八十家企业。此时其愿景是软硬件一体化,即一方面将软件集成,为客户提供最好的企业级方案;另一方面将软硬件集成优化,为客户提供极致的性能(宣称其一体机性能比对手快3—40倍)。产品布局为四项:数据库、中间件、应用软件及服务器加存储的硬件产品,后三项依靠并购。借助其统一的IT平台,甲骨文能在一个月内将被购企业的系统整合到其现有的产品体系中,举例如下:

- 2004年:以103亿美元收购全球最大的协同软件商PeopleSoft;
- 2006年:以58.5亿美元收购全球最大的人力资源管理软件商Siebel Systems;
- 2007年:以33亿美元收购全球最大的企业绩效管理方案商Hyperion;
- 2008年:以85亿美元收购全球最大的中间件厂商BEA Systems;
- 2010年:以74亿美元收购拥有服务器、操作系统Solaris和Java语言的Sun Microsytems;
- 2011年:以14.5亿美元收购为中型企业提供销售自动化的RightNow,完善CRM系统;
- 2012年:以收购在线招聘软件商Taleo,弥补人力资源系统中缺少的在线模块。

人类文明运行在软件之上。工业文明时代,汽车业是制高点,其流水线、科学管理、战略业务单元等向全行业渗透。当今时代,IT是全行业制高点,弗里德曼归总的"将世界变平"的十大力量中,有九个属于IT领域:网景上市引爆互联网革命;工作流软件标准化使全球沟通无碍;开源运动使全球资源共享;外包与离岸外包使运营与生产成本显著下降;供应链一体化、第三方物流使横向合作无缝集成;搜索引擎使全球信息为我所用;移动计算、云计算、个性化等使信息召之即来挥之即去。[2]

IT行业的产品体系、流程方法、思维模式乃至人才也向全行业扩散。在信息化带动工业化的基础上，我国于 2015 年提出了"互联网＋战略"，基本含义是指信息技术在经济社会各部门、各领域的扩散与应用，借助信息技术的嵌入，在行业间产生反馈、互动与协调，最终出现大量化学反应式的融合与创新，使得传统产业在线化与数据化。

正如两百年前出现的蒸汽机技术、一百年前发明的电力技术，当今以 IT 为基础设施的技术经济范式正在形成中，它的影响已逐步渗透传统行业：第一波颠覆能被数字化的行业或行业环节，如音乐、图书、传媒、影视、网游、动漫、摄影等。第二波颠覆能被标准化或模块化的行业或行业环节，如零售、招聘、旅游、住宿、物流、快递、各类中介等。第三波对于依赖于与人交互的行业或行业环节产生影响，如餐饮、出行、轻问诊、本地服务、金融保险甚至教育等。

开创崭新格局

现有格局的量变到质变——无边界企业的生态经济。是合久必分，还是分久必合？仍用第三工具"正反合"作图，从分工的视角来看三大文明，如图 25-2 所示：

图 25-2　三大文明：分工的视角

例如揭幕苹果二次辉煌的是 2003 年推出的 iTunes.com 在线音乐店，铸造了开放平台的模式创新，它与 iPod 硬件、数字版权管理的第三方音乐内容、下载单曲收费 0.99 美元的模式，形成了整体解决方案，这是平台经济的增强形式——生态经济……随后，2006 年 Facebook 开放应用程序接口（API）和软件开发工具包（SDK）、2008 年苹果推出"iOS ＋ App Store"，2009 年谷歌推出"安卓免费开源＋安卓市场"，2017 年腾讯研发微信小程序等。

所谓"生态"，类比大自然，就是各个物种共生共荣，相互依存。不妨将"生态"定义为对 API 与 SDK 的平台，即"生态"首先是平台，由此形成规模经济；再是开放平台，其上的内容与应用不是自己做（如微软既做视窗平台又做最有价值的 Office、IE 等"吃独食"），而是全世界的第三方基于其上构建自己的"垂直小产品"新物种，由此形成满足消费者的广谱应用场景与长尾各类需求的范围经济，其结果是网络经济时代的新型产业链社会化大分工，以及"水平平台＋垂直产品与服务"，由此重构各项商业要素，最终形成开放、共享、共赢、价值递增且能生态进化的无边界企业。

创造新兴产业。前面提到的甲骨文公司的问题，是始终拘囿于格局之内，而错失行业的云计算革命，所以这几年的发展颇为艰难。

宏观层面，从人类历史的历次大经济周期来看它们都是以基本资源和能源改变、若干标志性新兴产业兴起为核心特征，最终引发全球各国物质资本、人力资本的大流动，形成新的产业结构和增长模式。不妨比较主力国家当前的优先研发领域：

- 美国：气候变化、反恐、氢燃料技术、纳米技术、网络和信息技术；
- 欧盟：农业和食品、能源、环境、保健与生命科学、产业研究、信息社会、安全研究、空间和交通运输；
- 日本：生命科学、信息技术、环境、纳米技术和材料；
- 韩国：信息技术、生命科学、环境、能源和材料；
- 俄罗斯：安全与反恐、生命科学、纳米技术与材料工业、信息与远程通信技术、新式武器和特种技术、自然资源的合理利用、交通和航空、能源与节能。

结论是从全球范围来看，战略性新兴产业的发展主要集中在信息技术、新能源、生物工程、新材料等领域。2012 年 5 月，国务院通过了《"十二五"国家战略性新兴产业发展规划》，认定了中国的七大战略级新兴产业：节能环保、新一代信息技术产业、生物产业、高端装备制造产业、新能源产业、新材料产业、新能源汽车产业。

本章参考文献

［1］黎万强.参与感：小米口碑营销内部手册［M］.北京：中信出版社，2018.
［2］〔美〕托马斯·弗里德曼.世界是平的：21世纪简史［M］.何帆，肖莹莹，郝正非，译.湖南：湖南科学技术出版社，2006.

第 26 章

产融链：产业为本，金融为器

农业文明时代，11 世纪的王安石变法主打产品青苗法。

农民一年最苦在春季，因为上年的秋粮几乎吃完，而当年的夏粮尚未收获，这时农民会从市场上借高利贷。青苗法的产品设计旨在减轻农民负担，由政府在这青黄不接之时向农民发放低息贷款，到秋收时连本带利收回，这是中华文明在全球率先创新的产融结合。

当然，美好的设计在落地实施时发生变形：在官府绩效考核体系下，各地大行硬性摊派，结果是农民的负担反而加重；或者有些农民确实需要，但赶上年景不好，水旱蝗瘟，秋收时还不起贷款，地方政府为了交差逼得无力还贷的农民家破人亡，甚至卖儿鬻女……

我不太懂金融，为凑此章"强说愁"，概述我认为在业务级、企业级与产业级三个层面最重要的产融创新，用第三工具"正反合"作图，如图 26-1 所示。产融创新是利用金融杠杆来放大业务、企业或产业优势，金融本身并不创造价值，只有为实体经济降低成本、提升效率才有价值。产融链创新的核心在于企业在产业中形成了竞争优势，加入金融则如锦上添花，亦即产业为本，金融为器。

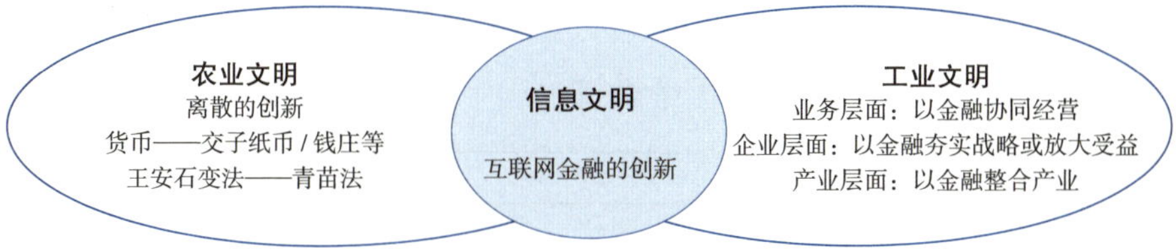

第九部分 复合创新及创新属性

图 26-1 产融链：产业为本，金融为器

- 农业文明：离散的创新；货币——交子纸币/钱庄等；王安石变法——青苗法
- 信息文明：互联网金融的创新
- 工业文明：业务层面：以金融协同经营；企业层面：以金融夯实战略或放大受益；产业层面：以金融整合产业

业务层面：以金融协同经营

B2C——以分期付款为例。1916 年，一位财务人员建议福特汽车组建为客户和经销商贴现的金融公司，提供分期付款服务，但福特完全不认同："工厂的首要目标是生产，如果一直牢记这一点的话，那么金融整个就成了第二位的了——主要是记记账而已……我并不是说一个经营企业的人对金融应该一无所知，但他最好是知道的少一点，而不要知道的太多，因为如果太精通此道的话他就会想去借钱而不是想去挣钱，然后为了还所借的他就要借更多的钱，这样他不是成了一个企业家而是成了一个耍钞票把戏的人。如果他真是一个把戏高手的话，他可以把这一套把戏耍很久，但总有一天他注定要出差错，那时他的一切就会化为乌有。产业坚决不能和银行业混在一起……"[1]

通用汽车却敏锐地把握住了这个趋势，其在 1919 年率先组建通用汽车金融公司，为消费者购车提供分期付款服务，一举俘获中产阶级，更是在 1926 年市场份额超越福特汽车。为此福特汽车被迫在 1928 年成立了融资公司，直到 1929 年"大萧条"之前，全行业 60%—75% 的汽车是采用分期付款的方式销售出去的。

分期付款制的创新使得任何领域一经引入便将供给驱动变为消费驱动，最后消费主义泛滥，乃至在美国还引发了道德之争，因为《圣经·罗马书 13:8》教导人们"不要欠人任何东西"，马克斯·韦伯在《新教伦理与资本主义精神》中提出的先节俭、后享受的清教精神与资本主义发展的关系发生了明显的破裂。

B2B——以供应链金融为例。物流企业美国联合包裹运送服务公司（UPS）于 2001 年并购了第一国际银行，开始为客户提供包括以存货或以国际应收账款为抵押的贸易融资业务——物流、信息流、资金流三合一，并大获成功。[2]

首先，作为物流企业，在整个融资过程中，作为抵押物的存货始终掌控在 UPS 手中，有效控制了违约的风险底线；其次，UPS 的货物全球跟踪系统使贷款方可随时掌握货物动向，即使借款人出了问题，UPS 的处理速度也要比会计师甚至比海关快得多；最后，凭借多年建立的针对外贸企业的客户信息系统，UPS 对中小企业十分了解。

资信评级为 3A 的 UPS 能从银行获得低息贷款，它再以较高的利率向那些急需资金但又难以获得银行贷款的中小企业客户提供存货融资，从中赚取利差。表面看它就像个资金"二道贩子"，但实际中，其物流业务降低了整个贸易过程中的资金风险和摩擦成本并提供了增值服务。

如 2003 年，UPS 成功地解决了沃尔玛和东南亚供应商之间资金周转时间太久的问题：UPS 代替沃尔玛与东南亚数以万计的出口商进行支付结算，只要他们的货一交到 UPS 手中，UPS 保证在两周内把货款先打给这些出口商，以保证他们的流动资金运转。作为交换条件，这些企业必须把出口清关、货运等业务都交给 UPS，并支付一笔可观的手续费，UPS 再和沃尔玛进行一对一结算。在这一过程中，出口商加速了资金周转，沃尔玛则避免了同大量出口商结算的麻烦，而 UPS 不仅赚到了存货融资收益，还扩大了自己的物流业务市场份额。

总之，通过共用物流渠道、客户网络、销售渠道等，产业中的业务向金融自然延伸，即金融业务只是产业业务的辅助，这种模式在巩固产业优势的同时也拓展了企业的金融收益，但其成功的根本仍在产业经营，否则金融业务将失去其低成本资金和低成本销售的优势。

企业层面：以金融夯实战略或放大收益

回到中国的例子。例如腾讯的愿景是成为在线生活的整体解决方案供应商，在 2010 年与 360 企业安全集团展开"3Q"大战之前，其路径选择是"吃独食"，在靠移动增值和互联网增值变现"打底"后，为保增长布局如下：

做网游（已是中国最大）、做电商（QQ商城、拍拍网、团购等）、做广告（搜索引擎搜搜）、拓展海外新市场等；其新业务的推广方式为：当用户登录QQ时弹出窗口来推荐新品，为此在业界恶名远扬，因为它在抄袭别家的创新后以弹窗营销的方式将对手杀灭，"3Q"大战中是360以扣扣保镖阻截未经用户许可的弹窗，一把抓住了腾讯的命门。

"3Q"大战之后，腾讯反思且开窍了，更在2011年推出微信"利器"，为实现一站式在线生活的战略企图，通过金融手段入股不同领域的合作伙伴，引流由合作伙伴完成，如入股搜狗搜索，把自己不擅长的搜搜引擎整合进去；入股大众点评，则把自己不擅长的高朋、F团等团购打包并入；入股京东和易讯，则把自己不擅长的电商等并入前者，自己专注做核心竞争力的微信、QQ等开放平台建设。

又如小米携金融以布局生态经济。小米创立时的战略企图，是手机硬件业务不赚或少赚，以此获取海量用户，再通过预装的网游、软件、增值服务、MIUI广告等变现，结果差强人意。2013年在一个偶然机会下尝试做插电板，即本书第15章提及的与突破电气合作的青米科技，获得了巨大的成功，在试错中找到了生态模式。

其生态模式可概述为：小米通过智能手机获得了热连接的海量流量，再通过预装的米家、有品等电商APP将流量导入后端的数百家生态合作企业，而后者由小米控制的顺为资本、小米投资等投资入股加持，流量导入可使得生态企业的业绩大涨，从而有可能在资本市场上市，小米如此从资本市场再获得收益。同时，这些生态企业是围绕下一时代的物联网智能家居及AI设备发力，并以其定制的MIUI系统为主控中心，在守住当下之时还有可能赢得未来。

产业层面：以金融整合产业

19世纪末20世纪初，美国各行各业呈现散、乱、差状况，汽车业数百家车厂并存、钢铁业上千家钢厂同在，恶性竞争不断，产业濒于失效。华尔街霸主摩根大通挥金融快刀斩产业乱麻，推动钢铁业重组，吞并了百家中小钢企，组成第二大钢企联合钢铁公司，再与第一大钢企卡耐基钢厂合并组建了美国钢铁公司，一举斩获七成市场份额，实现了钢铁业的规模经济和产业升级。同时，威廉·C.杜兰特（William C. Durant）将200多家中小车厂整合成通用汽车；约翰·D.洛克菲勒（John D. Rockefeller）推动40多家石油公司组建美孚石油……通过系列产业整合，美国钢铁、汽车、石油、铁路、化工、烟草等一批现代大工业迅速崛起。

"摩根们"成功的根源是顺应产业演进规律，管理学者杰格迪什·谢斯（Jagdish Sheth）总结：一个充分竞争的行业，其最终会形成双寡或三寡竞争的产业格局。处于核心位置的是两三家水平型企业（如航空业的波音和空客，运动品牌耐克和阿迪达斯等），它们占据70%—90%的市场份额，提供宽泛的产品服务，外加一些各占1%—5%市场份额的垂直型企业占据细分市场。[3]当然这个规律不含如美容店、理发店等手工劳动的消费者服务业，以及如律师事务所、咨询公司等专业服务领域，尽管这些行业也有一些大公司存在。

百年后的中国，大多数产业尚处于美国当年的高度碎片化的"春秋时代"，一些志存高远的企业家也开始关注产业级的结构改造，通过产融结合实施产业整合式的战略创新"手术"——民企以德隆集团创始人唐万新为先，国企以中国建材集团董事长宋志平为最。

德隆集团的战略企图是希望通过产业整合而扩大企业规模，形成规模效应。其模式是先控制一家上市公司，通过大量吸入流通股的方式拉升股价，并始终将股价维持在高位，目的在于进行质押贷款——股价越高，获取的贷款就越大，然后顺着产业概念大举并购整合，将并购来的资产注入上市公司，继而又通过送配等方式扩大股本规模，继续拉升股价，获取新的贷款，进行新的并购整合，由此循环，最终企图做成产业之王。

如德隆集团对于湘火炬公司的改造，此前，这家企业只生产火花塞一种产品，而唐万新提出了"大汽配"战略后，德隆集团就在整个汽配行业开始了大规模的攻城略地。到2004年，湘火炬已拥有50多家子公司，成为齿轮、火花塞、军用越野车三个行业内规模最大的企业。巅峰时，德隆集团与旗下合金投资、湘火炬、天山股份、重庆实业和非上市公司曾先后参控股商业银行、保险公司、金融租赁公司、信托公司、证券公司和基金公司总计 27 家金融机构，主导了"合金投资""湘火炬""新疆屯河"三只股票的高额股价，形成一个庞大的德隆金融帝国。

不幸 2004 年 4 月，德隆产融体系坍塌。其因，分析文章不少，短融长投、关联交易、缺乏统一的资金与并购规划等。我认为这些都是技术原因，其根本败因……不妨与国企对比。

案例

中国建材的产业整合——宋志平先生的起承转合

2019 年 8 月 25 日，在教授聘任仪式结束后的晚宴上，组委会安排我与中国年度经济人物、中国建材集团董事长宋志平先生坐在一起，遂结识、交流并互赠书。8 月 28—29 日花了两天读完其新作《问道管理》[4]，感其学思践悟、修道致远，心有戚戚焉而赋。

《七律·修道致远　读宋志平先生＜问道管理＞而心有戚戚焉》
2019 年 8 月 31 日

大道青天垒寸方，市营混改水泥夯。
一肩执志四十载，两企跻身五百强。
心寄当归怀直素，蜂痴远志酿纯煌。
挺经墨守慷泾渭，为而不争慨未央。

宋志平先生（以下简称"宋"）：中国上市公司协会会长，中国企业改革与发展研究会会长。曾同时出任中国建材集团与国药集团董事长，并带领这两家企业双双跻身世界 500 强。

"起"：基层的历练

中国建材集团的前身是北京新型建筑材料总厂（以下简称"北新"），1979 年建厂，以预制构件、外墙板保温材料、内墙石膏板等为主打产品。同年宋大学毕业后被分配至此,历任技术员、处长、副厂长等。到20世纪80年代,北新业务转型为新型建材。

"承":转型的经验

1993年宋出任北新厂长,于1994年提出技工贸一体化,1998—2000年进行了两次大调整,树立了从"中国的石膏板大王"迈向"住宅产业化"等发展目标,又提出"石膏板+"的业务战略,企业迈向国际化。

"转":"反者道之动"

2002年3月,宋出任集团一把手。2003年4月他做出了第一个重大选择,即由规模较小的装饰建材业务转型为水泥、玻璃等主流业务,并将集团更名为中国建材集团,获得了巨大成功,创造了在充分竞争的过剩行业实现高速成长的奇迹。撮其要点如下:

彼时状态:2002年宋刚接手时的企业负债累累,大门上叠贴着封条,财产即将被冻结,下个月工资没有着落,员工们都觉得企业走到了尽头。宋一边处理历史遗留问题,一边邀请行业专家召开战略研究会。有人觉得连饭都吃不饱了还一天到晚讨论战略。宋曰:今天吃不上饭就是因为昨天没想清楚,如果我们明天想吃上饭,今天必须想清楚,饿着肚子也要想战略。

做什么?宏范图式——"质":专家说想大发展就得做占行业产值70%的水泥产业。但北新定位于新型建材,恰恰不做水泥,且新型建材的目标就是减少水泥。另外,北新既无水泥厂,也没有资金。但宋认为专家正确,业务面临的选择是做水平巨无霸还是做垂直隐性冠军。作为央企须是前者,而要做行业领军者就须进入这个行业里的大产业,如果只做壁纸、石膏板,哪怕把全国市场都拿下,也做不进行业前三。建材行业的大产业就是水泥业务,遂一锤定之。

怎么做?宏范图式——"量":中国建材集团是目标导向,最初并无资源,在确定水泥业务的目标后才主动去寻找相关资源,实现路径是资本运营加联合重组。当时全国水泥行业中的企业多、散、乱且产能过剩,不可能也没必要去新建工厂，走自建式产能扩张之路。中国建材集团选择了现有企业的联合，走一条基于存量的结构优化的全新成长路径。

资金筹措。2004年，中国建材集团经过债务重组和战略转型逐步步入正轨。如何为水泥业务筹集资金？为了解决这个难题，宋将旗下两家A股公司北新建材、中国玻纤以及集团仅有的几个有利润的企业打包，组建为中国建材股份有限公司，2005年10月宋出任董事长。2006年3月，公司在香港H股成功上市并募资20亿港币。

第一例资本运营。上市当年，集团即花费了13亿港币收购当时中国水泥行业排名第一的徐州海螺水泥，震惊了行业与全球资本市场，股票从每股3元多涨到39元多（后续即可通过增发来完成后面的系列重组）。它首先是采取战略性收购，向资本市场展现集团做水泥的决心和魄力；然后是构筑核心利润区，因为集团在徐州市场的巨龙水泥打不过海螺水泥，而一地不能有两家水泥龙头企业。（注：水泥是短腿产品，经济运输半径大概为200公里，集团最初制定了区域战略，在一个区域增加市场控制力与定价实力）。

第二例资本运营。集团选择了从处于市场薄弱环节的浙江突破，因为浙江当时有上百条水泥线，竞争激烈到价格降到了成本线以下。当时选择在浙江做重组还有三个原因：一是这里的技术结构调整已经靠市场做完了，所以不是落后的生产线；二是浙江经济发达，每年有1亿吨的刚需；三是没有像海螺水泥这样的超大企业。于是集团找到了浙江四大水泥企业，它们单独在全国都进不了前十，但四家加起来的产量构成了浙江的半壁江山。

依靠"资本运营＋联合重组"，中国建材集团兼并了千家企业，成功杀入世界500强。

"合"——行与知

从"双董事长"转到"双会长"之后，宋应着力于提升中国上市公司的治理水平，推动国企改革咨询与商学院教育，为中国培养下一代企业家。

互联网金融创新

互联网金融第一枪——余额宝。2017年3月底，我应湖畔大学之邀参加其开学典礼，校长马云，即阿里巴巴的主导创始人做了演讲。他提及2013年6月余额宝的创新，其实并非主动的所谓互联网金融的战略设计，其初心只是想给支付宝用户的积淀资金返还一些利息，结果引爆"互联网金融"。

不妨将市场视为一个金字塔结构。顶层是大客户，如大企业或富裕阶层，他们是金融机构的核心客户，多享受定制化服务。中层是中小企业或中产阶级，金融机构一般为其提供标准化产品。而底层是海量的小微企业或"长尾"百姓，金融机构因为实体网点的渠道成本，以及这部分客户资金数额小但流动性较高而导致的服务成本对其有意忽略。

2013年6月，阿里巴巴的颠覆式创新——余额宝上线，其最大创新点是将投资门槛从国家监管规定的50 000元降至1元，通过移动网络的极低渠道成本一举存取了金字塔底层的客户，既是新市场颠覆，又是低端颠覆。以下摘取一些里程碑事件：余额宝上线一周，客户数量破百万；2013年年底，客户数量达到4 303万，资金规模达到1 853亿元；2014年3月底，客户数量突破6 000万，资金规模突破5 000亿元，跃居中国第一；2017年4月，其资金规模为1.2万亿元，超越摩根大通的1 500亿美元成为世界第一。与传统基金理财户均七八万元的投资额相比，余额宝用户的人均投资额仅为1 912.67元。[5]

渠道存取客户的成本是多少？IBM大中华区金融事业部和国泰君安的研究展示了不同渠道的人均交易成本：物理网点为4美元，银行呼叫中心为3.75美元，ATM机为0.85美元，网上银行为0.17美元，手机银行为0.08美元。[6]162

这是互联网金融的一个显著特征：存取用户的渠道成本颠覆。

蚂蚁小贷。再看阿里集团2010年的另一款产品阿里小贷（后更名为蚂蚁小贷）[6]163，它服务于电商领域小微企业的融资需求，以企业基于阿里巴巴、淘宝、天猫平台内积累的海量交易数据的经营状况、用户在网络的活跃度及信用评价等作为依据发放贷款，无须抵押和担保，贷款金额一般在100万元之内，线上申贷、线上审批、支付宝线上发贷的所有贷款流程几乎全部在网上完成，基本上不涉及线下的审核，最快放贷时间为3分钟左右。截至2014年上半年，蚂蚁小贷累计发放贷款突破2 000亿元，服务的小微企业有80多万家，户均授信约13万元，户均贷款不到4万元，不良贷款率在1%左右。**这是互联网金融的另一显著特征：基于网络技术与大数据的征信、风险控制建模与授信。因为金融的核心竞争力是风险控制能力，而风险控制的本质又是对客户的数据采集与分析建模的能力。**

娱乐宝众筹。2014年3月，阿里数字娱乐事业群发布了众筹模式的"娱乐宝"产品，宣传语为"出资100元就能投资电影！还能赚钱！还有机会享受剧组探班、亲临明星见面会……以后更有机会决定谁当导演、谁当男一号、女一号"，引来大批拥趸。据称郭敬明导演的《小时代3》开拍前在娱乐宝募集到了1 300万元，上映首日狂揽1.1亿元票房。

从产品角度来看，传统模式中的一款产品始于需求调研，如果产品推出投放市场后无人问津，则代价不菲。众筹模式相当于将需求调研阶段，甚至部分资金的筹措前置，极大地降低了新产品的前期投入风险，并使部分消费者信息或需求反向影响产品的设计。

由于篇幅所限，不妨将互联网金融的主要创新列示如表26-1，具体内容本书不再赘述。

表26-1 互联网金融的主要创新类型

类别	典型产品	简要说明
网络支付	支付宝/微信支付	利用PC或移动终端对所消费的产品进行支付
网络投资理财	余额宝/微信理财通	通过网络渠道购买基金、保险、股票等理财产品
小微企业贷款	蚂蚁小贷/京东供应链金融	因金融体制，银行贷款更多投向大企业或国企；互联网公司拥有海量交易数据和信用体系，可针对小微企业进行精准风险定价及贷后管理
P2P融资借贷平台	宜信/人人贷	针对信用良好但缺少资金的个人或小微企业，以线上线下结合的有担保模式为主（2018年年中暴雷）
众筹	阿里娱乐宝	面向公众的集资模式，即如果有很好的创意，可通过展示创意获得大众的资金支持

本章参考文献

[1]〔美〕亨利·福特.我的生活与工作[M].梓浪,莫丽芸,译.北京:北京邮电大学出版社,2005:118.

[2]〔美〕格格迪什·谢斯,拉金德拉·西索迪亚.3法则[M].夏雨峰,译.北京:机械工业出版社,2004.

[3]宋志平.问道管理[M].北京:中国财富出版社,2019.

[4]罗明雄,唐颖,刘勇.互联网金融[M].北京:中国财政经济出版社,2013:6.

[5]阿里研究院.互联网+:从IT到DT[M].北京:机械工业出版社,2015.

第 27 章

跨界链：纵横捭阖，再造格局

2009—2014 年，我每年给百度讲三次课，轮训各产品组，其中给搜索引擎组的那次授课场景至今记忆犹新。可能因为我常把文史哲艺等"产品"与软件互联网产品交叉分析，席间其资深经理桑文锋同学问我能否单独讲解诗词的创新，一点刹那，灵犀顿通。

20 世纪 90 年代，我赴美国留学时就带了两本书，一是 IT 专业偶像比尔·盖茨的书，一是爱好的唐诗宋词元曲合订本。给百度上课的这次经历使我将这两个熟悉的领域一举关联，于是三年后出版了《跨界引爆创新：唐诗＋互联网＝企业创新》。

图 27-1　在北大国发院讲授"唐诗的创新"

图 27-1 是我在北京大学国家发展研究院专题讲授"唐诗的创新"。

唐诗与互联网跨界的底层逻辑是什么？我将诗人作为企业，诗人使用了格律这项技术，创造了诗歌这种产品，于是诗人的集合形成了诗词行业。我将这个行业千年间的创新分类归纳，梳理出了唐诗创新的全景，并将之结构化，再与软件互联网的各类创新交叉类比，找出共同的规律，这大概就是创新的规律。特别是唐诗代表了我们的民族精神，而互联网代表了时代精神，前者是人文艺术，后者是科学技术，因而从"科技＋人文＝创新"这个跨界视角阐发。

半面创新 创新的可计算学说

所谓跨界创新,就是将不同领域、不同学科、不同行业、不同文化或国家、不同阶层各自为营的概念、技术、产品、创新等相互联系、相互配合、相互操作,由此可能触发非同凡响的新创意,是谓"纵横捭阖,重造格局"。例如,我颇不喜欢被先民跨物种创新的骡,它虽兼具马和驴的优势,但其致命缺憾为染色体不同源而几乎不能生育,我代其怒而赋:

《组诗·宇宙骡生:骡眼观世之人类文明》其一:
《七律·跨界创新"驴+马=骡"之骡有所思》
2018 年 8 月 22 日
孰佞逼驴马配骡?承驴犟梦马檀河!
立身世道思脱辔,怉蹴鞭锤斩卸磨。
"宁有种乎"泣不孝,"生当如是"怼贼德。
幽台魂化千金骨,转世为龙起大泽。

其因,当人身处一个领域中,大致只能把该领域中的概念或印象相关联,仅仅耳听一词、眼见一物,大脑就激活了与该领域相关的思维联想链。只有步入到领域交叉点才有可能将多领域里的概念或印象结合,生成在多个方向上跳跃发散的想法。其实领域本身就是人为的切割,跨界就是将之抹平。

爱因斯坦在《关于数学领域的创造心理》一文中描述了这种心理过程:

> 写下来的词句或说出来的语言在我的思维机制里似乎不起任何作用。那些似乎可用来作为思维元素的心理实体,是一些能够'随意地'使之再现并且结合起来的符号和多少有点清晰的印象……这种结合的活动似乎就是创造性思维的基本特征。对我来说,上述那些元素是视觉型的,也有一些是肌肉型的……对上述元素所进行的活动的目的,是要同某些正在探求的逻辑联系作类比。[1]

如此,那么这些组合具体怎么做?

破除领域思维的壁垒

领域思维的联想链条非常高效，它使我们下意识地就跳过了假设与质疑，跳过了逻辑推导，甚至凭直觉就做出了行动，然而其反面是思维定式。而创新创造者应是怀疑主义者，打破领域思维的要旨是意识自觉地进行任何可能性的批判。我用第一工具自建了"主客分离"的批判力模型，如图 27-2 所示，对前人、同代人，更重要的是对自己在"上中下"三个层面进行批判。

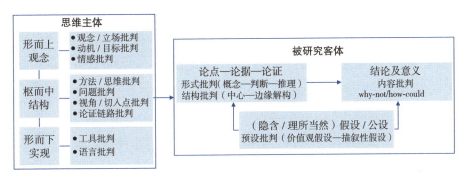

图 27-2 批判力模型

先看被研究客体。我们围绕"（隐含/理所当然）假设/公设—论点—论据—论证—结论及意义"的链路发力，推敲各个组成部分。

如批判论证过程。儒家经典《大学》开宗明义："大学之道，在明明德，在亲民，在止于至善。知止而后定，定而后静，静而后安，安而后虑，虑而后得。物有本末，事有终始，知所先后，则近道矣。"其逻辑推演序列，起点从"止于至善"开始，第一步"知止而后有定"，换用编程语言，if（知止）then（定）；然后 if（定）then（静）……于是推导序列为"止→定→静→安→虑→得"，其误在用假言判断构造了演绎序列。

如批判前提假设。任何陈述都隐含假设，对之求反或调整可向所有的问题挑战。如欧几里得几何学的五条公设，头四条直观显见，第五条公设是："同一平面内一条直线和另外两条直线相交，若在某一侧的两个内角的和小于两直角，则这两直线经无限延长后在这一侧相交。"数学家们发现其既冗长又不显而易见，且在《几何原本》的第29个命题才用到，以后再也没用到，于是有人提出第五条公设能否不作为公设而作为定律，即依靠前四条公设来证明第五条公设，此问题争论了两千多年也未得到解决。

19世纪20年代，俄罗斯数学家尼古拉斯·罗巴切夫斯基另辟蹊径，他用"在平面内，从直线外一点，至少可以做两条直线和这条直线平行"来替代第五条公设，然后与前四条公设结合成一个公理系统，如果推理中出现矛盾，就等于证明了第五条公设。没想到他得出了一个又一个在直觉上匪夷所思，但在逻辑上毫无矛盾的命题。遂得出结论：一是第五条公设不能被证明，二是新的公理体系是完善的几何学。这就是罗氏几何——人类第一个非欧几何学。1851年德国数学家波恩哈德·黎曼"反者道之动"，通过否定第五条公设，即"过直线外一点，不能做直线和已知直线平行"而创立了另一个非欧体系——黎曼几何。

再看"思维主体"。"横看成岭侧成峰"，问题是视角的函数，一个人拥有什么样的视角，就只能发现这个视角所呈现的问题，而任何人必定置身于某一视角。所以不妨用第三工具自我告诫，对任何问题至少从"正、反、合"三个视角或"起、承、转、合"四个视角审视。

例如管理学家亨利·明茨伯格（Henry Mintzberg）对战略研究归总出十大视角：设计、计划、定位、企业家、认识、学习、权力、文化、环境和结构，指出它们如盲人摸象各取一端，各自从不同视角反映了战略形成的规律之一，而只有互相补充才完整地构成战略这只"大象"。[2]

组合多领域的概念，形成跨界的想法

宏观层面，跨文明/文化/国家/区域

中华文明的演进逻辑详见本书第29章。开创西方近现代文明的"文艺复兴"就是跨界触发，美国学者弗朗斯·约翰松（Frans Johnsson）称之为"美第奇效应"[3]，即当年佛罗伦萨的统治者美第奇家族，联手其他富豪，出资

赞助欧洲各领域、各学科锐意创新创造的人——雕塑家、科学家、诗人、哲学家、金融家、画家、建筑师等齐聚佛罗伦萨，这些异质化的高端人才之间的交流、学习与创造性碰撞，打破了地域、学科与文化间的壁垒，他们一同用新思想开创了这个人类历史上崭新的纪元，使得佛罗伦萨成为当时全球创造力的"爆炸中心"。

微观层面，跨领域/跨行业/跨技术/跨产品等

科技之跨界。新知识的出现需要前导知识的产生与融合。例如当今前沿的量子计算，图灵奖得主姚期智先生以之作为"大科学"的案例[4]：大科学的产生一是由于多学科交叉，二是由于颠覆性技术的出现。其演变有两个重要因素：一个是X射线晶体学。1895年威廉·康拉德·伦琴（Wilhelm Konrad Röntgen）发现X射线，1912年马克斯·冯·劳厄（Max Von Laue）通过X衍射证明了X射线是波，1913年布拉格父子（威廉·亨利·布拉格和威廉·劳伦斯·布拉格，William Henry Bragg & William Lawrence Bragg）提出用X射线来测定晶体结构的方法，于是到20世纪20年代，人们开始用X射线来测定金属、离子及大分子的结构，最终应用于生物领域导致50年代DNA双螺旋结构的革命性发现。另一个是计算机科学。20世纪初戴维·希尔伯特（David Hilbert）提出数学的机械化证明，1936年图灵机理论模型出现，1946年第一台计算机被发明出来，随后威廉·肖克利（William Shockley）等发明了晶体管，从此计算机按摩尔定律发展，这是数学与半导体技术的结合。而量子计算正是X射线晶体学与计算机科学的结合。

《科学》（*Science*）杂志拥有者、世界最大的科学组织美国科学促进会（AAAS）前执行主席艾伦·莱什纳说道："以学科为基础的科学已经死亡，那个时代已经过去了，目前大多数的重大进展都涉及多个学科，只有一位作者署名的论文越来越少。"[3]24-25

工商之跨界。1985年，美国建筑师迈克尔·格雷夫斯受意大利伦巴第地区的著名家居用品制造商阿莱西之邀，设计了开创性的9093号水壶，突破了人们对水壶形状及功用的传统认识。其特色就是壶嘴上停着一只塑胶小鸟，水烧开时发出欢快的鸟鸣，在欧美人早餐煮咖啡时，鸟语咖香，升华了早餐体验，让使用者心情愉悦。

管理学者罗伯托·韦尔甘蒂（Roberto Verganti）研究发现：在伦巴第有很多像阿莱西这样的公司，它们构成了一个设计圈，其产品特色鲜明、价格高昂，但消费者趋之若鹜。伦巴第设计体系的各个组分相比其他地方的唯一优势，在于来自不同专业领域、不同国度的异质化人员之间频繁、密切和高质量的交流互动。它们大部分的研发都是由一群自由流动的群体完成，包括艺术家、设计师、建筑师、材料供应者、摄影师、批评家、收藏馆馆长、出版人和工匠等，他们有着丰富的原创力，并热衷于交流讨论。[5]

战胜"一命"，落地执行；自我否定，二次辉煌

跨界创新的执行可见本书第 18 章"形而下"。更需强调的是本书第 13 章的"一命"，即此前的成功成为路径依赖的历史束缚。因为跨界点上存在大量未知因素，失败是大概率事件，对于功成名就者，其对失败的焦虑一般不是金钱损失或时间浪费，而是此前成功所获得的名誉地位，所以人类历史上罕见敢于自我否定而铸就二次辉煌的人。

自我否定要旨见本书第 12 章"本体论"，须将创新创造升华为审美之境。接本书第 5 章提及的三人，国外如维特根斯坦，一生创立了两套相互对立的哲学学说，它们同属原创，同样被广泛地传播与接受，甚至一度成为学界主流。毕加索在 26 岁画出《亚威农少女》，开创立体主义画派，后续不断自我否定；1912 年确立了如《有藤椅的静物》的综合立体主义；1917—1924 年为其新古典主义时期，代表作如《坐在扶手椅上的奥尔加》；1925—1936 年为其变形主义时期，代表作如《格尔尼卡》等。

国内如偶像杜甫，我研其诗路，认为他具有敢于自否的艺术自觉，一生三转铿锵，我会在之后为杜公重做一传详述。2019 年 3 月回国，在清明之后，长江商学院 EMBA 第 31 期娄力争与张开永同学驱车带我在春雨晚暮中赶到了湖南省平江县小田村的杜甫墓园，赋诗以祭。

《湖南行二首》其一：《七律·祭扫杜公墓》

2019 年 5 月 7 日

千年万里会诗贞，春月平江祭杜魂。

杳杳蒸寒空墓雨，依依流暖古人云。

一生顿挫修平律，三转铿锵正始音。

千古创神惟此圣，吾侪君后更思新。

余韵尾声：人类最高之跨界——"科技 + 人文"

人类文明演进至今，从远古轴心时代的人文价值，到近代科技革命的狂飙突进，本书在第 21 章 "'中'之产品驱动"中将这两大价值"正反合"，如图 27-3 所示。其实科学精神就是求真求新的人文精神，而人文艺术精神则是求善求美的科学精神，两者实则人类终极精神的一体两面。

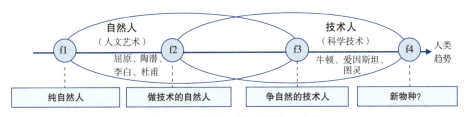

图 27-3　最高跨界：科技 + 人文

当代创新大师乔布斯总结其创新特色："宝丽来的埃德温·兰德曾谈到人文与科学的交集。我喜欢那个交集，那里有种魔力。有很多人在创新，但那并不是我事业最主要的与众不同之处。苹果之所以能与人们产生共鸣，是因为在我们的创新中深藏着一种人文精神。我认为伟大的艺术家和伟大的工程师是相似的，他们都有自我表达的欲望。事实上最早做 Mac 的最优秀的人里，有些人同时也是诗人和音乐家……一些伟大的艺术家，像达芬奇和米开朗基罗，同时也是伟大的科学家。"[6]

本章参考文献

[1]〔德〕阿尔伯特·爱因斯坦.爱因斯坦文集(增补本 第一卷)[M].北京:商务印书馆,2019:567—568.

[2]〔美〕亨利·明茨伯格,布鲁斯·阿尔斯特兰德,约瑟夫·兰佩尔.战略历程:纵览战略管理学派[M].刘瑞江,徐佳宾,郭武文,译.北京:机械工业出版社,2002.

[3]〔美〕弗朗斯·约翰松.美第奇效应:创新灵感与交叉思维[M].刘尔铎,杨小庄,译.北京:商务印书馆,2006.

[4]包云岗.世纪图灵纪念[EB/OL].中国计算机学会通讯,2012(11):42.

[5]罗伯托·韦尔甘蒂.用设计推动创新[J].哈佛商业评论,2007(4):28,120—131.

[6]〔美〕沃尔特·艾萨克森.史蒂夫·乔布斯传[M].北京:中信出版社,2011:518.

第 28 章

属性链：属性特征，独善兼济

起点视角：原创式 vs. 模仿式

模仿是人类的天性，而原创至为稀缺。模仿从人类历史视角来看，倒是一条更快捷、更具普遍意义的路，至少在早期原始积累时，它在企业界俗称"山寨"，在高校科研院所俗称"填补空白"或"国内首创"。

山寨模式——不在行业技术，而在市场需求。山寨发轫于手机业，行业极在 2005 年左右出现了联发科的一站式手机解决方案之后，星星山火，燎原全国。其创新不在行业技术，如芯片或操作系统，而在市场需求。目标客户定位为一线城市的"蚁族"、二线城市的"小资"、三线城市的"贵族"，具体如：对于追求性价比的用户，它以超低价开道，辅以你能想到的所有功能；对于追求炫酷、彰显个性的都市白领，它以追求真我、"秒杀"主旋律营销。

后来出现两大外溢：一是手机业向海外扩张，如曾经的"中国第一寨"——深圳基伍，根据海外市场行情，提供适于本地化的工业设计，2010 年业绩达到巅峰，出货 3 500 万台，位居全球第 9，其中在印度市场以 21% 的市场份额排名第一。基伍 CEO 张文学是长江商学院 EMBA 第 28 期学员，在交流中他说出了遗憾：正当公司在印度市场拔得头筹且准备赴香港上市之时，诺基亚与爱立信联手对其提起知识产权诉讼。

二是从手机业向其他行业延伸，如相机、PSP、Wii 甚至山寨春晚，口号"农业学大寨，工业学山寨"，动作短平快，出手稳准狠，挑战了传统行业规则，但表现一般，因为行业极没有配套的技术整体方案。

让模仿成为企业竞争战略的要素之一。有需求的地方就会有供给,有供给的地方就会有山寨。企业可以将模仿策略作为竞争战略的核心要素之一,用第一工具"上中下",将管理学者西奥多·莱维特的文章[1]、俄亥俄州立大学商学院石家安教授对模仿的研究[2],结合《孙子兵法》概括如下:

- "形而上":一般而言,人们总是对创新者褒奖,对模仿者鄙视,所以企业在文化建设与激励机制上是否需要改变这种意识形态。
- "枢而中":战略上"先为不可胜,以待敌之可胜",即"人有我有",先用模仿封住底线不失优势,再"人有我优",待时以创新突破上限获取竞争优势。时空捭阖策略上,时间是在刚获悉别人新品消息时、取得专利前就紧随,还是在别人新品面世后模仿,抑或在别人成功时模仿?越往前风险越高,越往后竞争越激烈。空间也有两个极端——模仿本行业的所有新品与完全不模仿,前者企业资源不可持续,后者会使企业丧失机会,要在两者之间"正反合";空间的另一思考是成为率先将国外产品引入地区市场的第一人。同时要反省经营环境(如消费者偏好或渠道网络)与被模仿企业的经营环境的差异,根据国情适配。还要跳出本行业,到其他行业寻找产品、工艺乃至模式,不仅参考成功的经验,更要借鉴失败的创新。
- "形而下":如何在自己的组织中正确配置资源并实施模仿,例如是否需要设有专员收集信息,模仿的过程如何,是逆向研发,还是挖人墙角?资源配备与流程管理水平如何,是否需要新建厂房、配备模具,还是做虚拟公司,抑或直接在硅谷设点?

程度视角:颠覆式创新 vs. 渐进式创新

如果一切以客户为中心,虚心听取客户反馈,持续改进产品,如提升质量、提高服务、降低价格,企业做了教科书要求做的一切事情,结果是失败——因为企业可能遭遇颠覆式创新,这是哈佛大学商学院教授克莱顿·克里斯坦森在《创新者的窘境》[3]中阐述的商业现象。

颠覆式创新,或是开辟一片新的市场——"新市场颠覆";或是给现有产品提供一个更简单、低价或更方便的替代品——"低端颠覆"。奇虎360(北京奇虎科技有限公司)创始人周鸿祎先生将其概括为:把一个很贵的东西做得很便宜,把一个收费的东西做成免费,把原来一个很难获得的东西变得很容易获得,把原来一个很难用的东西变得非常简单。

老牌企业一般在原有格局内对维持性技术进行渐进式创新,只要能满足主流客户对下一代产品属性或性能的需要,老牌企业大都游刃有余,但往往难以应对起初不被主流客户看好,或与主流客户认知大相径庭的新属性,以及只对小市场或新兴市场有吸引力的新格局:"新市场颠覆"找到了没有得到服务的细分市场,"低端颠覆"中的用户之所以未被现有模式覆盖往往是因为缺乏利润。因此,面对这两种情况,老牌企业往往不作为,因为这很可能是在自己掘墓。

以谷歌的 AdWords 广告为例。此前的市场霸主是雅虎创建的旗帜广告,企业客户需要支付的最低广告费用是 1 万美元。谷歌推出 AdWords 自助服务式广告,宣传语是"如果你有 1 张信用卡和 5 分钟时间,你就可以在网上自己做广告",广告丰俭由人。最初,AdWords 的客户是那些无力支付雅虎巨额广告费用的初创企业,掏个几十、几百美元就可以随便尝试在网上做广告,而五个字的文字广告,相较于旗帜广告而言则颇为简陋,不过这也让谷歌吸引到更多的新客户在网上发布广告,这是"新市场颠覆"。随着时间的推移,谷歌为自己的广告服务增加了很多新功能,如大数据分析,然后继续使用"较低成本"模式,以对抗老牌互联网广告商,而这也就演变成了"低端颠覆"。

克里斯坦森指出,颠覆式创新未必是引入高端技术,而是引入与现有产品相比不够好,但更简单、便捷、廉价的技术。为什么这些起初低劣、仅对新市场有用的技术最终会对主流市场的领先企业构成威胁呢?因为一旦采用颠覆式技术的产品在新市场站稳脚跟,持续创新就会沿着陡升的轨迹提高新产品的性能。这条陡升轨迹的坡度相当大,以致产品性能很快就能满足主流市场的客户需求。

识别方法。一个简单的方法就是研究企业内部对开发新产品或新技术的不同意见。由于受管理和财务方面激励措施的影响,营销和财务部门的经理一般不会支持颠覆式创新;相反,资深工程技术人员则通常坚持认为将会出现某个新技术市场。这两个群体的分歧通常预示了高管应加以探索该创新是否是颠覆式的;一旦确认,不妨参照本书第 18 章,形成二元组织的格局。

"爆款"模式。颠覆式创新在中国俗称"爆款",它一般不是通过技术创新,而是在用户体验和模式上创新,如团购、共享单车等,故一般情况下很难为企业建立可持续的竞争优势,因为没有"硬"壁垒,仅仅凭着工业设计的颜值、规模经济的性价比、类苹果美学的系统集成、网络策划与网红营销等"软"优势,极易被对手追上。

除了华为式的技术创新,还有其他建立可持续优势的方法。以几乎没有技术壁垒的中国互联网业为例,产品壁垒的来源,可以是大数据的积累,如 360 搜索竞争不过百度,原因不在于抓取数据的能力不如百度,而在于百度经年积累的大数据分析建模的经验;也可以是用户关系的积累,如用户之所以离不开 QQ、微信,不是因为产品体验多好,而是其社会关系的迁移成本较高。

操作视角:封闭式创新 vs. 开放式创新

封闭式创新指最常见的企业自己掌控从创意到新产品上市全过程的一体化创新,这是风险最小的途径,但要求企业同时具备开发、营销和整合资源的能力,其要求的投资最多,耗费的时间也最长。而开放式创新指对企业内外的创新要素进行整合、互动及协同,自己一般集中优势资源聚焦最有价值的部分,同时依赖合作伙伴甚至全球网络社区完成其他部分。开放式创新的主要挑战在于参与者的技能与长期坚持参与的积极性,为此企业应提供反馈与激励机制。

基于个人的开放式创新。其本质是借力别人的思维、方法、成果等,将知识社会升级为一个高效的创新体系。如 2001 年创立的维基百科,由全球各国人民基于互联网协作式编写,并免费开放共享。截至 2020 年 3 月,维基百科共收录英文条目 602 万条，收录全球共 309 种语言的条目 5 225 万条，自愿编辑用户达 8 765 万多人，总编辑次数超 27 亿次。

基于组织的开放式创新。企业请供应商、专家型咨询公司或自由职业者等参与新产品创新。如宝洁的"技术型企业家"计划使得全球 50 多万名独立发明家成为宝洁的创新服务提供商。当宝洁提出技术问题时，就可以从世界各地得到建设性的解决方案。当这些发明家有某些重大创新时，也会优先卖给宝洁。

当然成功率最高的首推变客户或消费者为创新者，因为研发最大的困难在于要完全了解客户需求须付出很大的代价，且结果还不精确，因而不如直接请客户帮助创新。如全球最大的非上市软件公司 SAS，每天通过公司网站和电话来收集客户的投诉与建议，每年邀请客户在网上为其软件进行投票，征求客户的反馈意见，了解客户需要的新功能。收集信息后，SAS 先对其优先级进行划分，然后交给相关专家，并在数据库中进行追踪。当开发下一版软件时，它便能着手解决所有记录在案的问题。SAS 能对客户 80% 的需求做出反应，而排名前十位的客户需求也得以满足。

结果视角：降低成本式创新 vs. 提升价值式创新

降低成本维度。第一种方法是基于廉价劳动力的低成本规模经济。除了"中国制造"的横扫天下，外企在中国打天下亦然，一般做法是先用自己的品牌走高端市场，站稳脚跟后，再通过利用中国的供应商或代工生产降低成本，增加低端产品并与当地渠道商合作拓展至大众市场。

因为同质化是一切产品的归宿，所以低成本是企业参与竞争的必要条件。通用电气前 CEO 杰克·韦尔奇认为，"在成本方面，每个人都需要仔细检视公司内外的各个地方，寻找最佳实践经验。每个操作流程应该在哪里完成、如何完成，都要严格要求，以提高生产率。不要把自己的目标确定在使成本降低 5—10 个百分点，你必须找到能使之降低 30—40 个百分点的办法。因为在多数情况下，要想在中国商品的世界里获得竞争力，这将是唯一的办法"[4]。

第二种方法是低成本人海战术式研发,并以研发成果的技术创新或流程创新继续降低成本。例如华为能以相当于跨国公司 1/10 的人力成本、1/2 的人均效率开发同样性能的产品。其成功的一个重要原因,是软硬件开源社区的崛起,以及产业链的全球分工合作,但低成本创新会面临瓶颈,最终需要转到提升价值式创新。

提升价值维度。《财富》杂志每年以 9 个价值维度评比"全球最受尊敬的企业",表 28-1 为 2020 年前十名中属于 IT 行业的"四大天王"。

表 28-1　九大价值维度

全球排名	创新力	人才管理	企业资产的运用力	社会责任	整体管理水平	财务稳健性	长期投资价值	产品/服务质量	全球竞争力
1.苹果	1	1	1	1	1	1	1	1	1
2.亚马逊	1	2	1	4	1	2	1	1	1
3.微软	1	1	1	2	1	1	1	2	1
7.谷歌	2	1	4	2	2	1	2	2	2

从财务视角来看,企业价值是企业未来从客户那里获得现金的能力,即能反映企业预期获利能力的全部资产的市场价值,9 个维度其实是其价值实现的综合考核指标,包括战略、运营、资本、人与社会等各个层面,是为了一个与企业利益相关体的共同目标,而不仅仅是为了股东财富最大化。以此价值体系倒推,即可得到系统化地提升价值式创新的具体手段,如:

- 提升企业资产运用力方面,包括内部业务流程再造、外部供应链管理、现金流管理等。
- 提升销售增长与财务稳健性方面,包括产品战略、产品组合布局、兼并企业等。
- 提升长期投资价值方面,包括研发与创新、上下游生态价值链重组、利益相关者均衡等。

国情视角：市场影响式创新 vs. 政府影响式创新

本书第 15 章"三风水"介绍了宏观环境约束下的四种经营模式，即企业创新必然笼罩在市场与政府的"双极"力量之下，用第三工具作其"正反合"图，如图 28-1 所示。

图 28-1　在市场与政府的"双极"力量下的企业创新

自由经济与官控经济之争可溯至两千年前司马迁《史记·货殖列传》与班固《汉书·货值传》，我称之为"马班范式之争"，并以第一工具"上中下"作图 28-2 对比其核心观点（具体细节可参阅拙作《创经：人类创新主脉与结构之演进逻辑》），最后是班固范式成为千年以来的主导范式。

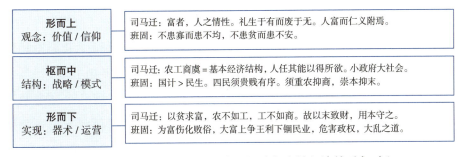

图 28-2　马班范式之争——市场经济与官控经济的千年对立

官控经济意味着官府全面控制重要的生产资料、关键领域和经济命脉，民企须在这个约束条件中思考创新创造，包括宏范图式"质"的范畴中最重要的方向选择，纯市场经营意义下的利润高、可持续增长的业务未必是好方向。

当然过犹不及，常言道"胆小的等死，胆大的找死"，意指完全按政策则活不了，违法经营也活不长，仍须"正反合"，在"铁幕中"寻找变通之隙与灰度，"绿灯亮了赶快走，黄灯亮了抢着走，红灯亮了绕着走"。

时空视角：正向创新 vs. 逆向创新 vs. 全球整合式创新

用第三工具作"正反合"图（如图28-3所示），审视如何利用时空势差因时、因地制宜。

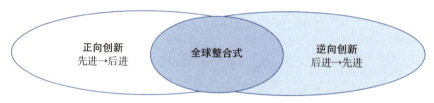

图28-3 时空维度的创新整合

正向创新。例如马云创业是因为去了趟美国。在杭州电子工业学院教授英语并开了海博翻译社的马云因英语好而在杭州小有名气，1995年年初被浙江省交通运输厅请去美国催债，债没讨成却触网而眼界大开，回国后辞职做了中国黄页网，未成。1997年原外经贸部要成立中国国际电子商务中心，马云等一行进京，并借助外经贸部平台认识了雅虎创始人杨致远，经启发找到了方向。1999年3月，马云与"十八罗汉"集资50万元创立了阿里巴巴。

图28-4 在vivo德里总部调研

又如传音手机开拓了非洲市场；OPPO、vivo、小米等开拓了印度市场。2019年8月，我到印度几个城市调研中国手机在当地的整体状况与竞争格局。图28-4是在vivo德里总部拍摄的，其间采访了其商务战略负责人。

逆向创新。如果说正向创新是从先进国家开始的，即技术或产品先在先进国家投放，因为其消费者成熟而挑剔，经过不断反馈改善，然后再推至后进国家，则逆向创新是"反者道之动"。例如《财富》500强在中国、印度等国设立的研发机构，早期只是做一些本地化或针对本地市场的产品研发，后来发现，这些功能有限但具有显著价格优势的产品投放到先进国家后，消费者对其性价比也能接受，甚至趋之若鹜。

20世纪90年代，通用电气为中国提供的超声波设备是在美国和日本开发的，价格昂贵，2002年每台售价在10万美元以上，在中国销量不佳。中国研发团队同年开发出了一款价格低廉、便携性佳的设备，一举将价格降至3—4万美元。2007年该团队在中国又推出了售价1.5万美元的型号，从此销量一飞冲天，得到了农村医院和社区医院的青睐。而让通用电气感到意外的是，尽管性能低于传统超声波仪器，但这款体积小、易携带的产品在发达国家市场的销量也高速增长。于是时任通用电气董事长杰夫·R. 伊梅尔特（Jeffrey R. Immelt）提出了"逆向创新"的概念，通用电气常驻教授、世界50位管理思想家之一的维杰伊·戈文达拉扬（Vijay Govindarajan）将之总结为《逆向创新》一书，我为其中文版作了序。

维杰伊以五大需求差异作为切入点：一是性能差异，欠发达国家的客户收入较低，他们情愿牺牲产品性能以换取公正的价格；二是基础设施差异，欠发达国家的基础设施仍在建设中；三是可持续性差异，欠发达国家渴望找到新一代的环境解决方案；四是监管差异，新产品可能首先在欠发达国家中跨越监管障碍；五是偏好差异，客户都有特殊的品位和喜好。[5]

全球整合式创新。2013年2月，华人导演李安先生凭借《少年Pi的奇幻漂流》荣获奥斯卡最佳导演奖，这是一部由加拿大小说家撰写、以印度人为主角、由曾在美国留学的华人执导的作品。其实美国电影工业跨国、跨文化整合资源的全球化模式已经形成，它从全球搜集创作题材，将各国文化背景下成长的电影人才收为己所用，走开放式创新之路。

在全球化时代，不妨将不同国家的核心资源按最符合自身创新战略的因素进行整合。例如美国人擅长技术创新，因为它不拘一格在全球范围内招揽人才；日本、德国人擅长工艺创新，因为他们做事格致精微；中国人最擅长以用户为导向的运营模式的创新，因为中国人以历史为宗教，琢磨人心最透，对用户心理的把握细腻。我将以上内容标注在第二工具如图28-5所示。

图 28-5　全球资源为我所用

这样企业可以在各国人才集中的地区设立分支机构，就地整合资源。如华为、百度等在美国硅谷设立研发中心；软件外包公司在印度班加罗尔落户；联想构建起以中国北京、美国罗利和日本大和为支点的全球三角研发体系，拥有全球近 50 个实验室，能利用时差在全球进行 24 小时的不间断研发。

本章参考文献

[1]〔美〕西奥多·莱维特.营销想象力[M].辛弘，译.北京：机械工业出版社，2007：211.

[2]〔美〕石家安.模仿的力量[M].吴进操，译.北京：机械工业出版社，2011.

[3]〔美〕克莱顿·克里斯坦森.创新者的窘境[M].胡建桥，译.南京：江苏人民出版社，2001.

[4]〔美〕杰克·韦尔奇，苏茜·韦尔奇.赢[M].余江，玉书，译.北京：中信出版社，2005：310.

[5]〔美〕维杰伊·戈文达拉扬，克里斯·特林布尔.逆向创新[M].钱峰，译.北京：中国电力出版社，2013.

余韵尾声　企家图腾谁可堪？

企业是创新的主体，企业家的本质就是韧之创新，通过持续创造价值而使企业获得长久的竞争优势。在结束半面创新推导企业创新之际，不妨看屡败屡战、自强不息的企业家之最佳形象代言，孰可当之！（注：强哥、徐姐、阿B、山仔等均为诗剧中的企业家角色）

《诗剧·货值新传 第四幕 添酒回灯重开宴》

众企业家：
寒云小馆夜阑珊，美酒拌诗意兴酣。
教授可乎心属意，企家图腾谁可堪？

强哥：是任行不群，如鸷鸟不双？
徐姐：是当机立断，若壁虎行疆？
阿B：是快意豪赌，如风掣群狼？
山仔：是屡败屡生，若向死小强？

教授：（满酒执杯站起）
春风诗酒敬英雄，与君满杯尽兴干！
企家根本企图业，经营不害为圣贤。
莽莽狂沙伴古月，天工开物五千年，
今企业家贬若小，孰能为大创新巅？

天将大任于斯人，磊落豪雄当跃迁，
聪明才辩末资质，厚重深沉第一冠。
古往圣贤皆寂寞，枭杰自性乾纲担。

人生何谓至人境？独往苍穹与梦圆。

何若如孔孟，文不在兹舍我其谁乎，
何若如刘项，彼可代之生当大丈夫。
何若如庄老，不争却又莫能与之争，
何若如李杜，仰天大笑健笔意纵横。
何若独孤阳明圣，月明飞锡下天风。
何若不群曾文正，一怀焦愤恐无成。

图腾孰可任？巨刃划崩豁，
己任为天下，创新为寄托。
企家强则国必强，企家弱则国蹉跎，
秦关汉将唐丝路，孤月莽沙一骆驼，
问天借道五千年，再造真善美中国！

补篇一　学术创造之推演

第十部分　半面创新推演学术求真

第十部分
半面创新推演学术求真

作为一个试图囊括人类一切创新创造的通用体系,半面创新学说将自己的适用范畴延伸至求真的学术创造。本部分用半面工具以极简笔法做案例示证,概述中华传统文明的四大主导学术产品"儒墨道法"的创新创造的来龙去脉及其相互关系。

第 29 章

学术创造示例，求真之路

作为示例，本章以极简笔法概述半面创新学说在学术创造领域的应用，以中华文明的主导学术"产品"——"儒墨道法"的创新创造为例证。

中华文明学术"产品"的创造有三波巨浪：第一波是春秋战国时代的诸子百家，奠定了中华文明的根基；第二波巅峰在两宋时期，上接唐朝韩愈、柳宗元，后有周敦颐、邵雍、张载、程颢、程颐、朱熹、陆九渊等，他们整合儒释道，创立新儒家，奠定了中国近五百年的文化方向；第三波在晚清民国时期，康有为、梁启超、严复、蔡元培、王国维、陈寅恪、胡适、鲁迅、傅斯年、钱穆、熊十力、唐君毅、牟宗三等，引入"德先生"和"赛先生"，整合中西文明，拉开了现代中国文化启蒙的序幕。

先看起步。中华文明一路东流，缓缓驶过太古时代、三皇五帝时期、夏商西周三代。西周的周公姬旦创立了封建制、宗法制、礼乐制的国家治理结构。封建制就是按血缘、宗族、功臣的亲疏远近原则分封诸侯、封土建邦，即"中央政府＋联省自治"。宗法制就是"血缘结构＋德治原则"，可概括为"亲亲、尊尊、贤贤"三位一体，"亲亲"指按血缘亲疏远近的差序原则，"尊尊"指等级观念的礼乐秩序，"贤贤"指选贤任能。

之后周室衰微，进入东周的"春秋战国"时代，彼时形势是："行业极"的统治者，诸侯兼并、礼崩乐坏、"朱门酒肉臭"；"市场极"的老百姓，舆情鼎沸、民不聊生、"路有冻死骨"。时代议题包括：社会乱因为何？应设计什么产品和解决方案让社会回归有序？即中国向何处去？

大风起兮云飞扬，诸子百家兮乘势兴，众家各自创造产品，提出价值主张，完成了中华民族历史上最伟大的思想创造，我用第三工具"起承转合"按时间关系加以总结,如图 29-1 所示,四大产品"儒墨道法"皎皎其中。大体上,儒家崇尚"亲亲",礼乐教化,天下归仁;墨家推重"贤贤",选贤任能,天下归贤;法家偏取"尊尊",专制集权,天下归法;而道家另辟蹊径,绝仁弃义,独任清虚,奉行解构主义和无为而治。

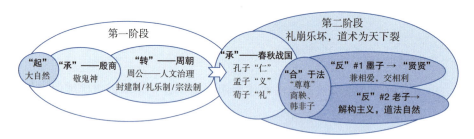

图 29-1 儒墨道法的演进逻辑

具体地,先看各自的"一命"。《汉书·艺文志》载,儒家盖出于司徒之官,职责是帮助君王理顺阴阳,教化百姓,游文于六经之中,留意于仁义之际,所以其产品主打修己安人之道。而墨家盖出于清庙之守,茅屋采椽,所以贵俭;养三老五更,所以兼爱;又因兼爱而不许夺人所有,于是非攻;顺四时而行,是以非命;以孝视天下,是以上同。道家盖出于史官,历记成败存亡祸福古今之道,所以其产品为帝王之术,宗旨为守柔与无为。法家盖出于理官,信赏必罚,以辅礼制,所以产品演化为富国强兵之法和抑制贵族之术。

孔子"领衔主演",认为社会乱因是不尊周礼、犯上作乱,导致君不君、臣不臣、父不父、子不子的社会乱象,于是提出的"产品方案"是回归周礼、回归王道,同时创造了超越的"形而上"价值主张"仁",以贵贱有序的"亲亲"之爱为基础,以忠恕之道作为入世的总路线,面向士大夫"细分市场",构建和谐社会。

墨子攻击孔子总结的原因,认为天下乱因不是犯上作乱,而是诸侯恃强凌弱,因为孔子的"亲亲"之爱导致爱有差别的等级制,所以墨子据此"反者道之动",提出了震人心魄的观念创新"兼相爱,交相利",意即人生而平等,只要人人都献出一点爱,世界将变成美好的人间,主打平民老百姓之"细分市场",给出的"产品方案"是继续复古,回到比儒家更古的尧舜时期的贤人政治。

老子则攻击孔子提出的结论,认为社会动乱不是因为不守礼乐制,而是因为人一旦掌握权力后，就会自我膨胀，继而狂妄地替天行道遭致天下大乱，并据此对儒家的入世"反者道之动"，提出创新的价值主张"道法自然"。在他看来，既然大自然是自然自在，作为自然之物的人也应像大自然一样，绝去礼学，兼弃仁义，独任清虚，"夫唯不争，故天下莫能与之争"，他的"产品方案"是顺其自然，无为而治，主张回到更古的太古时代，面向小国寡民之细分市场，构建"鸡犬之声相闻，老死不相往来"的理想社会。

法家韩非子推出整合式创新。他认为：儒家的礼治是等级制，不公平；墨家的贤人政治也不可靠；道家的无为不治导致无政府主义而社会失序。为此进行系统集成，增加一层中间件"法治"，因为法治而人不治，故人可以无为；又因为有治所以有序；而法不认人，故最公平可靠。因此，法家对外一举整合儒墨道三大领域。对内则是整合商鞅的法、申不害的术和慎到的势。法家面向"公务员"细分市场，价值主张是执法要公开（"法莫如显"）、公正（"法不阿贵，绳不挠曲"）、公平（"刑过不避大臣，赏善不遗匹夫"）（《韩非子·有度》）。解决方案是便国不法古，抓住当下，依法治国，富国强兵。

关于四大学术产品的"空间"逻辑关系，用"面"字模型作图，如图29-2所示。

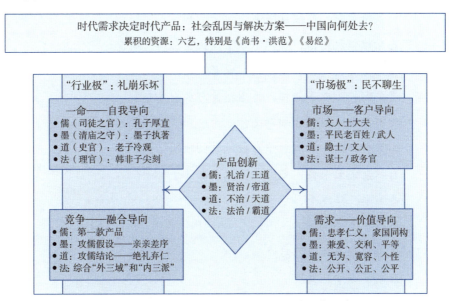

图29-2 四大学术产品儒墨道法的"空间"逻辑

我创作了大型多幕诗剧《孔老之会》，将中华文明这三浪学术创新以孔子适周问礼于老子的诗对形式呈现，兼及人类四大轴心文明对比，再嵌入孟德斯鸠、康德、黑格尔、韦伯等对儒家的批判，以及儒家内部的演进与批判。此处截取第一幕孔老黄河边见面寒暄过后的第一轮对话，各自亮出理想与意志、产品与解决方案之片段：

孔子：

老兄君不见：

三皇五帝夏商周，大河流奔一路东。

宗室东迁天下乱，王纲解纽礼乐崩。

中华文明何处去？时代狂澜何汹汹。

道术将为天下裂，诸子百家乘势兴。

吾十有五志于学，而今三十而立欲为天地立心、生民立命、往圣继绝、万世开太平！

寰宇兄不见：

朱门酒肉臭，路有冻死骨，

诸侯争竞霸，列强铁骑突。

吾欲推仁说列国，当仁不让宁死犹重泰山一腐儒。

由是老者安之、朋友信之、少者怀之，天生烝民止于至善终如初。

老兄啊：（以手作揖，再虚指黄河水）

大河流天地，逝者如斯夫，

不舍昼与夜，却似君子自强不息任独孤！

自信斯文天未丧，文王既没文不在兹乎！

美哉水，洋洋乎，

诗以言志吾情抒，

志道据德依仁游艺启鸿儒，

丘之不济命也夫！

老子:
高山仰止闻子志，吾心在兹亦念兹，
美哉水，洋洋乎，何若闻子策与识？

孔子:
云从龙，风从虎，同声同气慨而慷！
戎狄蛮夷散四方，华夏犹如泰山独尊居正央。
尧舜禹汤须祖述，文武周公当宪章。
克明峻德亲九族，九族既睦百姓亦平章，
我欲德治化有序，百姓昭明协和共万邦。
天本在国国在家，父义母慈兄友弟恭子孝……家和万事昌。
普世价值并非种姓不是契约是血亲，格致诚正修齐治平诗书继世长。

老子:（近指黄河，远虚指河岸孟津古渡）
汝从泰山来，吾自大河出。
美哉水，洋洋乎，
河出图，洛出书，
八百诸侯会孟津，泰誓天道周兴代殷诛独夫。
天下莫柔弱于水，攻坚强者莫之能胜如摧枯。
夫子可见乎：
默默滋润甘居下，水利万物不张扬，
人往高走水低流，水处众恶任污脏，
涓涓细流汇成海，海纳百川是汪洋。
滴水可穿石，弱之能胜强，
积水掀狂澜，柔之能胜刚。
受国之垢是谓社稷主，受国不祥是为天下王。
上善若水几于道，以其不争故天下莫能与争强。

再看进路。诸子百家在市场竞争，哪款"产品"能获成功？或者统治者应选择哪个主义？中华传统文明的精髓是儒释道三教合一，这个过程是怎发生的？概括如图 29-3 所示。

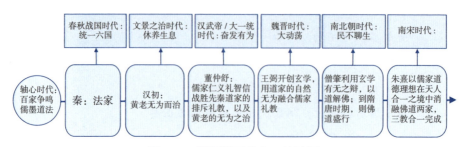

图 29-3 儒释道三教合一的过程

最先成功的是法家，其"产品"投放市场，立竿见影。秦始皇一统江山后，推行愚民政策，焚书坑儒，二世而亡。可见法家的问题是过犹不及，导致无教化，去仁爱，专任刑法，残害至亲，伤恩薄厚。于是汉初拨乱反正，"反者道之动"，采用黄老政治、休养生息、无为而治的道家政策，其成果就是文景之治的小政府、大社会。

历史拐点在汉代大儒董仲舒，他用仁义礼智信的道德理想战胜了道家的自我解脱和对礼教的排斥。《汉书·董仲舒传》载其向汉武帝献策，提出"诸不在六艺之科孔子之术者，皆绝其道，勿使并进"。这就是罢黜百家、独尊儒术。因为人类有精神需求，秦焚书坑儒、不让人读书被历史证明是死路，但权力又不希望百姓思想多元，解决方案是在"0"与"N"之间"正反合"，选"1"。汉武帝接受提议，但一来儒家没有落地的"形而下"招数，仍需要法家的治理机制；二来法家只有"枢而中"和"形而下"的治术，没有"形而上"的治道，如忠孝仁义的超越价值，所以"正反合"，法家做里子，儒家充面子，此后千年均为"外儒内法"。

四大学术"产品"应用于市场的"时间"逻辑，如图 29-4 所示的产品生命周期曲线。

从"产品"的营销推广来看，"立学校之官，州郡举茂材孝廉，皆自仲舒发之"，即董仲舒提出从"硬件"和"软件"两方面采取措施："硬件"是建太学以传授儒家经典，上行下效，随后一直到基层乡学，整个教育体制逐步建立；"软件"是利益驱动机制，即从读儒书的人中选拔茂材、孝廉成为政府官员。后来隋唐时期创立的科举制更是强化了这种商业模式。至此，儒家在政府的支持下大获全胜，从民间的观念产品成为官方意识形态，为"1.0版产品"。

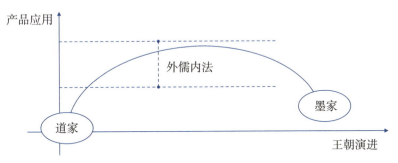

图 29-4　四大学术"产品"儒墨道法的生命周期曲线

汉末佛教传入中国；魏晋时期玄学兴起，儒道开始融合；南北朝时期兴起以道解佛；直到隋唐时期，佛道盛行；最后在宋代儒释道完成三教合一，并持续至晚清民国。其间有三个代表：

魏晋玄学家以王弼为代表，他以道家的自然无为消融儒家的名教纲常，开创了"名教出于自然"的儒道融合的玄学时代。其他如郭象的"名教即自然"，嵇康的"越名教而任自然"，阮籍的"折衷名教与自然"等与此同理。

南北朝的僧肇利用道家"有""无"概念，以"非有非无""即有即无"来"正反合"，解释佛教的"自性空"，导致玄学终结与佛教崛兴，并在隋唐时期成为主导思想。当然，佛教的"空"并非如道家玄学那样把世间的一切都归之于"无"。在佛教看来，世界的一切都没有存在的根据，即没有"自性"，所以才"空"，用不着分辨有无。

南宋朱熹乃集大成者。先是唐朝韩愈、柳宗元复兴儒学，北宋周敦颐把儒家《周易》和道教《无极图》进行整合式创新，生成《太极图说》，朱熹兼融了《太极图说》及华严宗的理事观而创立理学体系，完成了儒释道的三教合一。后续陆九渊、王阳明加入孟子的性善论和佛教明心见性的心学，做进一步整合。将三者关系作"正反合"，如图 29-5 所示。明朝朱元璋将朱熹的《四书集注》作为科举的标准教程，于明清两朝推行五百年之久，至此，儒学完成第二次大规模的重构与传播，为"2.0版产品"。

图 29-5　儒道佛三款"产品"的正反合

然后就是1840年，中华民族面临三千年未有之大变局，同时西学东渐之风兴起，其简化叙事见本书第10章，这里不再展开。最后1905年科举制度被废除，新文化运动以"打倒孔家店"为口号，儒学再次被"否构"，直至民国新儒家，如熊十力、梁漱溟、马一浮等，力图融汇西学中自由、民主等现代价值以重构儒家的价值体系，再次"跨构"……

展望未来，相信中华文明必能兼融西方文明而再度辉煌，原因是各文明的核心价值一体多元，即此前三教能合一的根源是自我超越：儒家主张超越生物本能与名利权位而追求仁义道德；道家再进一步要超越仁义道德，与道同体而达精神自由；佛教更上一层楼还要超越道教长生化仙，自性悟即佛；而西方文明的内核同样是追求正义、臻美至善，完成共同的内在超越。

补篇二　艺术创造之推演

第十一部分　半面创新推演艺术求美

第十一部分
半面创新推演艺术求美

作为一个试图囊括人类一切创新创造的通用体系，半面创新学说将自己的适用范畴延伸至求美的艺术创造。本部分用半面工具以极简笔法做案例示证，概述中华传统文明的第一艺术——诗歌之创新创造的来龙去脉，以及诗歌产品创作的整体架构。

第30章

艺术创造示例，求美之途

本章作为示例，以极简笔法概述半面创新学说在艺术创造领域的应用，以中华文明的主导艺术"产品"——诗歌的创新创造为例证。

中华文明在艺术领域的第一个创新创造是诗歌，它先于诸子百家的学术创新，同时，诗到唐宋时期又是中华文明在艺术领域的巅峰之作，更重要的是诗以言志，它成为民族精神薪火相传的象征……半面创新的四大计算原语"起承转合"就来自诗词。关于诗词创新的系统化论述，可参见拙著《跨界引爆创新：唐诗＋互联网＝企业创新》。由于篇幅所限，本章仅述要点。

从诗史演进看创新创造。王国维先生曾言："凡一代有一代之文学。楚之骚、汉之赋、六代之骈语、唐之诗、宋之词、元之曲，皆所谓一代之文学，而后世莫能继焉者也。"[1]基于大格局视角，用第三工具"正反合"总结中华诗史，如图30-1所示。

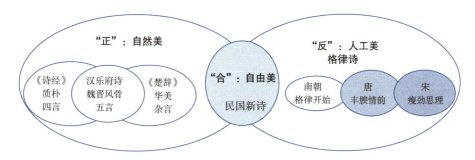

图30-1 中华诗史之"正反合"

北《诗经》与南《楚辞》，标志着中华诗词相反相成之起。前者质朴厚重，后者华辞富象，正所谓"质胜文则野，文胜质则史，文质彬彬，然后君子"（《论语·雍也》）；另一维度是《诗经》之四言与《楚辞》之杂言，"正反合"于汉乐府诗魏晋风骨的五言，同时诗风也由文返质，走完第一阶段的自然美。

第二阶段是始于永明体的格律化，进入人工美。陈寅恪先生考证，四声是按印度三声发展而来，后经四声的二元化就诞生了平仄。其实平仄本身的结构就是相反相成：一联之内平仄相对，两联之间平仄相粘，首尾贯通言尽意长，所谓"君子和而不同"（《论语·子路》）。同时，人工美在唐诗与宋诗中达成第二轮"正反合"，唐诗丰腴神韵、理想而自然，宋诗瘦劲思理、实际而技巧，而元明清，在尊唐与崇宋间摇摆而无特色，最终"合"于民国中西文明交互时的新诗，是"戴着镣铐跳舞"的格律束缚与人类追求自由之自然或自然之自由的"正反合"，代表着自由美。

关于诗史中具体的创新创造细节，我以"科技＋人文＝创新"为视角，取唐诗这一段，呈现其初盛中晚的演进与 PC 行业兴盛衰亡的对比，如图 30-2 所示，该图上半部分显示了唐诗的演进，下半部分显示了计算机行业的演进。

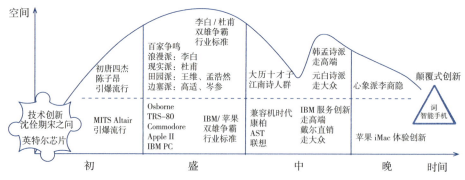

图 30-2　唐诗演进与 PC 行业演进的对比

从诗歌创作看创新创造。我研读了历朝历代及海外重要的诗论，此处将诗史上的重量级诗论、诗话的核心要旨与演进脉络加以总结，如图 30-3 所示。

基于阅读历代诗选、诗论以及自身创作实践的印证，我用第一工具和第二工具架构了自己的诗歌产品创作的总体架构，如图 30-4 所示。如此一来将其与本书此前的技术与产品创新归约于一个体系。下文选录自己正在归总的"细柳诗话"中的一些观点。

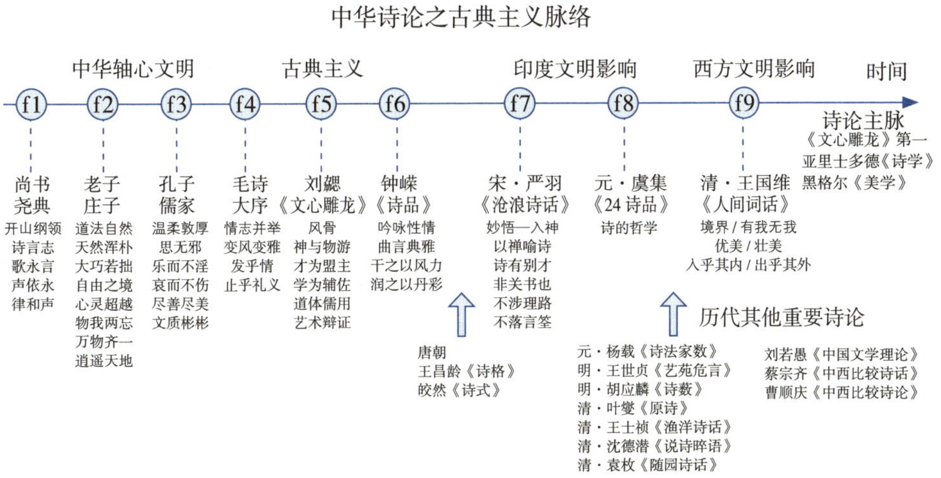

第十一部分　半面创新推演艺术求美

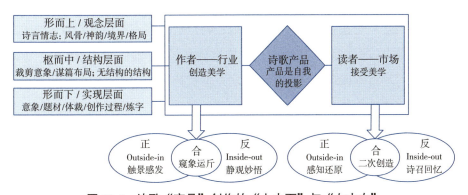

图 30-3　我对诗论脉络的总结

图 30-4　诗歌"产品"创作的"上中下"与"左中右"

创作实践过程的"左中右"视角

第一步，"正"——触景感发。诗歌产品往往是被当下场景——大自然和人类社会包括自身作为"输入参数"——所触而感发起兴。从认知过程来看，五官是传感器，外部世界的输入只有少量刺激被展示，其中又只有更少的一部分被注意，所以平时须用心灵之眼观察。"输入参数"进入意识中被解释为一种有意义和连贯的意象，其实并不限于此时此地、此情此境的意象、感知与体验，场景只是触发器（trigger），在刹那间触动了心灵深处存储器所内蕴的情愫和意绪,是"Outside-in"的过程,于是日常内存之积累,所谓"读万卷书行万里路"就非常重要。

第二步,"反者道之动"——静观妙悟。在最初的情感反应过后,意识进入宁静中的冥想而致远,场景此时变为路由器(router),是"Inside-out"的过程:通过陆机《文赋》的"精骛八极,心游万仞",刘勰《文心雕龙》的"寂然凝虑,思接千载;悄焉动容,视通万里",亦即通过四大控制原语"直觉/感性/思维/想象",输出各种在场与不在场的事物,在回忆、体味的过程中洞察并妙悟,形成意象组合。

综上生成方程式:外触感发 + 内在静思 = 妙悟生象。外部世界的输入经过主观世界的审美提炼而生成错落有致、动静结合的意象画面,而意象选择与意义赋值是由个体"形而上"的思想观念、"枢而中"的知识结构与"形而下"的人生经验这张"大网"来过滤,所以严沧浪言"诗有别材,非关书也。诗有别趣,非关理也"及刘勰道"才为盟主,学为辅佐",我却不以为然。靠才只能写小诗,展现文字技巧没问题;但大诗须有知识结构的强力支撑,以及富有经历生命苦难而升华的大悲悯级的同理心。于知行之间,知的层次决定了行的高度,行有不逮一般是知之浅浮,所以还是唐人刘知几之言"史有三长,才、学、识"深得我心,诗亦须三长通贯。

第三步,"正反合"——窥象运斤,基于四大计算原语"起承转合"和四大架构原语"建跨否重"。兼容历代诗论,更基于我本人的知识结构,我采用大型软件系统的架构设计及格致精微的编程方式来实现。在妙悟生象之后,情感与思想在诗意的脉绪中"窥意象而运斤",对自下而上的意象涌现(采用面向对象的程序设计)进行自上而下的谋篇布局(采用结构化程序设计)与斧削刀琢的编程编码,间或以面向方面(aspect-oriented)的程序设计来增强诗的密度,通过艺术提炼与融合,将其纳入体裁、声律等诗艺范畴,最终成为诗歌"产品"。当然还需提醒自己,存在彷如"goto"语句编程的天马行空的"无结构的结构",即意识流。

诗歌产品的用户界面是体裁、格律、文字,消费者通过其"六根"——眼、耳、鼻、舌、身、意——来感知产品,在自己的头脑中还原意象,这个意向再反触、召唤内存于消费者生命中的点滴回忆,获得与诗人心有灵犀一点通的用户体验,甚至还可能根据自己的人生经验路由(routing)出崭新天地的二次创造。

这个过程恰如美学大家朱光潜先生所言,"凡是艺术创造都是旧经验的新综合。经验是材料,综合是艺术的运用。惟其是旧经验,所以读者可各凭经验去了解;惟其是新综合,所以见出艺术的创造,每个作家的特殊心裁。"[2]

创作的"上中下"视角

"形而上"的"意在笔先"。这一原则自魏文帝曹丕提出后被历代遵循。其实"意"就是观念,如刘勰的风骨、钟嵘的性情、严羽的妙悟、王渔洋的神韵、王国维的境界等。我在自己的诗论中捏一词,曰"格局",即(天赋之)"才"+(后天之)"学""正反合"升华后之"识",不算开宗者屈原,我作历代波谱如图30-5所示(图中"I find""I seek"的含义见本书第6章"天才与大师")。

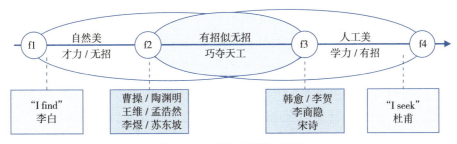

图30-5 才情+学养=智识

即使才大如李白者,徐建顺先生根据清代王琦集大成的《李太白全集》对其引用的历代诗人作品(语典)的次数有如下统计[3]:鲍照133次,谢灵运110次,江淹106次,《诗经》93次,屈原87次,曹植70次,谢朓62次,陆机60次,张衡52次,《古诗十九首》47次,陶渊明47次……换言之,运斤之才情亦需读破万卷之窥象。

而格局即"识",其底层逻辑源于自我认定的生命的终极价值,即弗洛伊德之超我之境。正因为产品是自我的投影,诗歌"产品"当然是自我人生格局、终极关怀之投影，利用第三工具"正反合"作图 30-6。

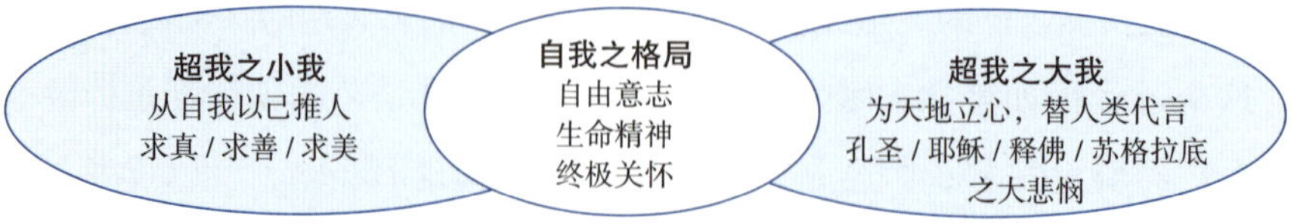

```
超我之小我              自我之格局              超我之大我
从自我以己推人           自由意志               为天地立心，替人类代言
求真 / 求善 / 求美       生命精神               孔圣 / 耶稣 / 释佛 / 苏格拉底
                       终极关怀                之大悲悯
```

图 30-6　意在笔先：人生格局、终极关怀第一

由是可推导出诗的至大至高标杆。人类量级的各大文明之首分别是孔圣、释佛、耶稣、苏格拉底，身怀立心天地、普渡众生之大悲悯。故千古诗史，从全球视角来观，至此至大至高格局者，我以为杜甫、但丁、莎士比亚、歌德等几人而已。以杜甫为例，他"窃比稷与契"，抱负"致君尧舜上，再使风俗淳"，自己一生颠沛流离、穷困潦倒，以至于"入门闻号啕，幼子饿已卒"，却仍"默思失业徒，因念远戍卒"，欲以一己之力渡芸芸众生且至死不渝。产品如是，乔布斯立意"活着就是为了改变世界，难道还有其他原因吗"，终身执着于此，所谓"青春赋值 debug world"（见本书自序），且执此信义，无论风雨，矢志不渝，方有可能成为最伟大的诗家或产品人。

"枢而中"的意象整合与谋篇布局。诗言情志，但情境与意境须通过物境方能天人合一。所以立意之后是裁减素材、整合意象。与求真的科研学术同理，即爱因斯坦所言的"组合活动似乎是创造性思维的主要形式"，也与求善的企业创新同理，即乔布斯所言的"创造力就是整合事物的能力"。而整合的基础是"源于生活"的直接经验与间接经验，以及"高于生活"的思考与智识。区别在于，企业产品的离散功能是通过用户体验而综合为产品的外在形式，而诗歌创作中的离散意象是通过情思意绪的综合并外化为语言形式。

故《文心雕龙》的总结深得我心："夫情动而言形，理发而文见，盖沿隐以至显，因内而符外者也。"（《文心雕龙·体性篇》）"故思理为妙，神与物游。神居胸臆，而志气统其关键；物沿耳目，而辞令管其枢机。枢机方通，则物无隐貌；关键将塞，则神有遁心。"（《文心雕龙·神思篇》）

中华文明第一人孔子曾言："不学诗，无以言。"（《论语·季氏篇》）

而诗歌的演进历程，王国维先生总结道："四言敝而有《楚辞》，《楚辞》敝而有五言，五言敝而有七言，古诗敝而有律绝，律绝敝而有词。盖文体通行既久，染指遂多，自成习套。豪杰之士，亦难于其中自出新意，故遁而作他体，以自解脱。一切文体所以始盛终衰者，皆由于此。"[4]为什么是这个演进历程？

其实，诗歌的每个阶段都是从民间、从需求方的自由开始，然后由行业方进行格律规范，有了行业标准方发展到了巅峰，随后规范又束缚了自由，由此走向衰落，再从下一个自由开始。其演进的主线是严苛的规则越来越抑制我们的才情，唯有削减束缚，增加自由，才能回归"我手写我心，我手写我情"的产品本质；或一言以蔽之，始于自由，亡于限制自由。而此前章节提及，农业文明时代，"不患寡而患不均"，追求公平；工业文明时代，国富源自效率，效率源自分工，追求效率；到了信息文明时代，仍是公平与效率的价值之争。

2 500年前的轴心时代，各大文明的古圣先贤提出了超越的终极价值。此前，人如动物，是一种自然的存在。自从出现了价值，人类的存在发生了革命性的变化，有了公平正义，有了效率自由，有了真善美、假恶丑之分，有了通过创新创造以改造现实不合理的纯良品性、正直勇气和不竭动力，并创造了科学技术、人文艺术……

因此，科学技术与人文艺术都追求意义、追随永恒、追索普遍，实则一体两面、殊途同归。究其本质，科学精神是求真求新的人文精神，而人文艺术精神是求善求美的科学精神。科技与人文艺术的创新创造方向正是人性解放、人性自由的方向……

宇宙人生，人生终归能诗意地、审美地栖居于宇宙，因为，美是一切创新创造的最高追求，因为，美是自由……

本章参考文献

[1] 王国维.宋元戏曲史[M].湖南：岳麓书社，2010：1.

[2] 朱光潜.谈文学[M].上海：华东师范大学出版社，2018：129.

[3] 茆家培，李子农.谢朓与李白研究[M].北京：人民文学出版社，1995：420.

[4] 王国维.人间词话[M].北京：中华书局，2009：35.

学员代表点评
一千个学员读者就有一千个哈姆雷特

上海交通大学安泰经管学院 EMBA 学员、在读 DBA ┃张磊
蓝海智能（集团）创始人兼 CEO

  宏桥兄：书看完了，发现无法写了：神来之笔，绘声绘色、维妙维肖、叹为观止。真的，写得太棒了。一句话：您做了一件了不起的事。因为读博期间读过很多西方学者写的关于创新的著作，第一个是熊彼特，提出了创造性破坏的概念，此后很多学者加入创新的研究行列，如他的学生彼得·德鲁克、提出创新扩散理论的埃弗雷特·罗杰斯，还有克里斯坦森和理查德·福斯特等。《半面创新》首创了诗词技艺、虚拟机和创新理论的结合，一定会成为一部巨作，永传于世。

  我用了洪荒之力写了几句：宏桥先生是我的良师益友，他的《半面创新》全面阐述了创新理论框架，首创了唐诗宋词"起承转合"及虚拟机架构与创新的结合，并结合案例进行系统性分析与研究，梳理出产业形态和各方面的创新整体框架，提炼出了创新的本质是兴趣、是进取，是推动人类文明进步的理想主义的激情。

上海交通大学安泰经管学院 EMBA 学员 ┃胡湛波博士
广西大学资源环境与材料学院教授、博士生导师，国家"万人计划"科技创业领军人才，广西益江环保科技股份有限公司董事长，上海交大广西校友会会长

  2016 年 10 月，宏桥教授在安泰给我们 EMBA 讲授"创新驱动的企业绩效提升"课程，至今记忆犹新。课间得知宏桥教授是半个广西人，父亲支边从同济大学到广西大学任教，他从小在校园长大，其父是土木学院知名教授，我们倍感亲切。四年来，宏桥教授一直鼓励我处理好科研与创业的关系，亦师亦友。我经常思考：现在的教育模式能否再培养出他这样的创新人才？

  宏桥教授特点鲜明：一是出自书香世家，从小深受中华古典文化浸润，诗词曲赋谙熟，人文底蕴深厚；二是长期在世界一流企业从事软件技术开发，在高科技领域有多年实践经验。最难能可贵的是宏桥教授勇于打破多学科壁垒，把商业科技与文史哲艺巧妙融合，构建了创新可计算的半面创新学说，创造出一个活色生香、古灵精怪、个性十足的学术世界，这种开宗立派的勇气使我想到屈原、李白、

王阳明等的上下求索。宏桥教授游刃有余调动多学科知识的非凡才华，使我一再想到他最崇拜的杜甫，"海涵地负，无往而非诗"。这些精神不断激励我在创业创新过程中坚持再坚持，越战越勇。

复旦大学管理学院 EMBA 学员丨汪海
联发科技中国区总经理

有幸于复旦 EMBA 选修了周宏桥教授的"创新：思维与方法"课，后又在美国硅谷给周教授当了大半天导游，印象最深的是参观苹果创始人乔布斯故居，那天阳光明媚，故居前周教授和我谈及对乔帮主的推崇和热忱，仿佛昨天，历历在目。

作为一门理论学术，半面创新学说汲取众家之长又跨界创新，将哲学、现代中西方经营管理理论、诗词文学、古今中外的创新理论与计算机科学融会贯通，独创"半面"创新观和方法论，真所谓高屋建瓴、开宗立派。同时该书又不局限于理论层面，书中系统详尽的创新工具既对如何创新抽丝剥茧，又赋予可操作的工具集合，对我辈苦于该如何创新的企业经营管理者"授之以渔"，让创新从虚无缥缈的云端能因势利导、有章可循地落地实践。

长江商学院 EMBA 学员、北京大学国家发展研究院 EMBA 学员丨胡海泉
音乐人／国民组合羽泉成员、海泉基金董事长

宏桥先生是我的良师益友。他在学术领域中西合璧、文理贯通，其独创的半面体系前空古人，令人佩服。与宏桥先生谈诗歌聊音乐，我们惺惺相惜。令我惊奇的是，他竟是设计过面向全球市场的软件互联网产品的技术专家。从他身上我悟出：技术和学术上升到更高层面应是艺术，而感性与理性、诗与远方和严谨的管理与工程居然可以浑然一体。

北京大学光华管理学院 EMBA 学员丨王亚飞
思念食品集团副总裁

拜识宏桥先生于北大课堂，初见叹其才情肆意、观点清奇，再见惊其思考深刻、志向高远，吾之终身良师。

先生喜欢诗词、崇拜杜甫，研其创脉、行其诗路。先生亦常口述洋文外语，详知西方文明高新科技。

先生身上，文理相通，新旧共融，体系与概念既得，创维与思想并生，是谓"科学精神是求真求新的人文精神，人文精神是求美求善的科学精神"。

守正出奇，界超被界。此书十三齿龄、五个版本、年年重印，可见先生与世迭代的拙朴与执着。

先生自谦"一个创新创造的原教旨主义者的焦虑"，言其无法全观世界，创新只能"半面"。学生想说，"过于完美，绝非真美"！

宏桥吾师，如金如锡，如圭如璧；知松柏之茂，所以天涯比邻。

清华大学经管学院 EMBA 学员丨高玉民
北京奇步互动技术有限公司创始人

周宏桥先生和我都曾在微软公司工作，并在清华的课堂上相识。他作为授课老师，将自己对中国传统文化及创新实践的理解娓娓道来。他是一位优秀的创新探索者与实践者，视野广阔、善于思考。感谢他将思考及实践凝结成文字，在书中与我们进一步分享基于第三大范式——计算思维的半面创新相关的理论思考及商业演进。

周宏桥先生在书中引经据典，唐诗宋词信手拈来、自创诗赋恰到好处，而历史、哲学等多学科知识的融入又为半面创新的诠释提供了多元化视角，让人耳目一新。从他的书中，我们看到了半面创新所蕴含的力量，这也是我们正在探索的。期待读者在书中得到启发和鼓舞，在创新道路上有所收获！

北京邮电大学 EMBA 学员丨李建辉
广东华南智慧管道研究院副院长

诗歌是中华民族的瑰宝，周宏桥教授引用诗法释道创新，让我油然而敬！以哲学家的思维阐述创新，保持企业持续、高质量发展。对每个企业家而言，细读此书内心会产生许多共鸣。感谢周教授为我们奉上这本杰作！

长江商学院 EMBA 学员丨郭俊杰
樊登读书会联合创始人兼董事长

学习周老师的书体会到了一种"内心深处爆发革命"的顿悟感，让我学会用"当下即边缘"的空间视角去思考未来趋势，更关注结构效率从而能够站在系统外思考系统内的问题，自始至终让我体会到了半面创新算法"起承转合、建跨否重"

的逻辑框架之美。反反复复阅读了三遍，再去阅读其他书籍的时候居然有一种"一览众山小"的酣畅感。该书是每位创业者越早阅读越大受益的创新优选之书。

比利时联合商学院（UBI）DBA 学员丨郑海发
深圳康泰生物制品股份有限公司副董事长

有幸聆听了周教授关于创新研究的课程，感觉既深且实，使我在疫苗研究创新、公司管理创新、市场开拓创新等方面都产生了一些全新的、相反方向的思考和新的认知；并试着使用周教授介绍的半面创新思维方式、方法对公司的各项工作重新定位、布局，修订发展战略，通过实践相信会有较大的改进和发展。

同时有幸先阅读了《半面创新》第五版，尽管还不能完全理解其中的奥妙与精髓，但还是有所感悟：周教授的半面创新理论，不仅是创新理论的新发现、新发展；更是对人类以计算思维范式认知与改造世界的创新与发展。相信半面创新理论无论对自然科学和社会科学等领域的探索者还是从事经济、社会工作的实践者都将有重要的参考价值。

复旦大学管理学院 EMBA 学员丨孔祥明
上海盛奕数字科技有限公司创始人

新冠疫情让全人类认识到了数字经济已来，曾经成功的企业接二连三倒下，大放异彩的商业模式黯然失色。面对未来，何去何从？周宏桥老师呕心沥血多年，用最前沿的数字思维、计算机科技、管理理论和东西方先进文化精髓等进行创新研究，创立新学说，著成精益求精的卓越之作《半面创新》，它让我们快速发现数字经济之美、数字价值之道、数字创新之术。本书是我所见过的提高创新成功率的最佳指南，无出其右者，一定会助您"商场百战穿金甲，定破楼兰终凯旋"！

清华大学 EMBA 学员丨郭勤贵
北京德恒律师事务所合伙人 / 律师

这个版本的《半面创新》从创新哲学层面对半面创新做了系统性、理论性的阐释与解读；同时也以中国传统文化、西方文化、中美著名公司为例做了理论框架下的剖析。虽然上升到哲学层面，但可读性十分强，书中大量运用诗词曲赋，这种体裁十分精彩、有诗意。最后两章对中国传统思想儒墨道法以及历代文学文化做了框架分析，读来都十分受益。

学员代表点评

上海交通大学安泰经管学院 EMBA 学员丨钮键军
《哈佛商业评论》中文版副主编

创新必须依托本地文化才能获得长久发展。根植于中国传统文化乃至哲学，半面创新理论在这本书中被巧妙而毫无违和感地展现出来。宏桥老师在书中延续了其上课风格，论据旁征博引、文字生动活泼，这是一本实操性极强的创新指导书籍。

新华都商学院 EMBA 学员、副导师丨连伟舟
唯你科技董事长、原东南融通创始人兼 CEO

曾经巅峰，曾败谷底。重新创业，我更深刻地体会到先进的思维方式、严谨地迭代演进、扎实地深耕落地之于企业的意义，宏桥老师此书如斯，常读常新。我不仅是忠实读者，还是其 EMBA 学生，更有幸成为他的助教，一起深入各学员企业，直面问题，一针见血。当科技和 IT 的阳刚理性遇上文学与诗的柔美通达，半面创新成为一场层层推演的精彩大戏。

北京大学国家发展研究院 EMBA 学员丨郭春平
全国工商联执委、山西省政协委员、国务院特殊津贴专家，教授级高工、中国发明协会会员、山西全安新技术开发公司董事长

在北大国发院读 EMBA 时，有幸选修了周宏桥教授的"半面创新"课程，并对我的创新实践产生了深远的影响。原因在于：一是他把看不见、摸不着的创新通过算法语言的方式加以程序化，并以工具将其形象化，便于实操；二是他把一切创新创造的落地点归依于"泛"产品，所谓"泛"产品是满足需求的一切人造物，包括技术发明、诗词创作、学术创构等，求真惟实；三是他将数理计算与文史哲艺等学科融会贯通，令人深受启发，其揭示的创新逻辑甚至对于未来应用人工智能或机器人代替人类进行创新都极具参考价值。

长江商学院 EMBA 学员丨刘川郁博士
猪八戒网联合创始人，重庆市流行音乐协会副主席

作为学员，听周宏桥教授为长江商学院 EMBA 讲创新，甚为震撼，原来创新可以从这个视角来观察、体悟，并随着周教授庖丁解牛般的讲解而破除神秘，获得方法。

创立猪八戒网 14 年，创业之余我也搞音乐创作，发现业界和学界常将创新神秘化，认为创新是靠天赋、不可后天学习、相信拍脑袋式的灵感等，从科学化的角度来加以解读的极少；或陷入另一极端，即满足于创新案例的堆砌，沉浸于个体经验，而缺乏理论的梳理和提炼。《半面创新》建构了自己的创新理论体系，给出了方法论和工具，并基于理论体系在商业场景中进行推演。我觉得本书适合作为企业家思想开悟、独立思维，也适合学者、艺术家以及对原创感兴趣的所有人品读，获得理论与实践的双重收获。

这种独一无二的写法，得益于周教授的计算机专业功底，以及后来在科技公司工作养成的严谨的逻辑与分析思维；且家学渊源，诗文史哲练的是童子功，出口成章、文理兼备、博古通今。本书行文文采飞扬，写法上绝对是独辟蹊径，写着写着就来一段诗词歌赋，看得读者羡慕嫉妒加佩服。

北京大学光华管理学院 EMBA 学员 | 王会甫
智库专业人士

在北大光华的 EMBA 课堂上，周宏桥教授用他那沙哑且带有磁性的男中音开讲他的创新课时，打开的第一张 PPT 就让同学们从现代化的教室里一下子穿越到古今中外的历史哲学。

周教授祖籍汉兴之地的江苏沛县，祖上曾随刘邦征战天下，他自幼接受了较好的传统诗书训练，北大计算机系毕业，后在微软总部开发软件。极客、诗人、学者三种似乎毫不相关的身份奇妙地组合在一起。作为一名爱写诗的学者，当他以一双文学创作的慧眼去看待人类数千年的创新史时，他洞察出人类文明的演进都呈现出诗词曲赋"起承转合"的创新范式，这就是这本《半面创新》，且创造性地架构在极客设计的虚拟计算机上。

记得两天的课程结束时，同学们围在周教授身边问的最多的问题是这课什么时候能改为必修课和四天课，都表示自己特别幸运地用最高分值抢选上了这门课。而我在两年后偶尔参加北大河南新同学聚会，当师弟师妹们问我应如何度过未来几年的北大时光时，我郑重地推荐了周老师的这门创新大课。

上海交通大学安泰经管学院 EMBA 学员 | 周光文博士
上海交通大学外科学教授、博士生导师

聆听周宏桥先生创新课程是在安泰经管学院，那天窗外满眼的金黄枫叶，秋风瑟瑟,却阳光暖心。先生的授课令心潮澎湃,久久难以平静,其源泉就是《半面创新》。这书很特别,何为"半面",大量的创新案例被层层解析、归纳和聚合,同时旁征博引,特别是中华古典诗词曲赋,将深奥的理论讲解得活灵活现。这让我想起了先生的"偶像"诗圣杜甫,深读此书后发觉其与杜诗特性和内涵极似:语不惊人死不休(语言);意匠用心独苦(意象);毫发无遗憾,波澜独老成(结构);思飘云物动,律中鬼神惊(诗律);凌云健笔意纵横(境界);沉郁顿挫(风格)。

《半面创新》展现了先生在软件行业深耕多年的成果,这种集成人类智慧的逻辑天赋充分表达在为创新创造设计的大型架构:半面创新虚拟机。全书的逻辑架构将先生雄浑壮阔的思想境界和细致入微的表现手法相统一,寄念于架构图使图念交融,创造出简明易懂的意境。表达思想的语句也是苍劲和凝练,正像是一口洪钟发出的深沉的声音,将理念变成信念,同时用最少的字句表现最丰富的内容,以达高度的概括。先生勇于探索、不断创新,全面发展和完善了半面创新体系,自成一家,乃至成为教科书的理论教学。这将杜诗精髓融于半面体系中,将思想的力度和深度与表达的层次和节奏高度融合,是"沉郁顿挫"的完美再现。

该书宛如杜甫《望岳》的"会当凌绝顶,一览众山小"。这就是先生的理念、意境和胸怀的传承。正如先生是来自北大未名湖底的学贵,《半面创新》就是一条鱼,从水面高高跃起。

长江商学院 EMBA 学员 | 吴京
影视演员、导演,中国电影家协会副主席

上课得称周教授,酒桌却唤宏桥兄:祝贺周教授在地球流浪、实践、思考、创造,执着目标十三载完成《半面创新》的学说创构。无海拔,不人生,愿宏桥兄永为攀登者继续向上,因为,前路山更高!